음악교수법

달크로즈 · 코다이 · 오르프 · 고든 · 포괄적 음악성

임미경 · 현경실 · 조순이 · 김용희 · 이에스더 공저

학지사

머리말

우리는 음악을 가르친다.

우리는 모두가 음악을 경험하는 중에 보다 더 풍요로운 삶을 살기를 소망한다. 단순히 음악을 가르치는 방법만이 아니라, 음악을 즐기는 방법 또한 발견하기를 바란다. 그리고 그로써 자신 또한 새롭게 발견하기를 기대한다.

달크로즈, 코다이, 오르프, 고든, 포괄적 음악성 접근법은 음악의 본질을 경험하는 데 적합한 교수방법으로 널리 알려져 있다. 그러나 이에 대해 명확하게 이해하고, 가르치는 일은 아직 익숙하지 않아 보인다. 이것이 이 책의 집필 동기이다. 여기 다섯 명의 집필자는 그 다섯 가지 교수방법을 다년간 연구해 온 전문가들이다.

우리는 이 책이 각 교수방법에 대한 체계적인 입문서 역할을 하기를 기대한다. 그리고 조금 더 욕심을 내면 이 다양한 교수방법을 통하여 모두가 폭넓은 음악세계를 경험하고 그 아름다움에 심취하게 되기를 바란다.

저자 일동

차 례

제1장
달크로즈 교수법

1. 에밀 자크-달크로즈
2. 교육철학과 교육원리
   1) 정신적 측면
   2) 감정적 측면
   3) 육체적 측면
3. 교수방법
   1) 유리드믹스
   2) 솔페즈
   3) 즉흥연주
4. 교수 · 학습의 적용
   1) 유리드믹스의 적용
   2) 솔페즈의 적용
   3) 즉흥연주의 적용
   4) 교사의 역할
5. 교수 · 학습의 실제
   1) 초등학교 저학년의 음악수업안: 〈비행기〉
   2) 초등학교 고학년의 음악수업안: 〈윌리엄 텔 서곡〉
   3) 중학교의 음악수업안: 〈다함께 리듬을〉

제1장 달크로즈 교수법

1. 에밀 자크-달크로즈

에밀 자크-달크로즈(Emile Jaques-Dalcroze, 1865~1950)[1]는 스위스 출신의 저명한 음악교육자이자 작곡가, 지휘자, 피아니스트이다. 그는 오스트리아 빈(Wien)에서 음악교사인 어머니와 시계 사업을 하던 아버지 사이에서 태어났다. 그는 6세가 되던 해에 피아노를 배우기 시작하였고, 7세 때에는 좋아하는 이웃집 여자아이를 위해 행진곡을 작곡하는 등 어린 시절부터 음악적 재능을 보였다. 달크로즈는 문화예술의 도시인 빈에서 유년시절을 보내면서 오페라, 연극, 발레, 문학, 미술 등 다양한 장르의 예술을 접하였다. 이러한 성장 과정의 영향으로 그는 음악과 타 예술의 연관성과 상호작용에 대해 눈뜨기 시작한 것으로 보인다.

1) 달크로즈의 원래 이름은 에밀 자크(Emile Jaques)였으나, 당시 활동하던 다른 작곡가와 이름이 같아 혼동을 피하고자 친구 레이몽 발크로즈(R. Valcroze)의 동의를 얻어 발크로즈(Valcroze)의 첫 글자 V를 D로 바꾸고, 자신의 이름을 에밀-자크 달크로즈(Emile Jaques-Dalcroze)로 고쳤다. 이때부터 달크로즈(Dalcroze)는 그를 대표하는 공식적인 이름이 되었고, 오늘날 그의 원래 이름보다 더 알려지게 되었다.

10세 되던 해, 달크로즈는 부모를 따라 스위스 제네바(Geneva)로 이주하여 정착하게 된다. 성장기를 지나면서 그는 음악적으로 저명한 들리브(L. Delibes), 포레(G. Faure)와 브루크너(A. Bruckner), 푹스(R. Fuchs)와 뤼시(M. Lussy)[2] 등 여러 스승으로부터 음악이론과 작곡, 피아노를 배우면서 음악 전반에 대한 폭넓은 지식을 쌓았다. 달크로즈는 1883년에 제네바대학을 졸업한 후, 그가 꿈꾸었던 테너로서의 경력을 쌓기 위해 파리로 떠났다. 연극과 음악에 재능이 있었던 그는 이 두 분야 사이에서 어떤 길을 선택해야 할지 갈등하기도 하였다. 이러한 과정 중에 연극 공연을 위해 작곡을 하게 되었고, 이 두 가지 관심 분야를 적절히 접목함으로써 음악과 움직임의 조화를 깨닫기 시작하였다. 대중을 위한 노래와 즉흥곡, 축제곡을 쓰는 작곡가이자 연극도, 순수 문학도였던 그는 특히 스위스 로망드 지방의 정신과 기질을 잘 표현한 작품들로 높은 인기를 얻었다.

그러던 3년 후 달크로즈는 제네바로 돌아와 지휘자이자 작곡가인 아들러(E. Adler)를 통해 알제리에 있는 한 극장의 지휘자직을 제안 받았다. 그는 이곳에서 아랍의 민속음악과 이 음악에서 사용되는 불규칙적이고 원시적인 리듬에 심취하게 되었는데, 훗날 이 리듬기법들은 그의 교수방법 중 하나인 유리드믹스(eurhythmics)에 큰 영향을 미치게 되었다.

1892년에 달크로즈는 스위스에 있는 제네바음악원(Geneva Conservatory of Music) 교수로서 학생들에게 화성학(harmony)과 솔페즈(solfège)를 가르쳤으며, 작곡가로서 국내외에서 수많은 대규모 작품 활동을 하였다. 그는 학생들을 교육하면서 음악전문가를 양성하는 기존의 교육과정에 여러 가지 문제가 있음을 발견하게 되었다. 가장 큰 문제점은 대부분의 학생들이 탁월한 연주를 위해 오로지 기술 습득과 훈련에만 치중하여 기능적으로는 우수하지만, 음악성 개발과 음악적 표현에는 서툴 뿐만 아니라 그에 대한 중요성도 인식하지 못하고 있다는 점이었다. 대부분의 학생들은 기본적인 리듬조차 음악적으로 표현하지 못하며, 상대

2) 스위스 출신으로 생애 대부분을 프랑스에서 음악교사(특히 피아노교사)와 음악이론가로 활동하며 보냈으며, 달크로즈의 철학과 교육원리에 지대한 영향을 끼쳤다. 뤼시의 리듬과 음악적 표현 행위에 관한 이론은 19세기 음악이론과 심리학에까지 큰 영향을 주었다.

적이거나 절대적인 음감도 수준 이하였고, 단순한 생각이나 감정을 음악으로 표현하는 것조차 어려워하고 있었다.

이러한 관찰은 그를 음악가로서뿐만 아니라 음악교육자로서 존재하게 한 계기가 되었다. 그는 학생들의 문제점들을 해결하기 위해 음악가와 교육자로서의 자신만의 다양한 경험을 바탕으로 음악과 신체활동을 결합하는 교수법을 개발하여 학생들에게 적용하였고, 이를 더욱 발전시켜 학교 내 다른 교수들의 반대를 극복하고 정규교과과정에 '리트믹(rhythmik)'[3] 또는 '리듬체조 시스템(rhythmic gymnastic system)'[4]을 개설하여 자신의 새로운 교수법을 확립하였다.

1905년경에 솔로턴 음악제(Solothurn Music Festival)에서의 강연을 통해 그의 교육 내용이 처음으로 주목받기 시작하였으며, 이를 계기로 달크로즈는 교사들을 대상으로 한 교육센터를 준비하기 시작하였다. 유럽의 여러 나라에서 행해진 여러 번의 강의와 실험 · 실습을 토대로 달크로즈는 볼프(Wolf)와 도른(Dohrn) 형제로부터 독일에 소재한 헬러라우(Hellerau)에 교육센터를 세울 것을 제안 받았고, 1911년부터 1914년까지 그곳에서 일하였다. 이 기간 동안 전 세계로부터 그의 교육을 배우고자 하는 수많은 학생과 견학생들이 이곳을 방문하였고, 달크로즈의 유리드믹스 스쿨은 영국, 프랑스, 미국 등 여러 나라에 세워졌다.

그러나 달크로즈는 1914년경에 제1차 세계대전의 독일 참전을 비판하는 탄원서에 서명을 함으로써 독일에서 추방당하여 결국 제네바로 돌아오게 되었다. 제네바에서는 자크-달크로즈 연구소(The Institut of Jaques-Dalcroze)를 설립할 기금을 마련해 줄 정도로 그를 환대하였다. 그 이후 그는 고국의 음악교육 발전에 노력을 기울였으며, 1950년 85세의 나이로 사망하기까지 35년간 글쓰기와 여행을 통해 그의 교수법을 알리기 위해 노력하였고, 세계 여러 곳에서 유리드믹스

3) 리듬에 기초를 두어 신체의 여러 감각 및 기능을 발달하게 하고 심신(心身)의 조화를 목적으로 달크로즈가 창안한 음악지도방법으로서 장애인의 치료 등에도 활용되고 있다.

4) 음악교육 수단으로 사용하기 위해 만들었으며, 자연스러운 움직임의 아름다움을 표현하는 율동체조이다. 움직임과 곡선미를 강조한 홍겹고 자연스러운 몸짓으로, 리드미컬한 움직임을 통해 음악의 즐거움을 느끼고 예술적 표현으로 발전시키는 것을 목적으로 한다.

스쿨에 관련된 활동을 하였다(Comeau, 1995).

달크로즈의 교수법은 코다이, 오르프 등의 저명한 음악교육자들에게 지대한 영향을 미쳤다. 점차 전 세계에 그의 교육기관이 설립되었고, 음악교육 현장에 그의 교육방법이 도입되어 체계적인 연구와 적용이 현재까지 꾸준히 진행되고 있다. 그의 업적은 음악 범주 내의 작곡가, 연주가 및 음악교육자에 국한하지 않고, 그 당시 그 누구도 생각하지 못했던 논리적, 학문적 근거에 의한 인간 행동의 이해를 바탕으로 음악과 타 학문과의 연계와 통합을 시도하며 끊임없는 실험을 통해 새롭고 혁신적인 음악교육을 시작하였다는 데 있다. 달크로즈의 교수법은 최초에는 음악교육에만 국한되어 적용되었지만, 시간이 지남에 따라 점차 타 예술의 기초교육방법으로도 받아들여지기 시작하였다. 또한 무용, 음악, 연극뿐만 아니라 신체적 · 정신적 장애인을 위한 특별한 교육방법 등 다양한 분야에 활용되고 있다.

2. 교육철학과 교육원리

페스탈로치(J. H. Pestalozzi)의 교육원리인 '모든 학습은 발견으로부터' 라는 대명제는 달크로즈 교육의 바탕이 되었다. 선천적으로 타고난 마음, 능력, 기술 등을 음악과 연계하여 조화롭게 발전시키고, 수많은 관찰과 실험을 통해 몸과 마음 그리고 영혼의 조화를 위해 음악을 해야 한다고 믿었다. 이러한 그의 교육원리이자 철학은 플라톤(Platon)[5]으로부터 페스탈로치, 클라파레드(E. Claparede),[6] 뤼시[7] 그리고 듀이(J. Dewey)[8] 등의 철학자 및 교육학자들로부터 많은 영향을 받았다.

5) 아테네에서 출생한 고대 그리스의 철학자, 형이상학의 수립자. 영원불변의 개념인 이데아(idea)를 통해 존재의 근원을 밝히고자 했다. 훌륭한 시민 양성을 위해 음악교육의 중요성을 강조였으며, 음악이 영혼의 가장 깊은 곳까지 가는 길을 찾아 주고, 유지시켜 준다고 주장하였다.

6) 제네바 출신의 아동심리학자이며, 달크로즈와 함께 음악과 신체동작을 연결하는 초기 실험을 하였다.

음악교육이 음악을 가르치는 것뿐만 아니라 학생들의 미래에 대한 책임감을 가져야 한다는 그의 교육철학은 그 당시에는 상당히 혁신적이었다. 그는 음악교육이 인간의 잠재적이고 선천적인 모든 재능을 발견하는 것이 되어야 한다고 보고, 그들의 신체, 사고, 상상력을 표현하는 능력을 개발해야 한다고 주장하였다.

달크로즈는 몸의 감각계, 감정의 영향, 마음의 기억과 창의적인 기능을 조화시키는 방법을 찾고자 하였고, 정신적(mental), 감정적(emotional), 육체적(physical)인 세 가지 측면이 인간에게 매우 중요한 작용을 한다고 보았다. 이 세 가지 측면은 다음과 같다.

1) 정신적 측면

달크로즈는 음악이 인간의 마음을 움직일 수 있는 힘과 정신적인 면에 강한 감화력을 줄 수 있는 요소들로 구성된다고 보았다. 그리고 음악의 원천은 인간 내면, 즉 정신세계와 직결되어 있으며, 음악을 통해 인간은 인식력, 집중력, 통합 반응력, 뉘앙스 감지 및 표현력 등을 향상시킬 수 있다고 보았다.

2) 감정적 측면

청각 기능이 정상이라고 해서 음악을 듣는 귀를 가지고 있다고는 말할 수 없다. 따라서 감정적 · 감각적 체험은 음악의 가장 기초적인 경험에서 중요한 역할을 한다. 귀를 통해 인지된 음악이 인간의 내적 감정을 자극할 때 비로소 인간 내면의 정서적 반응이 일어난다. 달크로즈는 청각, 촉각 등의 감각을 어떤 유형

---

7) 달크로즈는 교수 · 학습 과정의 기능적이고 조직적인 접근 방법은 클라파레드로부터, 유리드믹스의 기초를 마련해 준 리듬 수업은 뤼시로부터 영향을 받았다.

8) 미국 학교제도에 막대한 영향을 준 진보주의를 이끈 철학자이자 심리학자, 교육운동가이다. 경험주의 심리학을 주창하였으며, 음악이 인간으로 하여금 삶의 질과 의미에 대해 깨닫게 하여 풍요롭고 가치 있게 만드는 역할을 한다고 주장하였다.

으로 체계화하느냐 하는 것은 몸과 마음과 영혼의 결합을 통해 이루어진다고 보았다.

3) 육체적 측면

청각 예술인 음악은 듣는 경험으로부터 출발하며, 이러한 경험과 기억은 신체 근육 조직과 연결되어 있다. 즉, 듣고 느끼는 것은 몸의 각 근육 및 신경 기능들과 동시에 반응하고 작용한다. 이러한 이유로 고대로부터 현대에 이르기까지 음악과 무용은 분리될 수 없는 상호보완적 예술로 발달해 왔다. 달크로즈 또한 몸의 움직임과 음악의 결합인 춤(dance)을 정열적인 리듬의 완전한 표현이라고 생각하였다. 그는 인간의 몸은 음악으로 나가는 통로라고 보고, 신체의 다양한 동작(움직임)을 통해 인간 내면의 세계를 음악적으로 표현한다고 확신하였다. 따라서 그는 신체의 움직임을 통한 학습은 가급적 어릴 때부터 훈련을 통해 시작하여야 하며 신체의 경험이 다양해질수록 신체의 발육과 함께 음악적 지각 능력이 발달할 수 있다고 생각하였다.

달크로즈가 살던 시대의 예술교육은 원리 · 원칙 및 기교 위주의 교육이 이루어졌고, 그 주된 내용은 이론 서적이나 책을 통한 이성적 학습과 보편적 지식을 가르치는 것이었다. 달크로즈는 이러한 일반적이고 보편적인 접근법은 그가 중요하게 생각하는 음악적 감수성과 감각의 가치를 떨어뜨릴 뿐만 아니라 음악에 대한 경험을 막는다고 생각하였다. 또한 음악적 경험은 음악적 감수성과 음악적 행위에 중요한 영향을 미친다고 보고, 이러한 경험을 통한 학습과 다양한 방법의 훈련은 음악교육을 위한 필수 요건이 된다고 보았다. 누구든지 음악을 공부하려면 내적 감정과 외적 표현능력에 더욱 민감해야 한다고 생각하였다.

음악교육의 중점은 잠자고 있는 감각을 깨우는 데 있다고 믿었던 달크로즈는 기존의 음악교육이 학생들에게 음악의 이론과 원리를 정확하게 배울 수 있는 기회를 제공하지 못한다고 비판하였다. 그는 음악교육은 감각 훈련을 통해서 완성되어야 한다고 생각하였고, 이와 관련된 감각을 여섯 번째 감각(sixth sense) 또는 근운동 감각(kinesthetic sense) 이라고 명명하였다. 근운동 감각은 사람의 다섯 가지 감각(시각, 청각, 촉각, 후각, 미각)과는 다른 감각으로서 신체와 정신 사이의 감각을 전달하는 역할을 한다. 달크로즈는 이 감각이 음악과 관련되는 중요한 감각 기능이며, 신체의 움직임과 음악을 연결시키는 핵심적인 고리라고 보고, 신체는 음악에 대한 감수성 발달을 위해 중요한 요소이므로 음악을 공부하기 위해서는 청각기관의 훈련뿐만 아니라 신체의 모든 부위를 훈련하여야 한다고 주장하였다.

달크로즈 음악교육의 핵심적 원리를 정리하면 다음과 같다.

- 음악은 생각하고 표현하기 이전에 감각적이어야 한다.
- 음악학습의 시작은 듣기 훈련으로부터 출발해야 한다.
- 음악적 경험은 개인의 수준에 따라 단계적으로 이루어져야 한다.
- 음악적 이해를 위한 신체와 정신간의 상호작용에 초점을 두어야 한다.
- 신체는 음악 공부를 위해 가장 먼저 훈련해야 할 악기이며, 음악적 생각, 느낌 그리고 음악의 개념들은 신체와 연계하여 학습되어야 한다.
- 근운동 감각은 음악과 관련되는 하나의 중요한 기능이므로 이를 음악과 연계하여 훈련해야 한다.

결론적으로 그는 음악의 이해와 표현을 극대화하기 위해서는 단지 귀나 마음 또는 소리 내는 방법을 각각 훈련하는 것이 아니라 인간의 몸 전체와 연결하여 통합적으로 훈련해야 한다고 믿었다. 그리하여 음악 공부를 위해 가장 먼저 훈련해야 할 악기는 사람의 몸이며, 신체동작을 통해서 인간의 내재된 감정을 음악으로 전환할 수 있다는 교육철학과 교육원리를 바탕으로 하였다.

3. 교수방법

달크로즈는 그의 교육철학과 원리를 적용한 유리드믹스(eurhythmics), 솔페즈(solfège), 즉흥연주(improvisation)의 세 가지 교수방법을 제시하였다. 그 구체적인 내용은 다음과 같다.

1) 유리드믹스[9]

유리드믹스(eurhythmics)는 좋은 리듬(good rhythm) 또는 훌륭한 움직임이라는 뜻의 희랍어이다. 유리드믹스는 '좋다(good)'라는 뜻의 'eu'와 '흐르다'라는 뜻의 그리스어인 '리트머스(rhythmos: flow, river)'의 합성어이다. 달크로즈가 그의 교수법에 유리드믹스라는 명칭을 쓴 것은 리듬이 음악을 구성하는 가장 핵심이자 근본 요소라고 보고, 좋은 리듬의 개발이 음악적 발전에 매우 중요하다고 생각하였기 때문이다. 리듬은 시간과 공간 속에서의 흐름을 의미하며 수직적이고 수평적인 움직임 모두를 포함한다. 달크로즈는 박의 개념에 대해 크루시스(crusis),[10] 메타크루시스(metacrusis),[11] 아나크루시스(anacrusis)[12]로 구분하여 설명하며 공간 속에서의 힘의 긴장과 이완의 흐름을 중요시한다. 그는 이러한 박의 긴장과 이완을 신체의 움직임으로 잘 표현할 수 있는 사람이야말로

9) 유리드믹스(eurhythmics)는 그리스어 유리드미(eurhythmy)에서 유래한 말로 고대 그리스인들은 운동선수의 좋은 동작이나 조각상의 아름다운 형태를 지칭하여 주로 사용하였다. 유리드믹스는 음악을 동작으로 표현해 내는 신체의 자연스러운 리듬을 통해 음악적 개념을 익히는 방법이다.

10) $\frac{4}{4}$ 박자에서 숨을 내쉬면서 긴장이 해소되는 첫 번째 박이며, 힘의 방향이 아래쪽으로 향하게 하는 수직적 움직임이다.

11) $\frac{4}{4}$ 박자에서 둘째, 셋째 박이며, 첫 번째 박의 반동에 의해 힘의 방향이 수평적으로 움직이는 박이다.

12) $\frac{4}{4}$ 박자에서 넷째 박이며, 힘의 방향이 위로 향하고 첫 번째 박으로 돌아가기 위해 숨을 들이쉬면서 힘이 모아진다.

'좋은 리듬(eurhythm)'을 갖고 있다고 하였다(Abramson, 1997 재인용). 그는 음악을 듣고 그 음악적 현상을 지각하는 것과 동시에 신체적으로 반응하는 것이 음악적 아이디어를 이해하는 데 필수적이라고 보았다. 음악에 따른 신체의 움직임은 선율의 흐름, 화성의 변화, 빠르기와 음절, 박자, 프레이즈 등 모든 종류의 음악적인 요소와 개념을 파악하는 수단이 된다고 생각하였다.

유리드믹스는 음악리듬에서 느껴지는 이미지나 좋은 아이디어를 움직임으로 표현해야 하므로 명확하고 정확한 리듬표현을 위해서 시간(박자), 공간(음의 길이), 힘(다이나믹), 균형(성부 간 소리의 균형), 무게(강약, 음길이, 음역, 속도변화에 따른 중량의 차이), 유동성(공간 안에서의 힘의 긴장과 이완)에 대한 민감한 반응과 이해를 훈련해야 한다. 이러한 움직임들을 만들어 내는 과정에서 가장 중요한 요소는 긴장과 이완을 적절하게 조절할 수 있는 능력이며, 이는 호흡과 밀접한 관계를 갖는다.

달크로즈는 천부적으로 음악적 재능을 타고난 소수를 제외한 대부분의 사람은 멜로디와 리듬을 동시에 인지하는 것이 어렵다고 보고, 리듬에 대한 개념을 확실히 익힌 후 멜로디 훈련으로 넘어가는 것이 좋다고 권유하였다. 이 세상에 존재하는 리듬에는 자연의 리듬, 주위 환경의 리듬, 신체의 리듬이 있다. 이들 중 특히 사람의 심장박동소리, 숨소리 등의 신체리듬은 음악적 리듬과 일치한다고 보고, 신체를 통해 잠재된 음악성과 이에 필요한 요소들을 계발하고 발전시키기 위해서는 반드시 음악과 신체동작을 결합해야 한다고 확신하였다. 음악의 주된 요소를 리듬으로 보았던 그는 다음과 같이 주장하였다.

> 리듬은 움직임이며, 예술 작품에 생명을 불어넣고, 이를 순환시키는 요소이다. 음악적 리듬의 원천은 사람의 신체에서 나오는 원시적인 리듬에서 시작되며, 음악적 리듬은 삶의 리듬을 재생산한다. 리듬은 음악의 원천적인 원동력이며 움직임을 통해서 감지된다. 움직임은 완벽한 내적 존재이며 외적으로 표출되는 것이 아니다(Comeau, 1995).

유리드믹스 교육은 귀로 듣고, 들은 것을 두뇌로 인식하고, 두뇌가 인식한 것을 몸으로 표현하는 것이다. 유리드믹스에서 신체를 통해 표현되는 리듬훈련을 통해 학습자의 집중력, 인지력, 창작 능력이 향상되며, 이러한 활동이 그룹으로 이루어질 때 자연스럽게 사회성이 길러지게 된다. 또한 정신적인 면에서는 인식력, 집중력, 통합 반응력, 뉘앙스 감지 및 표현력 등을 기를 수 있다.

유리드믹스에 대한 내용들을 요약하면 〈표 1-1〉과 같다.

표 1-1 유리드믹스의 이해

구분	내 용
개념	• eu-rhythmy + movement = Eurhythmics • 음악리듬을 움직임으로 표현하는 리듬교육체계
교육 목표	• 학생들이 음악을 듣고 동작으로 표현하는 과정을 통해 건전한 자아개념을 형성하고, 자신의 내적 감정을 탐색하며 형성해 나감
특성 (특징)	• 음악리듬을 신체동작과 연결하여 표현 • 신체의 리듬을 통해 감각과 운동중추의 기능을 훈련하고 박자 감각을 발전시킴 • 집중력, 이해력, 민감성, 그리고 신체적 반응을 통합적으로 훈련
핵심 원리	• 인간의 정신적, 감정적, 육체적인 것을 통합 및 조화를 이루도록 함 • 보이지 않는(invisible)소리를 보이는(visible) 움직임으로의 표현 • 보이는(visible) 움직임을 보이지 않는(invisible) 소리로의 표현
계발 방향	• 뇌와 신체와의 민첩한 의사소통 • 사람의 자연발생적인 움직임
교육 효과	• 음의 높낮이, 강약, 악센트, 빠르기 등 음악적 개념들을 자연스럽고 통합적으로 익힘과 동시에 음악을 몸과 마음으로 느끼고 이해함
학문적 영향	• 오페라, 무용, 연극, 드라마, 장애치료, 즉 음악치료, 심리치료 등에 지대한 영향을 줌

에이브람슨(R. M. Abramson)[13]은 그의 저서에서 달크로즈 교수법, 특히 유

13) 미국 줄리어드 달크로즈 연구소의 주임교수로 달크로즈 연구가, 음악가, 무용가, 연극인, 오페라 가수, 지휘자이다.

리드믹스를 훈련하기 위해 주요한 요소로 다루어지는 리듬을 다음과 같은 34 요소로 제시하였다. 이러한 리듬요소를 학습함으로써 학생들은 유리드믹스를 체계적으로 경험할 수 있다.

표 1-2 리듬의 34 요소

	리듬의 요소	학습 내용 및 방법
1	시간(time), 공간(space), 무게(weight), 균형(balance), 힘(energy), 유동성(plasticity)	• 리듬에서 가장 근본적인 요소이며, 다양한 활동을 통해 각각의 요소들을 학습할 수 있다.
2	규칙적인 박 (steady beat)	• 아나크루시스, 메타크루시스, 크루시스의 세 가지 박의 성질을 유리드믹스 활동으로 학습한다.
3	빠르기 (tempo)	• 신체동작을 통해 다양한 빠르기를 학습한다.
4	점진적으로 변하는 빠르기 (accelerando/ritardando)	• 다양한 빠르기 변화를 신체 동작을 통해 학습한다. • 본래빠르기-점점빠르기-점점느리기-본래빠르기로 연습한다.
5	강약 (dynamics)	• 소리의 크고 작음을 에너지와 중력에 관련하여 학습한다.
6	변화되는 강약 (dynamics)	• 신체동작과 연결하여 변화되는 소리의 크고 작음을 학습한다.
7	악상 (articulation)	• 동작과 연결하여 음악적 표현을 학습한다. • 손가락 튕기기: 스타카토, 미끄러지기: 레가토, 밀기: 테누토 등 다양한 동작으로 악상을 표현한다.
8	여러 가지 악센트 (various accents)	• 테누토, 스포르잔도 등 여러 가지 악세트를 교사와 학생 간의 다양한 활동을 통해 학습한다.
9	여러 가지 박자 (various meter)	• 단순박자와 복합박자 모두를 학습하는데, 이때 단순박은 신체의 각 부위(손목, 팔꿈치 등)를 사용할 수 있고, 몸 전체를 흔들어 복합박을 학습할 수 있다.
10	쉼 (rest)	• 움직임을 자제할 수 있는 능력을 학습해야 하며, 이때 다양한 활동으로 음과 쉼의 구분을 하게 한다.
11	음의 길이 (duration)	• 정확한 음의 길이를 학습할 수 있도록 하며, 시간과 힘의 균형을 잘 유지해야 한다.

(계속)

	리듬의 요소	학습 내용 및 방법
12	음의 세분 (subdivision)	• 어떤 박에서도 음을 분할할 수 있는 능력을 학습해야 하며, 움직임의 속도와 질을 고려하며 학습한다.
13	패턴 (pattern)	• 리듬의 구성 요소를 더욱 체계적으로 이해할 수 있게 하는 요소이며, 신체, 사물 등을 활용하여 다양하게 학습한다.
14	내재된 박 (intrinsic beat)	• 패턴 속에 내재되어 있는 박으로 2, 3, 4박의 다양한 음악을 듣고 신체 표현을 통해 이를 학습한다.
15	프레이즈 (phrase)	• 규칙적, 불규칙적인 것을 포함한 다양한 형태의 프레이즈를 익히기 위해 신체 표현을 통해 학습한다.
16	단선율 형식 (a melodic form)	• 동기, 악구, 악절, 주제와 변주, 가요 형식을 포함한 곡들의 형식을 신체 표현을 통해 학습한다.
17	축소 (diminution)	• 음의 축소를 익히기 위해 음가의 2~3배를 빠르게 연습한다. • 걷다가 뛰는 동작이나, 도-도' 음계를 활용하는 등 다양한 방법으로 학습한다.
18	확대 (augmentation)	• 음의 확대를 익히기 위해 음가의 2~3배를 느리게 연습한다. • 걷다가 뛰는 동작이나, 도-도' 음계를 활용하는 등 다양한 방법으로 학습한다.
19	리듬적 대위법 (rhythmic counterpoint)	• 교사와 학생-학생 간의 활동을 통해 자연스럽게 익히는 것이 중요하며, 교사가 피아노로 하나의 리듬패턴을 지속적으로 유지하고, 이때 학생들은 다른 패턴을 연주한다.
20	당김음 (syncopation)	• 미리 나오거나, 지체되는 음에 대해 교사가 다양한 활동을 통해 학생들에게 학습시킨다.
21	반주가 있는 단선율(one voice with accompaniment)	• 보다 복잡한 선율, 대위적 선율을 익히기 위한 전 단계로 교사의 피아노연주와 신체 표현을 통해 학습하면 효과적이다.
22	대위적 형식 (Countrapuntal forms)	• 중첩되거나 변주형식의 오스티나토, 샤콘느와 파사칼리에 등이 대위적 형식에 해당된다. • 즉흥연주를 통해 학생들은 다양한 대위적 형식들을 학습할 수 있다.
23	캐논 (canon)	• 리듬을 익히기 위한 다양한 활동을 통해 메아리 캐논과 연속 캐논을 학습한다.
24	푸가 (fugue)	• 푸가의 요소인 주제, 응답, 에피소드의 관계 및 형식을 다양한 동작을 통해 학습한다.

(계속)

	리듬의 요소	학습 내용 및 방법
25	보충(부가)리듬 (complementary rhythms)	• 원래의 리듬과 보충리듬에 대한 구별되는 활동을 통해 학습한다. • 원리듬은 피아노로 또는 악기로 보충리듬은 신체 표현으로 할 수 있으며, 움직임으로 원리듬과 보충리듬을 표현할 경우, 다른 동작을 사용하여 구별되게 학습하여야 한다.
26	혼합박자 (unequal meter)	• 다양한 나라의 곡들을 통해 균등하지 않은 박자와 균등한 박자와의 차이를 구별할 수 있는 학습을 한다.
27	혼합박 (unequal beat)	• 균등하지 않은 박을 익히기 위해 북아메리카, 재즈, 중동, 인디아 등의 음악을 활용하여 학습한다.
28	혼합박자와 혼합박 (unequal meter & unequal beat)	• 혼합박자와 혼합박의 결합으로 다양한 형태의 활동(게임, 신체 놀이 등)으로 학습한다.
29	복합박자 (polymeter)	• 2개의 박자가 동시에 결합되어 나타나는 것으로 신체 활동을 통해 복합박자를 학습한다. • 2박자로 걸으며 동시에 팔은 3박자 지휘를 하는 등 다양한 신체 활동을 통해 복합박자를 학습한다.
30	복합리듬 (polyrhythm)	• 여러 가지 신체 활동을 통해 2:3, 3:2 등의 다양하고 복합적인 리듬을 학습한다.
31	헤미올라 (hemiola)	• 실제 음악은 3박이지만, 움직임은 2박으로 표현되는 것이며, 초기 바로크의 춤곡에서 많이 나타난다. • 이 형식을 포함한 다양한 춤곡을 사용하여 신체 표현을 함으로써 헤미올라를 학습한다.
32	리듬적 변화 (rhythmic transformation)	• 박자 변화 시 달라지는 리듬의 패턴을 학습하기 위해 다양한 리듬 패턴을 신체나 악기를 사용하여 학습한다.
33	12음 나누기 (divisions of twelve)	• 음을 12개로 분할하고, 나누어진 박을 다시 그룹화하는 활동을 통해 박과 박자 등의 개념을 학습한다.
34	루바토 (rubato)	• 박과 음의 길이 등에 변화를 주어 음악의 표현을 풍부하게 하는 활동을 통해 루바토를 학습한다.

2) 솔페즈

솔페즈(solfège)는 '악보를 보고 계이름 부르기' 라는 뜻의 프랑스 어원을 갖고 있다. 그 내용은 시창, 청음, 선율, 화성, 음정, 음계, 선법, 전조, 대위법, 즉흥노래 등이 통합되어 단계적이고 체계적으로 학습할 수 있도록 구성되어 있다. 귀와 몸은 음정과 조성의 관계를 학습하는 데 있어서 이상적인 악기가 되므로 신체동작과 연결해서 학습하여야 한다. 달크로즈의 솔페즈 교육은 리듬(rhythm), 음의 높낮이(pitch), 화성(harmony), 음질(tone quality), 조성(tonality) 능력을 동시에 계발시키는 데 중점을 두었다. 이러한 교육을 통해 듣는 능력과 음형을 기억하는 능력(tone pattern)이 향상된다.

솔페즈 학습에서 무엇보다 중요한 것은 듣기(청음) 능력이라고 할 수 있다. 인간의 듣기 능력은 크게 외청(listening)과 내청(inner hearing) 능력으로 나누어 구분된다. 외청은 소리를 현상 자체로만 듣고 이에 대한 구체적인 인식을 하지 못하는 것이고, 내청은 교육과 훈련을 통해 소리의 내재된 질서를 머리로 파악하고 마음속으로 그 소리를 듣고 상상할 수 있는 것을 말한다. 달크로즈는 음의 높낮이 관계를 여러 가지로 탐색함으로써 음높이를 정확하게 파악할 수 있는 방법으로 내청을 상당히 강조하였다. 그는 듣는 능력은 음에 대한 의식, 즉 음의 높이를 분별하고 음들 간의 관계를 파악하는 것이고, 이것을 신체와 함께 결합하게 함으로써 악보 속에서 음악의 여러 가지 구성 요소들을 읽으며 마음속에 그 음향을 떠올릴 수 있게 된다고 하였다. 수업 시간에 다양한 방법으로 학생들의 내적인 음악 듣기 훈련을 하도록 한다.

달크로즈는 절대음감을 기르기 위해서 고정도법을 사용하도록 권한다. 이러한 훈련은 학생의 음악적 지식 습득에 많은 도움을 주고, 음악의 기초 이론 및 요소를 쉽고 자연스럽게 경험할 수 있게 해 준다. 달크로즈는 청감각의 발달뿐만 아니라 악보읽기와 쓰기(기보법)에 대한 이해도 함께 익힐 수 있도록 함으로써 학생들에게 음악 활동을 위한 완벽한 기초를 제공해 주려고 하였다. 그는 다양한 시각자료와 교구를 사용한 놀이를 통해 자연스럽게 음악이론을 익히도록 하였으며, 악보를 익히는 처음 단계에서는 한줄 악보를 사용하고 그 다음 단계로는 두 줄과 세 줄을 순차적으로 가르치며 단계적인 악보 익히기 학습을 해야 한다고 하였다. 또한 그는 음의 높고 낮음, 음과 음사이의 간격을 학습하기 위해서 양손을 아래, 위로 올리고 내리면서 계이름과 음정을 익히는 손동작 또는 몸동작을 사용하도록 권유하였다. 양손으로 2개의 선율을 듣고 손으로 표현하는 방법은 고도의 집중력과 두뇌 계발을 돕는다. 계이름을 손동작으로 익힌 후 양손으로 2개의 멜로디를 표현할 수 있게 하여 기초부터 단계적으로 학습할 수 있다. 학생들에게 있어 손과 몸을 통한 신체동작의 활용은 음의 높낮이 개념과 계이름을 쉽게 익힐 수 있는 기초적인 방법이다. 이러한 학습과정을 통해 학생들은 악보의 이해, 화성감, 표현 능력 등을 단계적으로 습득하게 된다.

솔페즈를 익히기 위해서 '도-도' 음계 익히기' 와 '폴리코드(polychord) 익히기' 의 두 가지의 활동이 주로 사용된다. '도-도' 음계 익히기' 는 중간 도에서 한 옥타브 위의 도 사이에서 모든 조성을 노래 부르며 익히는 것이다. '폴리코드 익히기' 는 2도(dichord), 3도(trichord), 4도(tetrachord), 5도(pentachord), 6도(hexachord), 7도(septachord)까지의 서로 다른 음정들을 코드로 쌓아서 익히는 것을 말한다.

〈표 1-3〉은 솔페즈 활동 영역을 정리한 것이다.

표 1-3 솔페즈 활동 영역

구분	내용	유의점
계이름 부르기	• 정확한 음정과 음높이, 화음 등을 감지하기 위하여 계이름으로 시창 • 청음 훈련을 통해 음악적 귀를 계발시킨다. • 계이름을 익히는 방법은 절대음감의 훈련을 위해 고정도법으로 한다.	• 고정음계는 C에서 시작하고, 다장조 음계를 완전히 익힌 후 멜로디를 수반한 음들을 학습한다. • 멜로디를 학습할 때에는 노래의 중간 중간에 몇 마디씩을 비워 놓고 즉흥적으로 만들어 넣는 연습을 한다. 만들어 넣은 멜로디를 기억으로 재생하는 훈련을 한다. • 음정을 노래하며 익히도록 하며, 이때 노래는 음절을 붙여 부른다. • 피아노는 음의 정확성과 즉흥노래 및 연주를 위해 주로 사용된다.

(계속)

구분	내용	유의점
내 청	• 내면의 소리를 머릿속으로 재생하여, 마음속으로 듣는 것을 말하며, 음높이, 음계를 듣는 훈련을 통해 청음능력을 키운다. • 음정, 리듬꼴 등의 음악적인 변화를 내재적으로 감지할 수 있도록 하는 훈련이며 절대음감과 관련되어 있다. • 처음에는 다장조의 음계를 사용하여 고정도법으로 악보읽기와 조성의 변화를 자연스럽게 지도한다.	• 음들의 관계를 배울 때 학생은 한두 마디는 크게 부르고, 그 다음 마디는 마음속으로 부른다. • 각 음의 위치를 팔이나 신체의 각 부위로 나타내도록 하며 소리 내어 부르는 것과 소리 내지 않고 부르는 과정을 번갈아 하도록 한다.
신체 동작	• 손이나 팔, 몸을 사용하여 계이름을 익히는 방법이다. • 음의 높고 낮은 의미와 음과 음 사이의 간격을 공간에서 시각적으로 인식하기 위해 손으로 음정의 높이를 수직적으로 표현한다.	• 음의 높낮이 개념을 중심으로 하여 두 손을 위, 중간, 아래로 구분시키는 연습을 먼저 한다. • 양팔을 몸 옆으로 붙인 동작에서 출발해 점점 양옆으로 올려 만세까지의 한 옥타브를 표현하여 위로 올라가고 내려가는 방법으로 계이름과 음정을 익힌다.
악보 읽기와 쓰기	• 기초적 음악경험이 이루어진 후 학습하는 최종 단계이다. • 한 줄 악보부터 시작하여 두 줄 악보로 발전시킨다. • 듣는 능력의 발달을 위해 항상 소리와 관련되어 교육해야 한다.	• 음악학습의 초보 단계에서는 하지 않으며, 다양한 음악훈련을 통해 점차 읽고 쓰는 형태로 발전된다. • 화음은 간단한 I-V-I 의 화음을 아르페지오 노래 부르는 형태로 시작하여 점차 어려운 수준으로 진전한다. • 처음에는 리듬으로 된 악보를 보고 손, 발 등의 신체를 이용하여 움직임을 통해 리듬을 표현하고, 그 리듬에 여러 가지 음을 붙여 즉흥적으로 악기를 연주하거나 노래를 부른다.

3) 즉흥연주

음악에 있어서 창작과 연주를 동시에 하게 되는 즉흥연주(improvisation)는 음악적 창의성을 바탕으로 인간 내면의 표현 욕구를 자유롭게 표출할 수 있는 수단이 된다. 창의성 계발에 중요한 역할을 하는 즉흥연주는 동작과 관련된 요소인 리듬, 박자, 빠르기, 강약, 길이 그리고 소리와 관련된 요소인 음높이, 음계,

화음 등을 자발적이며 개성 있고 창의적으로 결합하여 음악을 표현하는 능력을 기르는 것을 목적으로 하고 있다.

즉흥연주는 유리드믹스와 솔페즈 이 두 가지 영역의 활동을 위해 절대적으로 필요한 영역이다. 달크로즈는 즉흥연주를 하는 사람이 음악에 대해서 훨씬 더 많이 듣고, 전달하고, 연주하고 이해할 수 있다고 생각하였다. 즉흥연주는 음악적으로 상위 단계의 사고를 할 수 있는 기술과 기능의 습득을 도와준다. 즉, 작품 분석 능력 촉진, 음악적 형식의 이해, 강약 등의 구조를 느끼는 데 특히 도움을 준다. 즉흥연주의 기술은 음악의 풍부함과 다양성, 자연스러운 진행, 즉흥과 규칙 사이의 균형을 가능하게 만든다. 즉흥연주 훈련은 음악을 계속 할 수 있는 능력, 계획의 수정과 예상치 못한 사건들의 적절히 활용할 수 있는 능력을 제공할 수 있다.

달크로즈에 따르면 즉흥연주의 요소에는 자신의 가진 능력의 사용, 신체와 움직임의 탐구, 신체와 소리 사용을 통한 표현, 상상력과 창의력, 우리를 둘러싸고 있는 시간과 공간의 이해, 유연성과 민첩성, 정적이고 동적인 공동작업, 심도 있는 듣기(critical listening), 집중과 주의력 등이 있으며, 그는 이들을 결합하고 구체화할 수 있도록 학습하는 것을 강조하였다. 즉흥연주의 학습을 위해 가장 많이 사용되는 악기는 피아노이다. 그의 수업에서 피아노는 핵심 매체로서 건반악기뿐만 아니라 타악기 역할로도 사용된다. 달크로즈는 피아노는 음의 높낮이와 강약을 쉽게 표현할 수 있으며, 즉흥적으로 개인의 음악적 의도를 자유롭게 표현하기에 가장 쉽고 적절하다고 보았다.

다양한 매체의 사용을 권장하고 있다는 점 또한 달크로즈의 즉흥연주 교수법의 특징이다. 그가 생각하는 즉흥연주는 말과 같이 자연스러운 표현의 형태로 접근해야 한다고 보고, 모든 일상생활을 즉흥연주와 연관시키도록 하였다. 먹는 것, 입는 것, 사람을 만나는 것 등의 모든 행위를 자연스럽게 즉흥연주와 연관시킴으로써 음악에서의 즉흥연주에 대한 두려움과 생소함으로부터 벗어나 편안하고 일상적이며, 누구나 할 수 있는 것으로 보다 더 적극적인 태도로 즉흥연주를 받아들일 수 있도록 하였다.

달크로즈의 즉흥연주에는 주로 사용되는 동작, 목소리, 기악이라는 세 종류의 매체가 있다. 악기 즉흥연주는 노래와 연관된 가사가 없다는 점에서 목소리 즉흥연주보다 효과적이다. 말은 음악 외적인 의미를 가지고 있기 때문에 음악으로부터 분리해서 생각하기가 쉽지 않다. 어린이들은 언어 없이 목소리만으로 즉흥 노래하는 것을 어려워한다. 그러나 목소리 즉흥연주는 때때로 음악 없이 동작과 동시에 훈련된다(Joseph, 1982 재인용).

즉흥연주를 위해 피아노 사용과 더불어 오늘날 말, 시, 움직임, 이야기, 노래, 타악기, 현악기, 목관악기 등이 사용되며, 이러한 악기들을 동시에 사용하기도 한다. 즉흥연주를 훈련할 때 요구되는 능력들은 다음과 같다.

- 즉흥적인 말, 노래, 소리, 타악기, 리코더 등을 통해 동작으로 정확히 표현할 수 있는 능력
- 어떠한 도구와 동작에도 맞출 수 있는 피아노 연주 능력
- 주어진 리듬 동작들의 중요한 박과 박자를 분석하고 연주할 수 있는 능력
- 동작의 흐름에서의 다양한 강약 표현 능력
- 다양한 동작들(레가토, 스타카토, 포르타멘토 등)에서의 아티큐레이션과 프레이징 표현 능력

달크로즈 교수법을 익히기 위해서 교사는 목적을 가지고 즉흥연주를 훈련해야 한다. 교사 자신의 창조적인 아이디어뿐만 아니라 여러 가지 음악적인 소재들(음악양식, 다양한 음계, 화성진행, 선법 등)을 탐색해야 한다. 또한 그의 교수법에서는 교사의 자질과 학생들의 모델, 관찰자로서의 역할 또한 강조되고 있다. 달크로즈 교사는 즉흥연주를 통해서 음악에서의 다양한 변화를 창작하고 발전시킬 수 있도록 훈련되어야 한다고 하였다. 교사는 창의적인 예술가가 되어야 하고 학생들에게 예술적인 재능의 모델이 되어야 하며, 이렇게 하기 위해서 교사에게는 끊임없는 훈련이 필요하다.

4. 교수 · 학습의 적용

달크로즈 교수 · 학습을 위한 세 가지 영역인 유리드믹스, 솔페즈, 즉흥연주의 적용 사례는 다음과 같다.

1) 유리드믹스의 적용

(1) 유리드믹스에 적용하는 동작

유리드믹스에서의 동작은 비이동 동작(non-locomoter movement)과 이동 동작(locomoter movement)의 두 가지로 나뉜다. 비이동 동작은 제자리에서 신체의 특정 부위를 움직이면서 이루어지는 동작을 말하며, 이동 동작은 자유롭게 공간을 움직이면서 이루어지는 동작이다. 이 두 가지 동작은 유리드믹스에서 가장 기초적인 동작이라고 할 수 있으며, 그 동작의 예는 〈표 1-4〉와 같다.

표 1-4 유리드믹스의 구분

비이동 동작 (non-locomoter movement)	이동 동작 (locomoter movement)
• 손뼉 치기(clapping) • 흔들기(swinging) • 돌기(turning) • 지휘하기(conducting) • 잡아당기기(pulling) • 밀기(pushing) • 뻗기(streching) • 구부리기(bending)	• 걷기(walking) • 달리기(running) • 뛰기(jumping) • 기어다니기(creeping) • 뛰어넘기(leaping) • 미끄러지기(sliding) • 말뛰기(galloping) • 스킵하기(skipping) • 호핑하기(hopping)

⏮ 비이동 동작

① 손뼉 치기(Clapping)

박자, 리듬형태 또는 프레이즈 등의 지도에서 혼자서 또는 옆 사람과 손뼉 치기를 한다.

② 흔들기(Swinging)

몸의 무게 중심을 이동시키면서 표현한다. 몸을 좌우로 흔들 수도 있고 머리, 어깨, 팔, 손 등 신체의 일부를 흔들면서 표현할 수도 있다.

③ 돌기(Turning)

한 바퀴 혹은 그 이상 박자나 프레이즈 등에 맞게 회전한다.

④ 지휘하기(Conducting)

박자나 템포에 맞게 팔을 일정하게 저어 보다가 점점 정확한 지휘로 발전시킨다.

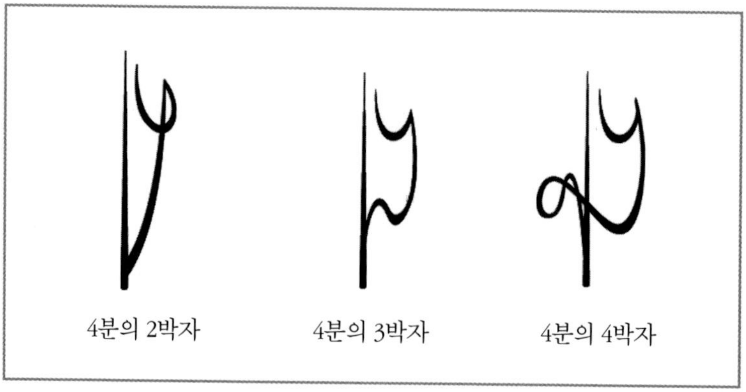

⑤ 잡아당기기(Pulling)

몸을 굽혀 자세를 낮춘 후 팔을 앞으로 길게 뻗어 잡아당긴다.

⑥ **밀기(Pushing)**

한쪽 발을 앞으로 내밀고 몸을 앞으로 숙이면서 있는 힘껏 팔을 앞으로 내 민다. 유리문을 미는 듯한 동작을 연상하면 쉽다. 잡아당기기 동작과 연결해서 표현할 수 있다.

⑦ **구부리기(Bending)**

팔이나 다리 또는 신체의 전체를 구부리는 동작으로 프레이즈나 박자에 맞게 움직이며, 뻗기 동작과 병행하여 사용하는 경우가 많다.

⑧ **뻗기(Stretching)**

손가락, 팔, 다리, 목, 가슴 등 신체의 근육을 펼치는 동작이며 몸 전체를 사용하기도 한다. 양팔, 다리를 사용하여 다양한 뻗기 동작을 할 수 있다.

⏮ 이동 동작

① **걷기(Walking)**

달크로즈가 좋은 리듬을 학생들에게 훈련시키기 위해 가장 먼저 한 것으로, 단순한 걷기가 아니고 음악에 맞추어(리듬, 박, 템포) 걷는 동작이다. 걷기 동작을 통해 규칙적인 박, 변화된 리듬, 빠르기 등을 잘 표현할 수 있는 음악을 선택해야 한다.

② **달리기(Running)**

걷기를 할 때보다 보폭을 조금 좁히고 몸을 약간 앞으로 숙여서 달리는 동작이다. 빨리 달리기가 목적이 아니고 음악적인 표현을 위해 활용되어야 하며 걷기보다 조금 더 빠른 템포를 표현한다.

③ **뛰기(Jumping)**

뛰기 동작은 무릎을 약간 굽혔다 뛰어오르는 동작이다. 유연하고 탄력 있는 동작이 되어야 한다. 앞으로 뛰기, 뒤로 뛰기, 옆으로 뛰기, 뛰면서 공중에서 한 바퀴 돌기 등 다양한 동작으로 뛰기 활동을 할 수 있다.

④ 기어 다니기(Creeping)

아기가 기는 모습이나 동물이 네 발로 걷는 모습을 흉내 내면서 음악에 맞추어 표현하는 동작이다.

⑤ 뛰어넘기(Leaping)

조그만 물웅덩이를 건너뛸 때의 모습처럼 다리를 쫙 펴서 뛰어넘는다.

⑥ 미끄러지기(Sliding)

한쪽 발에 무게를 실어 앞으로 내밀고 바닥을 문지르듯 이동하면서 다른 발은 앞에 있는 발을 따라 잡듯이 이동한다. 앞으로 할 수도 있고 옆으로 미끄러지듯 이동할 수도 있다.

⑦ 말뛰기(Galloping)

한쪽 발을 앞으로 내디딜 때 무게중심을 앞에 주면서 뒷발을 앞으로 당겨 붙인다. 그리고 동시에 앞발을 앞으로 내딛는 동작이다. 전후좌우로 이 동작을 활용할 수 있다.

⑧ 호핑하기(Hopping)

한 발은 들어 올리고 나머지 한 발에 무게를 실어 점프하는 동작이다. 이때 상체를 꼿꼿하게 세우고 하는 것이 좋으며 몸을 위로 솟구치듯, 마치 위에서 누가 잡아당기듯 점프한다.

⑨ 스킵하기(Skipping)

이 동작은 한 번에 스텝과 홉을 동시에 한다. 한 발을 내딛는 동시에 홉 하며 반대다리의 무릎을 굽혀서 안으로 들어 올려 앞으로 진행하는 동작이다. 이 동작을 잘 익히기 위해서는 먼저 오른발, 왼발을 교대로 호핑하는 동작을 다양하게 연습해 본 후 다음과 같이 구령을 붙이면서 연습해 본다. 이 동작이 익숙해지면 속도를 점점 빠르게 해 본다.

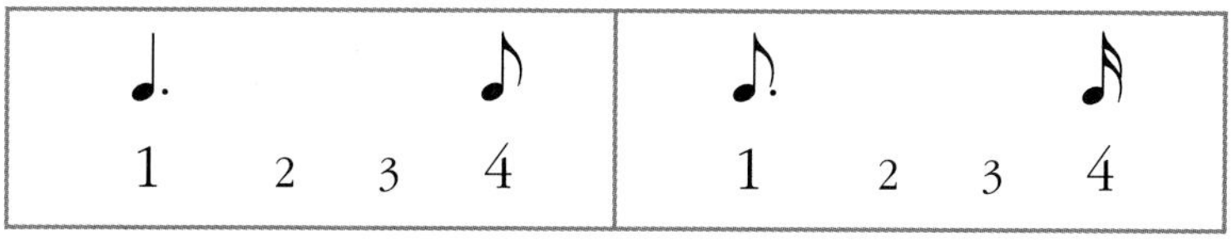

← 느리게　　　　　빠르게 →

이상에서 살펴본 바와 같이 유리드믹스 수업은 비이동 동작, 이동 동작을 기초로 하여 음악과 연계된 다양한 신체활동을 학습할 수 있다.

(2) 유리드믹스 수업의 형태

유리드믹스 수업을 효과적으로 하기 위해 다양한 게임을 활용한다. 이때 주로 이루어지는 수업의 형태는 〈표 1-5〉와 같다.

표 1-5 유리드믹스 수업의 형태

형태	내용	
빠르게 반응하기 (quick reaction)	• 교사가 피아노로 박자, 다이나믹, 빠르기, 곡의 느낌 등에 다양한 변화를 주면서 즉흥연주를 하여 그 음악적 변화에 즉각적인 반응을 하도록 한다. • 음악듣기에 대한 집중력과 반응력을 키우며, 음악을 듣지 않고 습관적 움직이는 것을 방지할 수 있는 활동이므로 매 시간마다 권장한다.	
따라하기 (follow)	• 교사가 리듬, 박자, 다이나믹, 빠르기, 곡의 느낌 등을 연주하면 학생들은 이를 듣고 정확히 움직임이나 신체 소리로 따라한다. • 이러한 활동을 함으로써 표현력, 집중력과 음악듣기 능력이 향상된다.	
모방하기 (imitation)	메아리 모방 (interrupted cannon)	• 교사가 목소리, 악기, 또는 동작으로 리듬패턴을 보여 주면 학생이 그것을 기억하여 그대로 따라한다. • 일정한 길이의 쉼이 내재되는 모방 형태이다. • 기억력, 순간 적응력 그리고 집중력 신장에 도움이 된다. • 교사는 리듬패턴에 여러 가지 변화를 주어 다양한 표현을 할 수 있도록 한다.
	연속모방 (continuous cannon)	• 돌림노래라고 생각하면 쉽게 이해할 수 있으며, 교사가 한두 마디 또는 그 이상을 먼저 연주하면 학생은 그것을 기억하여 한두 마디 뒤에 그대로 따라 연주하는 것이다 • 기억력과 집중력, 적응력, 인지력 발달에 도움이 된다.
보충연습 (replacement exercises)	• 익숙하거나 일정한 리듬패턴에 새로운 음악적 요소(악센트, 악상, 다이나믹 등)를 넣어 그 변화에 알맞은 움직임을 만들도록 하는 것이다. • 이러한 활동은 게임을 통해 이루어지는 것이 효과적이다.	

(3) 유리드믹스를 적용한 활동의 예

⏮ 예시 1: 공간에서 다양하게 걸어 보는 활동을 한다.

① 처음에는 제자리에서 빠르게 혹은 느리게 걸어 본다.

② 한 공간에서 다양한 형태로 걸어 본다. 즉, 둥근 선을 그리면서, 지그재그 선을 그리면서, 또는 삼각형, 사각형, 나선 등의 모양을 그리면서 걸어 본다.

③ 팔이나 목을 흔들면서 걷는다.

④ 손의 위치를 다양하게 변화시키면서 걷는다. (위로 올리거나, 뒷짐 지기, 허리에 올리기, 가슴 위로 교차하기 등)

⑤ 교사의 피아노 연주를 들으면서 학생들은 자연스럽게 걸어 본다. 피아노 연주는 빠르기를 달리하여 연주할 수 있다.

악보 1-1 **〈별빛 눈망울〉**

이러한 다양한 활동 이후에는 교사가 박수와 같은 신호를 준 뒤, 원상태로 돌아간다. 이를 통해 공간 탐색을 할 수 있다.

⏮ 예시 2: 교사의 지시에 따라 음악을 듣고 자연스럽게 표현되는 몸동작을 점점 더 확대시켜 본다.

① 음악소리에 맞춰 손가락을 까딱까딱 움직여 본 다음, 팔과 다리, 몸 전체를 움직여 본다.
② 다 같이 원형을 그리며 걸어 보다가 특정한 소리에 맞춰 방향을 바꾸어 본다.
③ 음악소리에 맞춰 여기저기 돌아다녀 본다.
④ 주어진 리듬에 맞춰 걷거나 뛰어 보고, 새로운 리듬을 만들어 머리 혹은 신체 각 부위를 흔들어 본다.
⑤ 더 나아가 나비, 새, 사자 등의 동작을 신체로 표현하여 동작과 제시된 음악을 구체적으로 연계해 본다.

악보 1-2 **〈이 몸이 새라면〉**

이 활동은 몸을 자유롭게 움직이며 여러 가지 동물들 또는 신체의 부분을 구체적 동작을 통해 표현하면서 대근육과 소(小)근육을 발달시킨다. 이러한 과정에서 즉흥적인 표현과 창의적인 리듬을 자연스럽게 익히게 된다. 교사는 이러한 활동을 할 때 학생들의 자연스러운 몸동작을 위해 적절한 조언을 하여야 한다.

⏮ 예시 3: **음악 감상을 위한 다양한 활동을 한다.**

① 하이든(F. J. Haydn)의 〈놀람 교향곡〉을 들려준 다음 개인에게 풍선이나 리본을 주어 음악이 나오면 자기가 가지고 있던 풍선이나 리본을 위로 던져 띄우는데, 크게 나오는 부분에선 풍선이나 리본을 높이 올리고 잔잔한 음악이 나오면 살살 위로 올리게 하면서 음악의 크고 작음을 느끼게 한다.

② 여러 가지 동물 인형들을 준비하여 교사는 각 인형들의 특징에 알맞은 음악을 들려준 다음 피아노로 해당되는 주선율을 쳐 주면 학생들은 그 음악에 해당되는 각 인형을 골라내게 한다.

③ 모차르트(W. A. Mozart)의 〈아이네 클라이네 나하트뮤직〉에 알맞은 신체 표현을 만들어 본다. 이때 프레이즈의 변화에 따라 무릎치기, 손뼉 치기, 파트너와 손뼉 치기 등 다양한 신체 표현을 하도록 한다. 교사는 사전에 프레이즈의 변화를 익혀 음악에 어울리는 신체 표현을 만들도록 한다.

이 활동은 음악 듣기와 인지력을 동시에 훈련하는 것으로 신체 표현을 통해 각 동물 흉내를 내게 하는 신체 활동이 그 다음 순서로 이어지게 된다. 이러한 활동은 학생들이 즉흥적으로 적절한 음악적 표현에 대한 인식과 경험을 통해 잠재되어 있는 표현적 창의성을 유발시킨다.

⏮ 예시 4: **다양한 활동을 통해 모방의 개념을 이해한다.**

① 일정한 리듬꼴을 메아리모방, 연속모방의 방법으로 연습한다. 먼저 말로 연습한 후 익숙해지면 비이동 동작과 이동 동작의 다양한 방법으로 연습할 수 있다.

교사 : 눈눈 눈눈눈	입입	입입입	귀귀귀	
학생:	눈눈 눈눈눈		입입 입입입	귀귀귀

② 3~5명씩 조를 짜서 자신의 이름과 관련된 동작을 만들고, 앞 사람의 동작을 따라하되, 첫 번째 사람은 자신의 이름만을, 두 번째 사람은 첫 번째 사람의 이름 및 동작과 자신의 것을, 세 번째 사람은 앞의 두 사람의 동작과 자신의 동작을 한다. 이때 다음과 같은 다양한 활동을 할 수 있다.

- 높낮이의 변화: 첫 번째 박에서 준비, 두 번째 박에서 점핑, 세 번째 박에서 앉기
- 방향의 변화: 원 그리기, 직선, 사선, 곡선으로 이동하기
- 세 번째 박에 구르기: 다양하게 변화를 주면서 구르기 동작하기
- 걷기: 빠르게 걷기에서 점점 느리게 걷기 혹은 느리게 걷기에서 점점 빠르게 걷기 등 템포의 변화를 주면서 걷기
- 고개 저으면서: 좌우로 하면 템포가 빨라짐, 상하로 하면 템포가 느려짐

③ 리듬, 멜로디, 화성이 쉬운 음악을 틀어놓고 말없이 교사 또는 학생 1명의 동작을 따라해 본다. 이때 음악에 어울리는 동작을 할 수 있도록 유도하여야 하며, 지시자는 시선, 방향, 높낮이, 구르기 등을 고려하여 다양한 표현을 따라하게 한다.

⏮ 예시 5: 제재곡의 주요리듬 및 주요선율을 박자, 빠르기, 다이나믹에 변화를 주어 익힌다.

교사가 제재곡의 주요리듬을 연속해서 피아노로 연주하면서 박자, 빠르기, 다이나믹에 변화를 주거나 장식음을 넣어 학생들이 빠르게 반응할 수 있도록 하며 그에 따라 신체 표현을 다르게 하도록 한다. 그 이후 주요선율을 마디로 나누어 메아리모방 및 연속모방의 활동을 할 수 있다. 이때 연속모방을 할 경우는 바로 돌림노래로 연결된다.

⏮ 예시 6: 다양한 리듬의 개념을 이해한다.

학생들을 여러 그룹으로 나누어 한 그룹은 4분 음표로 된 4박의 리듬을, 한 그룹은 8분 음표로 된 4박의 리듬을, 또 다른 그룹은 2분 음표로 된 4박의 리듬을 연주하도록 해 본다. 물론 그룹을 더 세분화하여 또 다른 4박 리듬을 제시하여 연주하게 할 수 있다. 아래에 제시된 리듬을 각각의 그룹이 반복해서 연주하도록 한다.

A 그룹: 

B 그룹: 

C 그룹: 

D 그룹: 

⏮ 예시 7: 악곡에 알맞은 리듬꼴을 이해한다.

① 음표와 쉼표로 된 다양한 박자의 리듬카드를 준비하여 학생은 악곡에 알맞은 리듬카드를 칠판에 붙이고 교사는 리듬치기를 한다. 혹은 반대로 할 수 있다.

② 학생은 그 리듬에 맞게 걷거나 뛰거나 또는 정지하는(쉼표) 동작을 하며 리듬을 익히고 그 리듬카드를 찾게 한다.

악보 1-3 〈가을 길〉

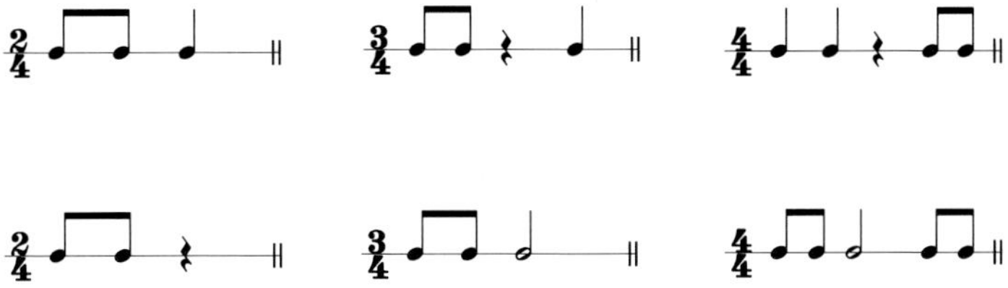

악보에 제시된 주요 리듬꼴로 된 리듬카드를 준비하여 활동하거나 이 곡의 리듬이 아닌 다른 리듬꼴(이 곡에 없는 2박 · 3박 · 4박 리듬꼴)의 리듬카드를 준비하여 활동한다.

⏮ 예시 8: 빠르기에 대한 개념을 익힌다.

① 학생들이 노래나 악기를 연주할 때 악보에 제시된 빠르기를 명확하게 이해하고 연주하기는 쉽지 않다. 같은 음악이라도 빠르기에 따라 동작이 달라진다. 맨 먼저 학습하는 것은 음악에 맞춰 손가락이나 발가락을 까닥거려 보는 방법으로 우선 음악에 집중할 수 있게 한 다음, 목이나 어깨, 팔, 다리 등 각 신체 부위의 동작으로 연결한다. 빠르기가 빨라지면 동작 또한 빨라지며, 빠르기가 느려질수록 동작도 느려지는 원리이다.

② 빠르기를 익힐 때 음악을 듣고 그 빠르기에 맞게 움직임을 달리하도록 한다. 아래의 표와 같은 방법으로 걷도록 지도하며, 빠르기의 개념이 확립되면 accelerando나 ritardando 등의 빠르기를 지도할 수 있다. 이때 동작은 단순한 율동에 국한되는 것이 아니라 음악적 요소가 포함된 신체 동작이 되도록 하여야 한다. 교사가 즉흥연주하는 음악에 맞추어 학생들은 원을 그리며 나아간다. 노래가 빨라지면 발걸음의 속도를 달리하면서 음악의 형태를 반영한다.

표 1-6 빠르기말과 걷기 속도

빠르기말	걷기 속도
Adagio	아주 느린 걸음
Andante	느린 걸음
Moderato	보통 걸음
Allegro	빠른 걸음
Presto	아주 빠른 걸음(달리기)

⏮ 예시 9: 악곡에서의 프레이즈에 대해 이해한다.

프레이즈는 음악적 단락이며 화성과도 밀접한 연계성을 가지고 있다. 따라서 음악의 구조를 보다 더 이해하기 쉽게 하는 방법 중 하나가 프레이즈를 몸으로 익히고 이해하는 것이다.

① 먼저 음악에 맞춰 오른손의 검지나 손바닥을 펴고 왼쪽에서 오른쪽으로 음악에 맞춰 따라가 보는 활동을 해 본다.

② 걷다가 프레이즈가 바뀔 때마다 방향을 전환하거나 같은 몸동작을 하다가 프레이즈가 바뀔 때 호흡을 하고 다른 동작을 하기 등 프레이즈의 시작을 새로운 방식으로 표현하도록 한다.

③ 원형대열로 서서 프레이즈가 시작되면 원의 안쪽으로 모여들었다가 프레이즈가 바뀌면 밖으로 걸어 나간다. 줄지어 앉아 왼쪽 사람과 손뼉을 마주치며 노래 부르다가 프레이즈가 바뀌면 오른쪽 사람과 손뼉 치기를 한다.

④ A, B 두 사람이 짝을 지어 할 수 있다. 한 프레이즈가 연주되는 동안 A는 걸어가면서 신체 표현을 하고 프레이즈의 마지막 마디에서 정지동작을 연출하면 B가 다음 프레이즈에서 A의 동작을 그대로 모방하면서 B옆으로 다가가 함께 정지동작을 연출한다. A의 프레이즈와 B의 프레이즈의 선율이 유사할 경우 이러한 활동이 가능하다. 반대로 선율이 서로 다른 경우, B는 A와는 다른 동작으로 신체 표현을 하며 프레이즈의 마지막 마디에서 정지동작을 연출할 수 있다. 이러한 다양한 활동을 통해 학생들은 자연스럽게 프레이즈에 대한 개념을 익힐 수 있다.

⏮ 예시 10: 보충연습에 대한 이해를 한다.

① 기본 리듬패턴에서 리듬을 약간씩 바꾸고 강세의 위치도 다르게 하면서 학생들에게 이에 알맞은 움직임을 만들어 보게 한다.

② 리듬패턴이나 강세뿐 아니라 악상도 다르게 할 수 있다. 스타카토로 연주한다든지 점점 느리게 혹은 점점 빠르게 연주할 수도 있고 점점 여리게 혹은 점점 세게 연주하면서 학생들에게 움직임을 만들어 보게 한다.

③ 1명의 학생이 걷는 것으로 리듬을 표현하면서 첫 발자국에 강세를 주었다면 그 다음 학생은 리듬패턴을 바꾸어 걸음걸이로 표현하고 강세의 위치도 바꾸어 세 번째 발자국에 강세를 주는 식으로 활동할 수 있다. 걸음걸이를 천천히 하면서 더욱 부드럽게 움직이면서 '점점 느리게' 나 '점점 여리게'

표현해 보고, 걸음걸이를 더욱 빠르게 하고 절도 있게 하면서 '점점 빠르게' 나 '점점 세게' 를 표현해 본다.

기본 패턴	
패턴 1	
패턴 2	
패턴 3	
패턴 4	

2) 솔페즈의 적용

달크로즈 솔페즈의 목표는 학생들이 악보를 읽고 쉽게 노래를 부르면서 절대음감을 갖도록 하는 것이라 할 수 있다. 솔페즈 학습방법인 계이름 부르기, 내청, 손동작, 악보 읽기와 쓰기에 대해 현장에서 활용 가능한 방법을 제시하면 다음과 같다.

(1) 계이름 부르기

먼저 다장조 음계를 철저히 익힌 후 선율이 쉬운 음악부터 시작하여 점점 어려운 악곡으로 계이름을 익힌다. 다장조 음계에 대한 학습이 이루어진 후 다른 음계를 순차적으로 익힌다. 이때 피아노는 음의 정확성을 시험하는 데 사용된다. 화음은 으뜸화음에서 시작하여 점점 더 어려운 화음으로 난이도를 높여가는 것이 좋다.

절대음감을 가진 학생들은 이동도법이 오히려 더 어려울 수 있다. 즉, 악기를 연주하거나 노래를 부를 때 고정도법으로 익히는 것이 훨씬 자연스럽고 쉬울 수 있다. 그러나 절대음감이 없는 대부분의 학생들은 고정도법이 어려울 수 있으며, 이동도법으로 익히기가 쉽다. 우리나라 음악교육은 이동도법으로 지도하는 것이 일반적이어서 달크로즈의 고정도법을 우리나라 음악교육에 적용하기 어려운 점이 있으나 피아노나 실로폰, 멜로디언 등의 선율악기를 연주할 때 잘 적용할 수 있다.

⏮ **예시 1: 계이름 익히기와 부르기를 위한 활동을 한다.**

① 바닥에 유색 테이프로 오선을 붙여 놓고, 계이름을 적어 놓은 종이를 접어 바구니에 둔다. 학생들이 종이를 하나씩 뽑아 오선에서 음을 찾아 그 음의 자리에 가서 선 다음, 선생님의 피아노 연주(예: 솔파미레도)에 맞추어 해당 학생이 폴짝 뛰며 그 음을 노래 부른다.

② 바닥에 한 줄 악보를 검정 테이프로 붙이고, 테이프 아래 위를 다니며 계이름 부르기를 한다. 숙달되면 두 줄을 만들어 폴짝폴짝 뛰면서 계이름 부르기를 한다.

⏮ **예시 2: 음높이와 음이름을 익힌다.**

음높이와 음이름을 자유롭게 연결할 수 있게 되면 신체 표현과 함께 노래하면서 음높이를 몸으로 익히며 음감을 키울 수 있다. 교사의 선창과 따라 부르기를 통해 악보 없이 귀로 듣고 익히도록 한다. 물론 악보 읽기나 내청 등과 함께 병행할 수 있다.

① 음의 높낮이를 지도할 때 높은 소리의 음악이 나오면 팔을 위로 올리고 새가 하늘을 날 듯 몸으로 표현을 하며 낮은 소리의 음악이 나오면 몸을 숙여 기어가면서 신체 표현을 한다. 다른 방법으로 '도'는 배, '레'는 가슴, '미'는 어깨로 신체 표현을 하게 할 수도 있다. 음의 위치를 팔이나 신체의 각 부위로 나타내도록 하며 소리 내어 부르는 것과 소리 내지 않고 부르는 과정을 번갈아 하도록 하여 내청 능력도 동시에 학습할 수 있다.

높은 음, 낮은 음을 표현하는 신체동작은 정해진 동작이 아니라 상황에 맞게 다양하게 응용할 수 있으며 학생들의 흥미를 유발할 수 있는 동작이어야 한다. 또한 이런 활동을 할 때는 음악이 다채로워야 하며 학생들 또한 동작으로 높낮이를 구별하면서 리듬감 있게 움직여야 한다.

② 교사가 몇 개의 음으로 된 간단한 노래를 즉흥연주하면 학생은 그 노래를 듣고 음높이에 맞게 신체 혹은 도구(예: 훌라후프, 풍선, 인형 등)를 사용하여 그것을 위로 올렸다가 내렸다가 하면서 표현할 수도 있고, 이러한 활동을 모둠별로 할 수 있다.

③ 각각의 서로 다른 음을 듣고 그 음을 색깔막대로 표현하게 할 수 있다. 학생에게 '도'는 빨강, '레'는 주황, '미'는 노랑으로 정해 주고, 교사가 피아노로 어떠한 제재곡을 연주하면서 각 색깔에 해당되는 음을 친 후 멈추면, 학생은 그 색깔에 해당되는 막대를 드는 것이다.

⏮ 예시 3: 음 순서 익히기 활동을 한다.

① 계이름으로 노래하면서 다장조 음계의 순서를 익힌다. 교사의 선창과 학생들의 '듣고 따라 부르기'를 통해 올라가는 음계와 내려가는 음계 모두 익숙해지도록 한다.

도-레-미-파-솔-라-시-도-시-라-솔-파-미-레-도

- 학생들 전체가 다 같이 다장조 음계를 계이름으로 노래 부른다.
- 다장조 음계의 상행과 하행을 교사와 학생이 번갈아가며 부른다. 즉, 교사가 '도'를 먼저 소리 내어 부른 후 학생들이 그다음 음정을 이어 부르는 것을 반복한다. 교사와 학생, 학생과 학생 간에도 할 수 있다. 이때 교사는 일정박을 제시하여 학생들이 박자에 알맞게 계이름을 부르도록 한다.

② 신체의 각 부위와 음이름을 연결시켜 음의 순서를 익힌다. 이때 다음에 제시된 악보를 노래로 부르면서 손동작과 신체동작을 할 수 있다. 예를 들어 '미-머리, 레-어깨, 도-가슴' 등으로 높이를 몸으로 나타내도록 한다. (다음의 악곡에 따라 명칭이 달라진다.)

악보 1-4 〈바둑이 방울〉 악보 일부

③ 다른 조성의 곡을 고정도법으로 계명 부르기를 한다.

악보 1-5 〈시계〉 악보 일부

(2) 내 청

⏮ 예시 1: 내청 훈련을 위한 다양한 활동을 한다.

① 처음에는 다장조의 음계를 사용하며 고정도법을 통한 악보 읽기로 조성의 변화를 자연스럽게 지도한다.

- 각 음의 위치를 손과 팔 또는 신체의 각 부위로 나타내도록 하며 소리 내어 부르는 것과 소리 내지 않고 부르는 과정을 번갈아 가며 내청 능력을 키운다.

- 두 마디의 선율을 큰 소리로 노래 부르고 다음 두 마디는 침묵을 지키면서 진행되고 있어야 할 가락을 마음속으로 떠올리는 방법을 반복한다.

악보 1-6 **〈잠자리〉 악보 일부**

② 학교에서 지도할 때는 제재곡의 선율을 익히는 과정에서 반주를 하고, 하지 않고를 한 마디씩 번갈아 하면서 학생들이 무반주로 노래하는 경험을 가지도록 한다. 제재곡을 부를 때도 시작하는 음이 포함된 화음만을 연주해 주고 첫 음을 잡아 노래를 시작할 수 있도록 하며 교사는 중간 중간 반주를 불규칙적으로 하였다가, 하지 않았다가 하면서 학생들이 반주에 의지하지 않고 자신의 음감으로 노래할 수 있도록 도와준다.

③ 학생들이 짝수 마디는 마음속으로 노래를 부르기로 약속한 후 홀수 마디만 제창하고 짝수 마디는 마음속으로 부른다든지, 홀수 마디는 제창하고 짝수 마디는 모둠별로 돌아가면서 부르고 나머지 모둠은 마음속으로 부르는 활동을 할 수 있다.

④ 손동작으로 계이름 부르기를 하다가 교사가 예를 들어 '하트 카드' 를 들면 내청한다. '하트 카드' 를 내리면 다시 소리 내어 부른다.

⑤ 교사가 제시한 특정 음정을 내청하는 활동을 한다. 예를 들어 '솔' 음정만 내청하여 계이름 부르기를 하게 한다. 숙달되면, '솔' 과 '미' 2음을 내청한 후 내청하는 음을 늘여가며 맨 마지막에는 시작과 끝음만 노래 부르고, 중간음 모두를 내청하는 활동을 한다.

⑤ 앞에 제시한 다양한 활동을 통해 제재곡에서 비워진 한 마디를 떠올리며 소리 내지 않고 신체 표현만으로 불러 본다. 신체로 표현되는 음높이를 마음속으로 따라 불러 보는 것이 가장 중요한 과정이며, 이때 내면의 귀가 발달하게 된다.

(3) 손동작

⏮ 예시 1: 손동작으로 음의 높낮이를 익힌다.

다음과 같은 손동작으로 음의 높낮이를 구별하는 활동을 한다. 이때 교사는 다양한 활동을 통해 학생들이 손동작과 함께 음의 높낮이를 익힐 수 있도록 하여야 한다.

그림 1-1 손동작으로 음높이 표현하기(계속)

그림 1-1 손동작으로 음높이 표현하기

① 음의 높낮이 개념을 중심으로 하여 두 손을 위, 중간, 아래로 구분시키는 연습을 먼저 한다.

② 양팔을 몸 옆으로 붙인 동작에서 출발해 점점 양옆으로 올려 만세까지 한 옥타브를 표현하여 위로 올라가고 내려가는 방법으로 계이름과 음정을 익힌다.

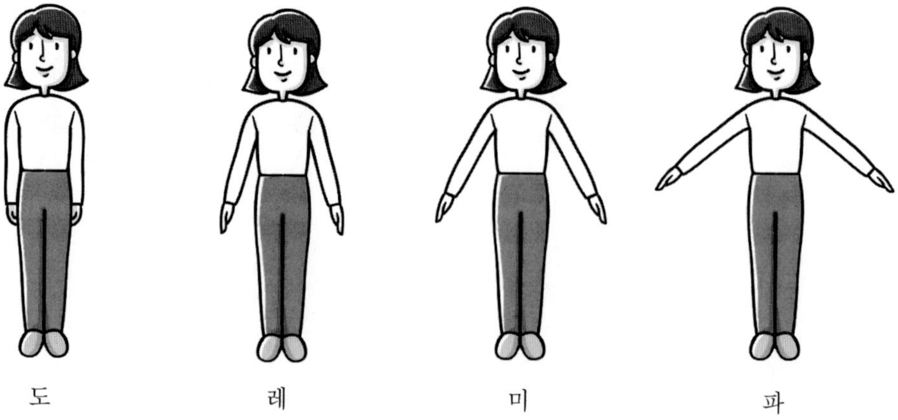

그림 1-2 팔동작으로 음높이 표현하기(계속)

그림 1-2 팔동작으로 음높이 표현하기

(4) 악보 읽기와 쓰기

고정도법에 의한 보고 부르기를 한다. 처음에는 높이의 차가 심한 두 소리를 다루고 점차 좁은 음역의 음정을 다룬다.

⏮ 예시 1: 악보 읽기와 쓰기를 위한 활동을 한다.

① 다음의 그림과 같이 한 줄 악보부터 시작하여 두 줄 악보로 발전시킨다. 처음에는 리듬으로 된 악보를 보고 손, 발 등의 신체를 이용하여 움직이면서 리듬을 표현하고 그 리듬에 여러 가지 음을 붙여 악기로 연주하거나 노래를 부르는 즉흥연주를 하게 한다.

- 한 줄 악보: 단선에 음을 부여한다. 예를 들어 아래의 선을 '솔' 이라고 한다면 '솔-파-솔-라-파-솔' 의 형태가 될 수 있다. 한 줄 악보 읽기가 익숙하게 된다면 두 줄 악보로 선을 늘려 간다.

- 두 줄 악보: 윗줄은 '솔', 아랫줄은 '미' 등으로 정하고 읽어 보도록 한

다. '미-파-솔-라-파-레' 로 읽을 수 있을 것이다. 두 줄 악보 읽기는 처음에는 인접한 음으로 읽어 보고 점차 간격을 넓혀가며 읽도록 한다. 이후에는 오선으로 읽는 범위를 확장한다.

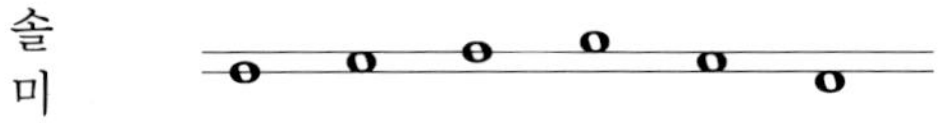

② 교사가 피아노에서 음계의 높낮이를 표시한 1～8까지의 숫자 중 1개의 리듬카드에서 제시된 것을 연주하면 학생은 이에 해당되는 카드 옆에 가서 선 후 교사의 연주에 맞춰 신체 표현을 한다.

③ 교사는 음표와 쉼표의 다양한 길이를 표시한 몇 개의 리듬카드를 학생에게 보여 주고 이 중 1개의 리듬형을 교사가 연주한 후 학생에게 자신이 들은 리듬카드를 찾아내게 한다. 그다음으로는 교사가 제시한 한 줄 또는 두 줄 악보를 자신이 찾은 리듬카드에 제시된 리듬에 맞춰 노래하도록 한다.

㉠ 카드를 선택하였을 때 다음 악보와 같은 방법으로 노래한다.

④ 리듬을 자연스럽게 걸음걸이나 박수 등 신체동작과 연결하여 익힌 후 리듬 기보법을 학습하도록 하며, 그 이후 악보를 보고 타악기 연주를 할 수 있도

록 한다. 리듬을 기보할 때 초등학교 저학년의 경우 처음부터 음표를 도입하기 어려우므로 다음 그림(예: 긴 막대는 4분 음표, 짧은 막대는 8분 음표, 큰 동그라미는 4분 음표, 작은 동그라미는 8분 음표)을 사용하여 리듬을 짓도록 한 후 점차 음표 지도를 한다.

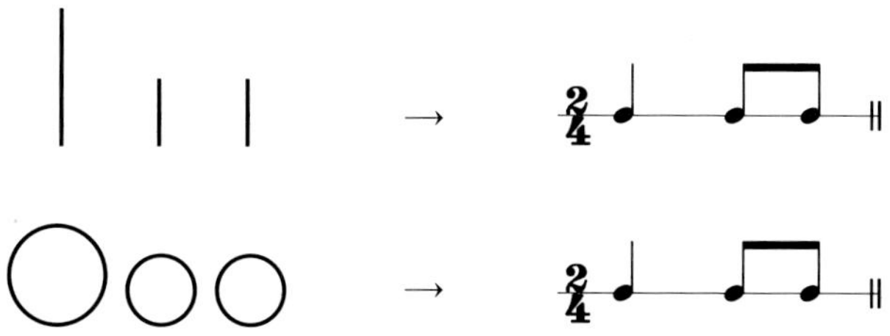

3) 즉흥연주의 적용

즉흥연주의 경험은 피아노를 통해 시작된다. 몇 개의 음을 가지고 즉석에서 만들어 쳐 보다가 점점 화음에 어울리는 복잡한 수준의 즉흥연주에까지 이르게 된다. 주어진 화음에 맞는 멜로디를 만들어 내는 훈련부터 출발하여 멜로디를 치면서 속도와 박자를 바꾸기를 거치면서 멜도디를 이어나가다가 조를 바꾸는 수준으로 훈련해 나간다.

⏮ 예시 1: 즉흥연주 학습을 위한 다양한 활동을 한다.

① 교사가 피아노에서 2개 혹은 3개의 음을 주고 그 음들을 사용하여 즉흥으로 노래하게 하거나, 혹은 신체를 이용하여 즉흥적으로 훈련한다. 동물 소리(새소리, 호랑이 소리 등)를 피아노나 노래로 즉흥 연주할 수 있다. 말, 손뼉 치기, 노래, 타악기 등을 사용하여 자신들이 들은 것을 즉흥적 동작으로 나타낼 수 있는, 즉 모든 음악적 행위를 통합적으로 표현할 수 있다. 피아노로 즉흥연주를 할 때 손바닥 전체를 펴서 치는 방법, 손을 주먹 쥐고 치는 방법, 부드러운 공(테니스 공 등)을 사용하여 손가락을 대신하여 연주하는 방법이 있다. 이 방법은 소(小)근육이 발달하기 시작하는 유아나 손가락

으로 피아노를 치기 어려워하는 어린이들에 적절하게 사용하여 피아노와 즉흥연주에 대해 흥미를 유발시킬 수 있다.

② 다음과 같은 다양한 활동을 통해 즉흥연주를 위한 기초적 학습을 할 수 있다.

- 두 사람이 피아노 양쪽에 앉아서, 한 사람이 연주하면서 "안녕하세요."라고 하면 다른 사람은 "반갑습니다." 하면서 문답식으로 즉흥 연주를 한다.
- 몸을 이용하여 다양한 소리를 내 본 다음, 교사의 피아노나 악기소리에 맞추어 다양한 소리로 리듬을 즉흥적으로 연주해 본다.
- 실로폰이나 멜로디언 등을 이용하여 동물의 울음소리나 특징 등을 표현해 본다. 사자가 울부짖는 소리를 멜로디언을 이용한 톤 클러스터(tone cluster)로 표현하는 식이다.
- 즉흥연주 릴레이를 노래나 악기 또는 신체로 표현해 본다. 교사가 먼저 시작하거나 처음 시작하는 학생이 멜로디나 리듬을 만들어 유사하거나 전혀 다른 리듬, 멜로디를 즉흥연주하게 한다.
- 교사가 2~3개의 한정적인 음만 주고 학생에게 그것으로 간단한 리듬과 선율이 있는 두 마디 정도의 선율을 짓게 한다. 교사가 먼저 도, 미, 솔을 이용하여 두 마디를 연주하면 학생이 또 다른 두 마디를 즉석에서 생각해 교사의 뒤를 이어 바로 즉흥연주할 수 있다.
- 선생님이 한 마디를 연주하고 학생이 빈 마디를 자유롭게 실로폰이나 멜로디언, 혹은 피아노 등의 악기를 이용하여 채워 본다. 이때 익숙한 곡으로 해도 좋다.

악보 1-7 예시: 리듬의 즉흥연주

악보 1-8 **예시: 멜로디의 즉흥연주**

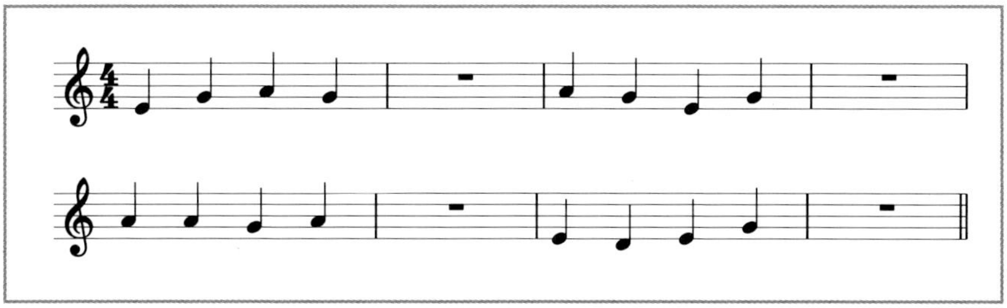

③ 이야기를 읽으면서 한 장면을 즉흥 연주해 본다. 다양한 악기를 가지고 선생님의 이야기에 따라 소리를 내어 장면을 표현해 보도록 한다. 홍부가 박을 타는 장면이라면 실로폰을 채로 훑으면서 박을 타고, 펑 터지는 장면을 손뼉 치기나 발 구르기 등으로 표현할 수 있다. 모둠별로 장면을 표현하고 이러한 부분을 모두 모아서 공연처럼 장면을 이어가도 좋다.

④ 리듬치기를 하면서 리듬즉흥연주를 해 본다. 한 마디의 리듬꼴을 여러 개 제시하고 그것을 자유롭게 조합하여 리듬치기를 한다. 각자가 가진 리듬악기 혹은 몸을 이용하여 리듬을 즉흥적으로 선택하여 전개해 나가고 빠르기만 통일하여 일정한 박으로 리듬이 진행될 수 있도록 한다. 제시한 리듬꼴을 치는 것에서 벗어나 자기만의 리듬꼴로 변형시켜 나갈 수 있도록 지도한다.

이러한 연습 후 학생끼리 두 마디 이상의 곡을 즉흥연주하며 릴레이 방식으로 진행할 수 있고 좀 더 수준 높은 그룹의 경우 앞의 학생이 연주한 것의 리듬은 그대로 두고 선율만 바꾼다든지, 선율선은 그대로 살리되 리듬을 바꾼다든지, 혹은 같은 선율을 조바꿈을 하여 연주하는 방식으로 활동할 수 있다.

초등학교에서는 보통 즉흥연주의 경험은 선율이 아닌 리듬으로 이루어지는 경우가 많으나 교사가 피아노로 다양한 즉흥연주를 보여 주어 학생들이 다양한 음악적 경험을 할 수 있도록 한다.

4) 교사의 역할

달크로즈 교수법은 음악에 대한 창의적인 접근 방법이기 때문에 다양한 교수 · 학습과정에서 유연함과 융통성을 가져야 하며, 학생들과 교사 자신이 동시에 즐길 수 있도록 학습을 이끌어 나가야 한다. 또한 학생들이 음악을 어려워하지 않고 즐거워하도록 유도하여야 하며, 감각적이고 신체적으로, 특히 학생이 신체의 모든 부분을 통해 음악을 표현할 수 있도록 도와주어야 한다. 교사는 학생들에게 달크로즈 교수법을 익힐 수 있는 다양한 활동을 제공하여야 하며, 좋은 음악의 예를 많이 들려주어야 한다. 학생들에게 음악적 경험은 단계적으로 이루어질 수 있도록 기초 리듬학습과 충분한 듣기 훈련이 필요하며, 그 후에 악기를 접할 수 있도록 하는 것이 바람직하다.

에이브람슨은 효과적인 달크로즈 수업을 위해 언어의 사용보다는 생동감 있으면서 크고 정확한 동작을 사용해야 한다고 하였다. 수업에서 열 마디 이상으로 된 말을 쓰지 않도록 하였고 정확한 명령어와 교사의 동작으로 지시할 수 있도록 하였으며, 지시어 또한 단조롭지 않고 음악적이거나 리드미컬하여야 한다 (Abramson, 1997).

수업 중에 교사는 학생들의 움직임을 관찰하여 즉흥연주의 빠르기나 난이도를 조절하여야 하며 끊임없이 학생들을 관찰하고 눈을 마주쳐야 한다. 무엇보다 달크로즈 교육개념을 잘 이해하고 다양하게 적용할 수 있어야 하며, 수준 높은 즉흥연주 능력으로 학생들에게 다양하고 풍부한 음악적 경험을 제공해 주어야 한다.

5. 교수 · 학습의 실제

1) 초등학교 저학년의 음악수업안: 〈비행기〉

- 제재곡: 〈비행기〉
- 수업 목표: '미, 레, 도' 를 구별하고 신체 표현한다.

(1) 시작하는 노래 부르기

전 시간에 배운 〈비행기〉 노래를 부르며 10명씩 원을 만든다.

(2) 신체 탐색하기

① 숨을 들이마시며 손잡고 위로 들었다가 내쉬며 손을 내린다.

② 손, 팔, 어깨, 발, 다리, 머리, 엉덩이를 다양한 방법으로 움직여 본다.

③ 손으로 음높이를 나타내며 계이름을 불러 본다.

(3) '미, 레, 도' 음정 익히기

교사가 제시해 주는 말("안녕하세요.")에 '미, 레, 도' 음정을 붙여 부른다.

> 1모둠: 앉기, 안녕하세요(도도도도도).
> 2모둠: 앉아서 엉덩이 들기, 안녕하세요(레레레레레).
> 3모둠: 서기, 안녕하세요(미미미미미).

(4) 음정 구별하기

① 피아노로 내는 '미, 레, 도' 소리를 듣고 계이름으로 부르며 색깔봉을 든다(개인별 음정 구별).

② 피아노로 〈비행기〉를 연주하면, 모둠 4명이 후프를 눕혀 잡고 '미, 레, 도'를 높이에 따라 나타낸다(모둠별 음정 구별).

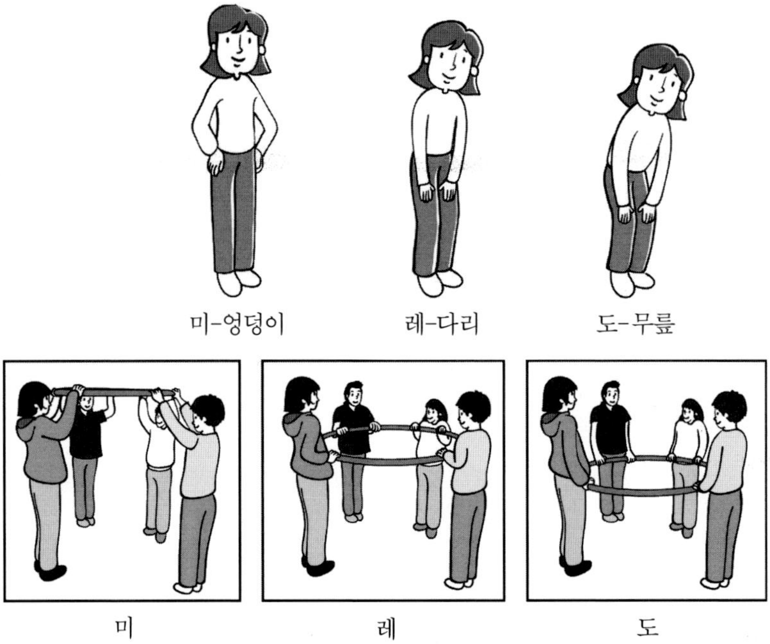

그림 1-3 음정 구별 신체 표현

(5) 계이름으로 부르기

① 계이름으로 〈비행기〉 노래를 부르며 신체 표현해 본다.

예: 미- 양팔 옆으로 벌리기, 레-45도로 내리기, 도-몸에 붙이기

미-서기, 레-엉거주춤 앉기, 도-앉기

② 모둠별로 후프 잡고 계이름을 나타낸다.

③ 2명이 리본 잡고 3단으로 높이를 나타낸다.

④ 걸어 다니며 〈비행기〉 노래를 부르다가 '미' 가 나올 때 손을 비행기 날개처럼 옆으로 뻗는다.

(6) 놀이하기

① 교사가 피아노로 '미, 레, 도' 가 들어가는 짧은 가락을 연주하면 신체로 나타낸다.

② 모둠을 나누어 〈비행기〉 노래를 부르다가, 자기 모둠의 계이름이 나오면 벌떡 일어난다(1모둠: 도, 2모둠: 레, 3모둠: 미).

③ 그림 악보의 '미, 레, 도' 3음 중 하나에 색연필로 색칠한다.

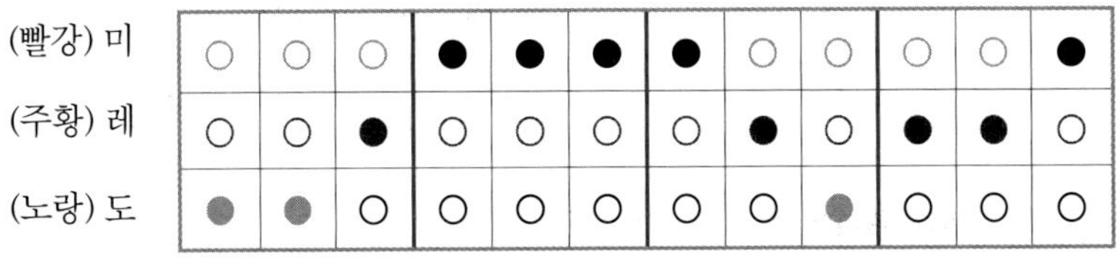

④ 지은 가락 중 몇 개를 가지고 나와 함께 계이름으로 부른다.

(7) 즉흥 노래 부르기

모둠별로 한 사람씩 돌아가며 가락 이어 부르기

예: 미, 도, 레 → 미, 미, 미 → 레, 도, 레 → 미, 미, 도

(8) 정리하기

〈비행기〉 노래를 부르며 다시 원을 만들고, 차시 예고를 한다.

2) 초등학교 고학년의 음악수업안: 〈윌리엄 텔 서곡〉

- 제재곡: 〈윌리엄 텔 서곡〉
- 수업 목표: 〈윌리엄 텔 서곡〉을 감상한다.

(1) '서곡'의 의미와 '윌리엄 텔' 이야기의 줄거리 알기

(2) 음악적 표현 요소 알아보기

① 음악적 표현 요소에 어떤 것이 있는지 이야기한다.

예: 음악을 연주할 때 변화를 줄 수 있는 것은?

빠르기, 셈여림 등

② 교사의 신호에 따라 신체를 빠르게, 크게, 약하게 움직인다.

(3) 각 부분 음악적 특징 알기

① 어울리는 그림과 연결한다.

② 4개의 부분 '새벽' '폭풍우' '고요함' '스위스 군대의 행진' 을 듣고 각 부분의 빠르기와 셈여림(크기)을 신체로 다양하게 표현한다.

(4) 표현하며 각 부분 감상하기

각 부분의 주제를 듣고 다양하게 표현한다.

① '새벽' - 팔과 몸을 흔들며 듣기

② '폭풍우' - 빠르기에 따라 손끝으로 책상 치며 듣기

③ '고요함' - 스카프로 흔들며 듣기

④ '스위스 군대의 행진' – 셈여림에 따라 실로폰 채로 북 치며 듣기

(5) 〈윌리엄 텔 서곡〉 전체 감상하며 표현하기

① 신체로 표현하며 전곡을 감상한다.

② 각 부분이 바뀌는 부분을 나타낸다.

예: 두 손을 들기, 손뼉 치기

(6) 알아맞히기 놀이하기

교사가 들려주는 부분이 어느 부분인지 알아맞히기 놀이를 한다.

(7) 각 부분의 음악적 특징 정리하기

공책에 각 부분의 음악적 특징을 간단히 정리한다.

3) 중학교의 음악수업안: 〈다함께 리듬을〉

- 제재곡: 〈다함께 리듬을〉
- 수업 목표: 리듬즉흥연주를 해 보고 리듬꼴을 만들어 본다.

(1) 수업 도입

난타 연주 동영상을 감상한다(혹은 학생들이 연주한 컵타, 몸타 등의 동영상을 제시한다.).

(2) 리듬꼴의 기본형 제시하기

교사가 4박자의 리듬꼴의 기본형을 손뼉 치기와 타악기로 제시한다.

① 4분 음표 4개: 

② 8분 음표 8개: 

③ 16분 음표 16개: 

(3) 메아리모방

교사가 치는 박자를 따라 치기한다.

① 이때 가능하면 메트로놈으로 기본박을 항상 제시해 준다.

② 교사가 먼저 4박자 리듬꼴을 연주하면 학생들이 똑같이 따라 연주한다.

몸치기[14] 예: 박에 맞춰 손뼉 치기 박에 맞춰 손뼉 치기

몸치기 예: 박에 맞춰 손뼉 치기 박에 맞춰 손뼉 치기

(4) 모둠별 게임(메아리모방)[15]

초기 형태는 4명 정도로 한 모둠을 구성한다.

① 한 사람씩 돌아가면서 연주한다.

② 두 번째 사람은 첫 번째 연주한 사람의 리듬을 모방 연주한 후 자신의 리듬꼴을 즉흥연주한다.

---

14) 처음에는 몸을 이용하여 리듬치기를 하도록 한다. 몸치기가 익숙해지면 타악기를 들고 하는 것도 좋다.

15) 교사가 우수한 모둠을 시상한다면 게임동기를 더 불러일으킬 수 있을 것이다. 적절한 보상책이 준비되는 것이 좋다.

③ 세 번째 사람은 첫 번째, 두 번째 리듬을 연주한 후 자신의 리듬을 연주한다. 이런 식으로 모둠원 전체가 끊어지지 않고 돌아가도록 한다.

④ 이때 리듬꼴은 중복되지 않도록 한다.

⑤ 반복하거나 연주 차례를 놓치면 틀린 사람이 처음이 되어 다시 시작하도록 한다.

⑥ 전체가 매끄럽게 잘 돌아가는 모둠은 시연을 보일 수 있도록 교사는 전체를 잘 지켜보도록 한다.

(5) 연주한 리듬꼴 찾기

교사가 미리 준비한 4박자 리듬카드를 보면서 연주한 리듬꼴을 함께 찾아본다.

① 리듬카드를 칠판에 붙이면서 전체가 함께 해도 좋다.

② 여러 리듬카드를 보면서 자신이 즉흥연주했던 리듬의 카드를 찾아내 보도록 한다.

(6) 전체 즉흥연주하기[16]

전체가 함께 연주하도록 한다.

① 교사가 기본박을 먼저 시작한다.

② 먼저 모둠별로 같은 리듬을 두 마디 간격으로 연주하도록 한다.

1모둠		1모둠	
		2모둠	
1, 2모둠		1, 2, 3모둠	
3모둠		4모둠	
1, 2, 3, 4모둠		1, 2, 3, 4, 5모둠	
5모둠		6모둠	

16) 이때 교사가 피아노나 다른 가락악기 등으로 즉흥적인 선율을 연주하는 것도 좋다. 또한 전체가 즉흥연주에 참여하고 있을 때 개별 즉흥연주, 셈여림의 변화, 음색의 변화 등을 유도하여 다양한 음악적 변화를 경험할 수 있도록 한다.

③ 이때 모둠별로 리듬꼴이 중복되지 않도록 한다.

④ 전체 모둠이 만약 9개라면 20마디 정도를 연주하면 전체가 다 리듬을 연주하게 된다.

⑤ 모둠별로 다른 음색으로 연주할 수 있다면 더욱 좋다.

예 1: 1모둠-무릎치기, 2모둠-손뼉 치기, 3모둠-손가락 튕기기, 4모둠-발 구르기

2: 1모둠-드럼스틱치기, 2모둠-봉고, 3모둠-북

⑥ 리듬이 최대로 복잡해졌다고 여겨지면 한 모둠씩 빠지도록 지시한다.

⑦ 들어올 때와 빠져나가면서 생기는 리듬의 변화를 잘 느끼도록 미리 주지시킨다.

⑧ 모둠연주가 잘된다면 개별로 응용리듬을 연주하도록 유도한다. 또한 셈여림이나 음색에도 변화를 주어 다양한 음악경험을 할 수 있도록 미리 신호를 만들어 둔다.

예: 교사가 오른손을 위로 올리면 세게, 아래로 내리면 여리게, 왼손을 들면 개별로 다른 리듬이나 음색으로 연주하기 등

⑨ 가능하다면 연주 과정을 녹음하거나 동영상으로 담는다.

(7) 소리의 변화와 즉흥연주 느낌 나누기

리듬이 복잡해질 때와 빠져나갈 때의 소리의 변화와 전체 리듬즉흥연주의 느낌에 관해 이야기를 나눈다.

(8) 내 청

4박자의 경쾌한 악곡(대중음악 가능)을 감상하면서 연주했던 리듬이 등장하는지 귀 기울여 감상한다. 연주했던 리듬이 등장하면 따라서 쳐 보도록 한다.

(9) 정 리

4박자의 다양한 리듬꼴을 즉흥적으로 네 가지 이상 만들 수 있는지 개별적으

로 리듬치기를 해 본다.

(10) 평 가

리듬카드를 보고 리듬 연주하기

① 칠판에 리듬카드를 붙이면 다같이 손뼉 치기로 리듬을 연주한다.

② 리듬카드를 보고 입으로 소리 내어 리듬을 읽어 본다.

참고문헌

김혜경(2000). 유아음악교육 2000. 창지사.

김명순 · 조경자(1998). 유아를 위한 음악교육의 이론과 실제. 다음세대.

문연경(1999). 유리드믹스. 현대음악출판사.

안재신(1996). 유아음악 교육. 교육과학사.

에이원플러스(2006). 유아음악교육: 유아 3. 에이원플러스

유승지(2004). 달크로즈 교실. 태림출판사.

이에스더(2003). 음악적 창의성 신장을 위한 달크로즈 교육방법에 관한 고찰. 아동교육, Vol. 12, No. 2.

이홍수(1990). 음악교육의 현대적 접근. 세광출판사.

Abramson R. M. (1986). *Teaching Music in the 21st Century.* New Jersy: Prentice Hall, Inc.

Abramson R. M. (1998). *Feel it: Rhythm Games for All.* Miami: Warner Bros. Publications.

Abramson R. M., & Reiser J. (1994). *Music as a Second Language.* New York: Music & Movement Press.

Bachmann, M. L. (1993). *Dalcroze Today: An Education through and into Music.* Clarendon Press Oxford.

Black, J. S., & Moore, S. F. (1997). *The Rhythm Inside: Connecting Body, Mind, and Spirit through Music.* Portland: Rudra Press.

Caldwell, J. T. (1994). *Expressive Singing: Dalcroze Eurythmics for Voice.* Prentice-Hall.

Comeau, G. (1995). *Comparing Dalcroze, Orff and Kodaly.* CFORP Inc. Canada.

Dalcroze, E. J. (1973). *Rhythm, Music and Education.* Dalcroze Society.

Dalcroze, E. J. (2007). *The Eurhythmics of Jaques-dalcroze.* Lightning Source Inc..

Driver, A. (1936). *Music and Movement.* London: Oxford University Press.

Finflay, E. (1999). *Rhythm and Movement: Applications of Dalcroze Eurhythmics.* Alfred Pub Co.

Joseph, A. S. (1982). A Dalcroze Eurhythmics approach to music learning in kindergarden through rhythmic movement, ear training, and improvisation. *Dissertaion Abstracts International, 44*(02), 420A. (UMI No. 8314549)

Mark, M. L. *Contemparary Music Education*. 이홍수 · 임미경 · 방금주 · 김미숙 · 장기범 공역(1992). 현대의 음악교육. 세광음악출판사.

Mead, V. (1994). *Eurhythmics.* Schott music Co. New York.

Schnebly-Black, J. *The rhythm inside.* 이에스더 역(2008). 내면의 리듬. 상지원.

Spector, I. *Bhythm and Life: The Work of Emile Jagnes-Dalcroze.* 문연경 · 왕미정 · 정현희 공역(2007). 삶과 리듬: 에밀 자크 달크로즈가 걸어온 길(상), (하). 리더스하이.

Vanderspar, E. (1992). *A Dalcroze Handbook: Principles and Guidelines for Teaching Eurhythmics.*

Yelin, J. C. (1999). *Movement That Fits: Dalcroze Eurhythmics and the Suzuki Method.* Alfred Pub Co.

제2장
코다이 교수법

제2장
코다이 교수법

1. 졸탄 코다이

졸탄 코다이(Zoltán Kodály)는 1882년 12월 16일 헝가리의 켁스케메트(kecskemet)에서 바이올린을 연주할 줄 아는 철도원인 아버지와 피아노와 성악에 재능이 있던 어머니 사이에서 장남으로 태어났다. 그는 나기솜받(Nagyszombat) 대주교 문법학교를 다니면서 문학과 언어에 재능을 보였으며, 피아노, 바이올린, 비올라, 첼로 등을 배워 학교 관현악단에서 연주도 하였다. 또한 교회 성가대의 일원으로 활동하면서 작곡도 하여 16세에는 〈라단조 서곡〉을, 17세에는 〈2대의 바이올린과 비올라를 위한 3중주곡〉을 발표하였다.

코다이는 여러 대학을 다녔는데 부다페스트대학교와 에외트뵈스대학(Eötvös College)에서는 헝가리어와 독일어를 수학하였고, 음악원에서는 쾨슬러(Koessler)에게서 작곡을 배웠다. 22세에는 작곡으로, 23세에는 교육학으로 학사학위(diploma)를 받았으며, 24세에는 논문「헝가리 민요의 절 구조」로 박사학위를 취득하였다.

코다이는 23세인 1905년부터 바르톡(B. Bartók)과 민요 수집을 위해 전국을

답사하기 시작하였으며, 바르톡이 미국으로 이민을 떠난 후에도 수십 년간 민요 수집 활동을 계속하였다. 1906년 12월부터 6개월간 베를린과 파리에 체류하는 동안 코다이는 드뷔시의 음악을 접하면서 큰 영향을 받았다.

코다이는 1907년에 음악원 교수가 되어 학생들에게 음악 이론과 작곡을 가르치기 시작하였다. 1917년부터 2년간 잡지 등에 음악 비평가로서 약 50편의 글을 기고하였는데, 주로 민속음악의 중요성과 바르톡 음악의 분석에 대한 내용의 글이었다.

그러던 1919년, 코다이는 부르주아 혁명으로 음악원이 대학교로 승격되면서 학장이 되었지만 헝가리 공화국이 몰락하면서 학장직은 물론 교수직까지 박탈당하며 2년간의 감금과 같은 생활을 하게 되었다. 그러나 1921년부터 그의 작품이 출간되기 시작하여 그의 대표작인 〈헝가리 시편(Psalmus Hungaricus)〉과 〈하리 야노스(Háry János)〉가 발표되었다.

이후 코다이는 1925년 중학교 합창을 위한 민요 편곡을 의뢰받으면서 이를 계기로 헝가리 민요가 학교에서 중요한 교육자료가 되어야 함을 깨닫기 시작하였다. 부다(Buda) 언덕에서 사범학교 여학생들이 저속한 악곡을 형편없는 창법으로 부르는 것을 듣고서는 더더욱 민요를 학교에서 가르쳐야 한다고 확신하고 음악교육에 관심을 두기 시작하였다. 그는 이때부터 시창 연습곡과 합창곡을 다수 작곡하면서 합창운동을 주도하였을 뿐만 아니라 음악적 문맹을 퇴치하자는 주제의 강연 활동과 논문 발표, 음악 공연 지휘를 통해 헝가리 초등학교 음악교육에 커다란 변화를 일으켰다.

코다이는 1927년 가창지도를 연구하고자 영국을 방문하였을 때 커웬(J. Curwen)의 계명창법을 접하게 되어 큰 감명을 받게 된다. 그는 1929년에 헝가리의 가창지도법을 분석한 후 헝가리 음악교육 개혁의 필요성을 절감하게 되었는데, 그중에서도 유아음악교육의 중요성을 깨닫기 시작하였다.

1937년에는 코다이의 32년간의 연구 결과물인 『헝가리 민속 음악(*A Magyar Népzene*)』이 출판되었고 시창곡집인 『헝가리 2중창(*Bicinia Hungarica*)』도 출판되었다. 1943년에서 1944년에 걸쳐서는 케레니(G. Kerényi)와 함께 편집한

『학교 노래 모음곡(*Iskolai Énekgy jtem ny*)』이, 1944년과 1946년에는 아담(J. Ádám)과 만든 『솔미(*So-mi*)』가 출간되었다. 또한 1950년 코다이가 교육부장관을 설득하여 고향인 켁스케메트에 가창초등학교를 설립한 이래 헝가리의 초등학교에서는 매일 음악 수업을 하고 있다.

코다이가 정년퇴임을 한 1942년은 헝가리합창협회에 의해 '코다이의 해'로 선포되었다. 헝가리민속학회에서는 코다이 기념 음반을 출간하였으며, 헝가리 정부는 그에게 십자공로훈장을 수여하였다. 1958년 세계음악교육자협회(International Society for Music Educators: ISME)에서 아담이 헝가리의 교육방법을 소개한 것이 '코다이 교수법'으로 불리면서 코다이는 1964년에 ISME 명예회장으로 추대되었다. 1964년에는 동·서양 문화 교류에 공헌한 업적으로 그에게 헤더상(The Herder Prize)도 수여되었다.

코다이는 1967년 3월 6일에 세상을 떠났는데, 생의 마지막 순간까지 젊은 시절에 시작했던 민요 수집 활동을 지속하여 수집한 민요가 10만 여 곡에 이르렀다. 그 업적을 모은 『헝가리민속음악대전(*Corpus Musicae Popularis Hungaricae*)』은 5권까지 출간되었고 현재도 계속 출판되고 있다.

2. 교육철학

코다이 교수법의 교육철학과 원리는 다음의 여덟 가지로 요약할 수 있다.

(1) 음악은 모든 사람의 것이다

코다이 음악 철학의 바탕은 페스탈로치의 교육원리—음악은 모든 사람의 인격 형성에 대단히 중요하며 모든 어린이들이 음악 훈련을 받아야 한다—에 기초하고 있다. 코다이는 모든 사람이 음악을 공유할 권리가 있으며 음악교육은 학교뿐만 아니라 모든 국민을 대상으로 실시되어야 한다고 주장하였다. 그는 음악교육의 목적이 전문가 양성에 있는 것이 아니라 국민 전체의 음악 교양을 향상하는 데 있다고 믿었다. 그는 농촌의 어린이도 악보를 읽을 수 있도록 가르치는 것이 음악가가 음악을 연마하는 것보다 더 보람 있는 음악활동이라고 주장하였다. 코다이는 음악은 모든 사람이 가지고 있는 근본적인 유산 중 하나이므로 인간의 발전에 꼭 필요한 것이라고 확신하였다.

(2) 모든 사람이 글처럼 음악도 읽고 쓸 수 있어야 한다

코다이는 1947년에 예언하기를 "2000년에는 모든 아이들이 학교에 다녀서 음악을 읽을 수 있을 것이다."라고 하였다. 진정한 음악적 소양—음악을 읽고 쓰고 생각할 수 있는 능력—은 모든 사람의 권리이다. 사람이 글 읽기보다 악보 읽기를 배우기가 더 어렵다고 생각할 이유는 없으며, 글 읽기처럼 악보 읽기도 전승된 기술이고 배울 수 있고 가르쳐 주어야만 하는 기술이라고 생각하였다.

음악 언어를 알기만 하면 음악의 즐거움은 배가될 것이고 삶의 질도 향상될 것이기 때문이다. 어린이가 말을 배울 때 들은 대로 모방하여 글자의 자모를 배운 후 글을 읽고 쓰듯이 노래도 모방하며 배우고, 그렇게 배운 노래를 읽고 쓸 수 있어야 한다. 코다이는 음악적 소양이 있어야 음악문화가 발달된다고 확신하였다. 음악이 인류문화의 필요 요소이므로 음악적 요소가 결핍된 교양은 불완전한 것으로 판단하였다. 즉, 코다이 교육은 음악적 문맹퇴치 운동이라고 해석할 수 있다.

(3) 음악교육은 조기에 시작되어야 한다

코다이는 음악교육을 감수성이 가장 예민한 3~7세 사이에 시작해야 음악 청력과 감상력이 극대화된다고 보았다. 또 7~10세까지 집중적인 음악교육을 하지 않으면 일생 동안 음악적 장애인이 된다고 생각하였다. 그는 "음악교육을 시작하는 때는 아기가 태어날 때부터이지만 그 아이가 태어나기 9개월 전이면 더욱 좋다."라고 말하기도 하였다.

코다이는 3세부터 7세까지의 교육이 그 이후의 교육보다 더 중요하다고 주장하였다. 왜냐하면 이 시기의 교육을 망치거나 놓치면 다시 바로잡을 수 없고 인간의 장래는 이 시기에 실제적으로 정해지기 때문이다. 유아교육의 중요성은 오래전부터 알려진 사실이지만 음악은 다른 어느 분야보다도 더 큰 영향을 받는다. 그는 이 시기에 배운 지식은 절대 잊혀지지 않으며 그 사람의 일부가 된다고 역설하였다.

(4) 음악교육은 아이의 선천적 악기인 목소리로 시작해야 한다

목소리는 하늘이 모든 사람에게 준 것으로 가장 손쉽게 사용할 수 있는 악기이다. 코다이는 "음악교육의 가장 좋은 방법이 가창이라는 것은 오래된 진리이므로 아이들은 악기를 배우기 전에 악보 보고 부르기부터 배워야 한다"고 주장하였다. 갓난아기는 음악적인 소리를 낸다. 가창은 말하는 것만큼이나 자연스러운 활동이다. 이런 자연스러운 능력을 사용하고 누구나 갖고 있는 악기인 목소리를 가꾸는 것은 실용적이면서도 효과적이다. 코다이는 어린이에게 독창보다는 합창이 더 바람직하다고 생각하고 수많은 어린이 무반주 코랄 합창곡을 작곡하였다. 한 성부의 음을 정확히 노래하면 음정, 리듬, 가락 등의 요소를 느낄 수 있고 두 성부를 노래하면 화성, 형식, 종지 등을 이해할 수 있다.

(5) 음악적 모국어인 민요로 음악교육을 시작해야 한다

코다이는 모든 어린이가 모국어를 갖고 있고, 모국의 민요 속에 음악적 모국어가 있다고 믿었다. 그는 모국어를 외국어보다 먼저 배우듯이 음악언어도 마찬가지로 민요를 외국 음악보다 먼저 배워야 한다고 생각하였다. 코다이는 말과 음악의 완전한 관계가 민요에서 나타난다고 보았다. 언어의 억양이 선율과 리듬에 나타나므로 아이들은 모국어에서 음률과 말뿐만 아니라 유창성과 이해력도 배운다. 이런 방식으로 민요는 아이들에게 문화적 정체성, 과거와의 연속성을 줄 수 있다.

코다이는 민요가 천여 년에 걸친 시간을 통하여 성숙된 예술이라고 보았고 모든 사람이 나눌 수 있는 풍부한 유산이라고 생각하였다. 민요는 가장 쉬운 자기 나라의 말로 되어 있으며 노래 하기 좋은 억양을 갖고 있고, 민족의 정서를 나타내는 음악이므로 민요를 부르는 것은 전통을 보전하고 음악과 언어의 관계에 대한 감각을 계발하는 좋은 방법이다. 그러므로 코다이 교수법에서 민요는 가장 기본적인 가창 재료이다.

(6) 좋은 음악만을 경험해야 한다

코다이는 예술적 가치가 적은 음악은 학생들에게 해를 끼치므로 어릴 때부터 부적절한 음악과 접촉하지 않도록 아이들을 보호해야 한다고 믿었다. 어릴 때 들은 좋은 음악은 평생 동안 아이의 머릿속에 남아서 아름다운 기억이 될 것이다. 또한 예술적 걸작을 경험함으로써 아이들도 걸작으로 이끌어질 수 있다고 주장하였다. 코다이는 어린이나 초보자에게 좋은 음악만을 사용해야 한다고 강조하였는데, 좋은 음악이란 신빙성 있는 민요와 예술 음악을 말한다. 헝가리에서는 어린이 노래의 대부분이 3~4개의 음으로 구성되어 있어 초기 음악교육에 쉽게 사용할 수 있다. 어린이들이 그것에 익숙해지면 5음 음계인 민속음악을 배우고 나중에는 모차르트나 베토벤과 같은 유명한 작곡가들의 음악도 배운다.

(7) 음악은 교육과정의 핵심이어야 하며 교육의 기초가 되어야 한다

다른 어느 교과보다도 음악은 아이를 다방면으로—정서적으로, 지적으로 심미적으로, 신체적으로—성장시키는 데 공헌한다. 코다이는 "음악교육이 어린이에게 특별한 음악적 재능뿐만 아니라 종합적인 청각력, 집중력, 조건반사, 감정의 범위까지 영향을 미치며 다양한 가능성을 키울 수 있다"고 평가하였다(원희, 1994: 21 재인용). 고대 그리스시대처럼 음악도 교육에서 다른 교과와 동일하게 음악은 바르게 중요한 과목으로 인식되어야 한다는 것이다.

(8) 음악은 바르게 교육받은 훌륭한 음악교사에 의해 가르쳐져야 한다

코다이는 음악교사가 되려는 사람은 어릴 때부터 시창 훈련을 바르게 받아야 하고, 노래를 잘 부르며, 기악 연주와 작곡 능력을 갖추어야 한다고 믿었다. 그래서 그는 음악교사를 양성하기 위해 표준화된 교재와 교육과정을 마련하고 엄격한 교사 연수를 시행하였다. 코다이는 "음악교사는 오페라단의 지휘자보다 더 중요하다. 서툰 지휘자의 실수는 직장을 옮김으로써 한 번의 실수로 끝낼 수 있지만 서툰 음악교사는 여러 세대에 걸쳐 많은 사람들에게 음악 애호의 마음을 빼앗기 때문이다." (이홍수, 1990: 46 재인용)라고 말하였다. 코다이가 말하는 유능한 음악교사란 슈만(R. Schumann)이 언급했듯이 잘 훈련된 귀, 잘 훈련된 지식, 잘 훈련된 마음, 잘 훈련된 손을 갖추고 있는 사람이다.

3. 교수방법

악보를 읽고 쓸 수 있는 능력을 기르는 것은 코다이 교수법의 가장 기초적인 목표이다. 이를 효과적으로 달성하기 위해 코다이는 유럽 여러 나라에서 활용되어 오던 다양한 교수방법들을 수정 · 보완하여 발전시켰다.

1) 교수기법

(1) 계명창법(Solfa Teaching)

코다이 교수법에서는 이동도법에 의한 계이름 부르기로 선율을 지도한다. 코다이는 자신의 교수법을 '솔파지도법' 이라고 불렀는데 그 이유는 영국인 커웬의 '으뜸음 솔파 체계(Tonic Sol-fa System)' 를 개량하여 개발하였기 때문이다. 계이름은 11세기 수도사인 귀도 다레초(Guido d' Arezzo)의 작품에서 비롯되었다. 6개의 계이름은 귀도의 라틴어 찬송가에서 처음 나타난다. 〈악보 2-1〉에서 보듯 계이름은 각 악구의 첫 음 가사로 제시되었다.

음절의 Ut는 17세기에 Do(도)로 대체되었고 Si(시)는 17세기 말에 일곱 번째 음으로 소개되었다.헝가리에서는 Sol(솔) 대신에 Soh(소)라고 사용하고 미국에서는 So(소)로 사용하기도 하며, 일곱 번째 음인 Si(시)는 다섯 번째 음 So(소)와 첫 글자가 동일하기 때문에 Ti(티)로 바꾸었다. 반음 올린 음들은 끝음을 i로 표기하고 반음을 내린 음들은 끝음을 a로 표기한다. 이런 방식으로 계명창의 음들은 다음과 같이 발음한다.

Do – Di(도–디), Re – Ri(레–리), Mi – Ma(미–마), Fa – Fi(파–피), So – Si(소–시), La – Li(라–리), Ti – Ta(티–타)

악보 2-1 Hymn: Ut queant laxis

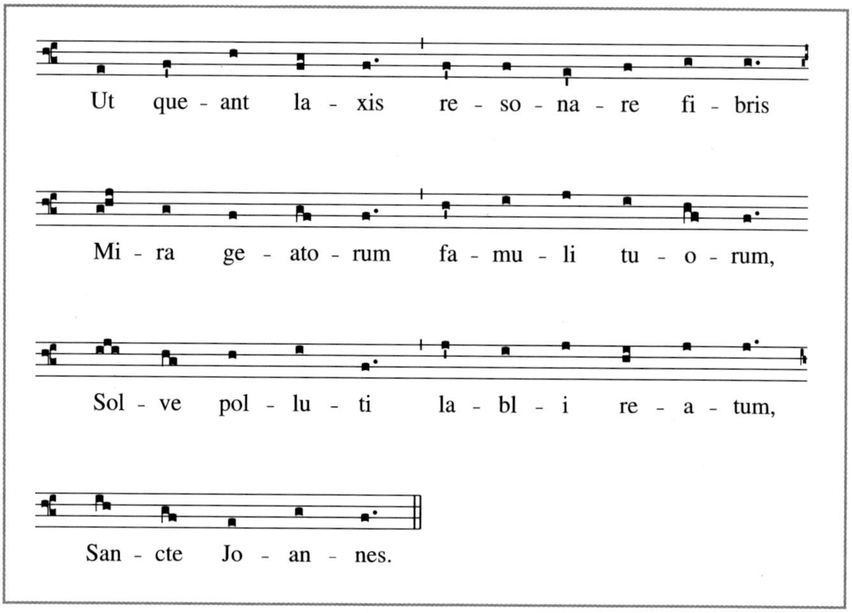

악보 2-2 계이름

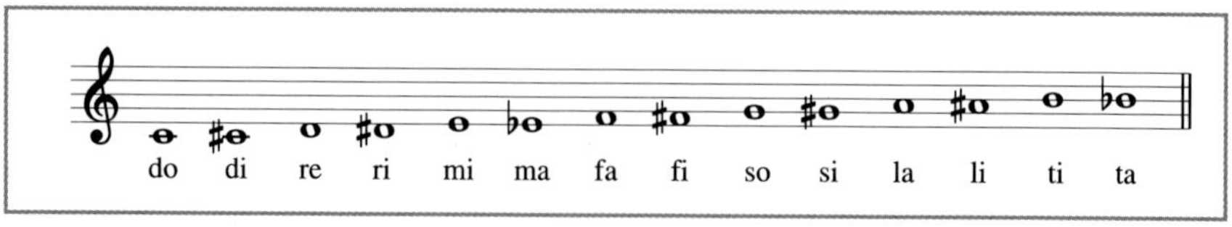

(2) 손기호(Hand Signs)

코다이 교수법에서는 계명창을 할 때 음높이를 정확하게 부르기 위해 손기호를 사용한다. 손기호는 다레초가 손마디에 음이름을 표기한 데서부터 시작되었으며 19세기 중엽에 커웬이 여러 가지 손 모양으로 계이름을 가르치면서 손기호 원형이 탄생하였다. 코다이 교수법에서는 '파' 와 '티' 의 손 모양을 수정하고 반음의 손 모양도 첨가하여 [그림 2-1]과 같은 손기호 체계를 확립하였다.

계이름	손기호	손기호	계이름
도			
티(시)			타(시♭)
라			시(솔#)
소(솔)			피(파#)
파			
미	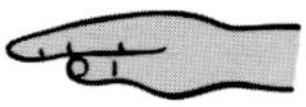		
레	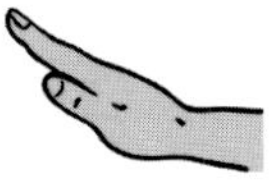		
도	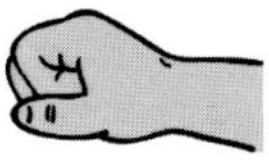		

그림 2-1 코다이 손기호

손기호 사용의 장점은 다음의 여덟 가지로 요약할 수 있다.

- 공간 상에서 음높이의 거리를 확실히 보여 준다.
- 노래를 부르는 음높이와 이름에 관한 음 개념이 구체적으로 형성된다.
- 각 음이 가진 음계에서의 기능을 구체적으로 보여 준다. 예를 들면, '도'는

중심음이므로 주먹으로 표현하고 '파'는 '미'로 내려가는 성향이 있으므로 아래를 향하는 모습이며 '시'는 '도'로 올라가려는 성향이므로 위를 향하고 있다.

- 마음 속으로 노래하고 음을 듣는 내청(inner hearing)을 도와준다.
- 피아노나 악기의 도움 없이 내청으로 음을 끌어낼 수 있다.
- 다성부 훈련을 위한 2성부 연습을 할 수 있고 음정 훈련에도 좋다.
- 어떤 연령, 수준, 장소에서 모두 사용할 수 있다.
- 움직이는 기능을 좌우하는 대뇌기능과 지능을 좌우하는 소뇌기능이 동시에 작용하여 효과적인 시창 연습을 할 수 있다.

(3) 리듬음절(Rhythm Syllables)

리듬 음가에 따른 이름을 리듬음절이라고 한다. 코다이 교수법에서는 초기 단계부터 리듬을 소리내어 읽는다. 코다이는 프랑스인 슈베(E. J. Chevé)가 리듬 이름을 부르면서 리듬 지도를 한 것에 착안하여 리듬 음가의 첫 소리만을

표 2-1 코다이 리듬음절

홀박자($\frac{2}{4}$, $\frac{3}{4}$, $\frac{4}{4}$)				겹박자($\frac{6}{8}$, $\frac{9}{8}$, $\frac{12}{8}$)	
	타아아아		트리올라 (셋잇단)		툼
	타아		팀 리		투 움
	타		리팀		타 티
	티티		티리리리		티타
	타 이티		티 티리		티티티
	싱코파 (당김음)		레스트 (쉼)		

사용하여 음표 이름을 부르도록 지도하였다. 이때 리듬을 기보할 때 음표의 검은 머리를 생략하여 그린다. 〈표 2-1〉은 코다이의 리듬 기보법에 의한 리듬음절이다.

(4) 내청 훈련

머릿속에서 생각하는 소리를 내청(inner hearing)이라고 하는데, 내청 훈련은 코다이 교수법에서 정확한 음감을 계발하기 위한 필수적인 과정이다. 내청 훈련에서 가장 많이 사용하는 방법이 '노래 숨기' 이다. 이 방법은 어린이가 노래를 부르다가 교사가 신호를 하면 그 노래를 마음속으로만 부르고(속으로 부르기: silent singing) 교사가 두 번째 신호를 하면 어린이가 노래를 다시 부르는 것이다. 또 다른 내청 훈련 방법으로는 어린이가 잘 아는 노래를 가사 없이 리듬이나 선율만 들려주고 제목을 알아맞히게 한다거나 노래의 일부분만 들려주고 어린이가 노래를 완성시켜 부르도록 하는 것도 있다. 어린이가 내청 훈련을 어려워할 경우 그 어린이는 내청 시간 동안에 노래의 박에 맞추어 걷는다거나 리듬을 손뼉으로 치게 하는 것도 좋다.

(5) 기보 훈련

코다이가 "보이는 것을 제대로 듣지 못하고 들리는 것을 제대로 보지 못하면 훌륭한 음악가가 아니다."라고 말했듯이 음악을 듣고 적는 훈련은 코다이 교수법에서 중요한 학습활동이다. 이 방법은 교사가 노래의 2마디나 4마디를 허밍이나 가사로 불러 주면 아이들이 그 선율을 계명으로 적고 선율의 리듬을 리듬 음절로 응답한 후 기보하는 것이다. 처음에 '솔-미' 2음으로 시작하다가 한 음씩 추가하고, 리듬도 4분 음표의 일정박으로 시작하다가 8분 음표 리듬도 추가하게 된다.

선율을 적을 때 처음부터 5선 보표 위에 적도록 하는 것보다 놀이를 하듯이 지도하는 것이 바람직하다. 예를 들면, 5선 보표가 그려진 종이나 펠트(felt) 재질 보표에 아이들이 단추 모양의 마분지를 올려놓게 하거나 자석 재질의 5선 칠판

위에 음표 모양의 자석을 붙여 나가게 하는 것이다.

기보 훈련에서는 주로 리듬과 선율을 간략하게 표시하는 방법을 사용한다. 음표의 검은 머리를 생략하여 기둥만 제시하고 음높이는 그 기둥 밑에 계이름의 첫 글자만 제시하는 [그림 2-2]와 같은 모습이다. 이를 기둥악보라고 한다.

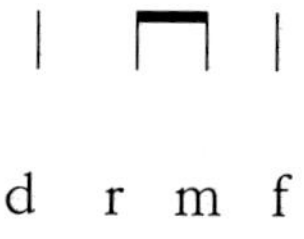

그림 2-2 기둥악보

코다이 기보법에서 옥타브 위의 음들은 첫 글자 오른쪽 위에 '를 붙이고 옥타브 아래 음은 첫 글자 오른쪽 아래에 ,를 붙여서 표기한다. 〈악보 2-3〉은 바장조에서 코다이 기보법으로 하는 계이름 표기법을 나타낸 것이다.

악보 2-3 계이름 표기법

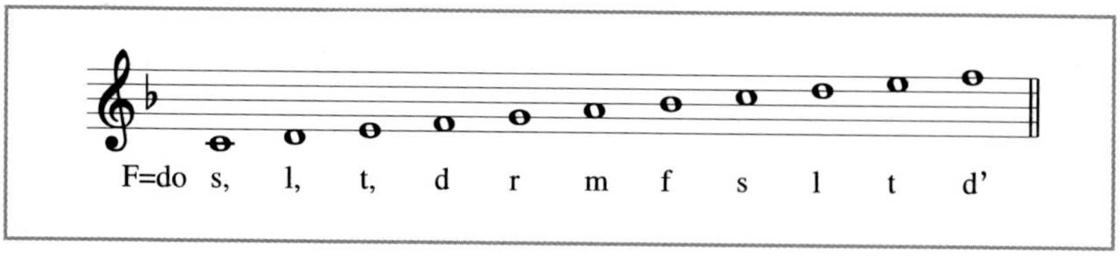

2) 교수매체

(1) 손가락 5선보

왼손의 다섯 손가락이 5선 보표를 대신하기 때문에 '손가락 5선보' 라고 명명하였다. [그림 2-3]처럼 왼손의 엄지손가락이 5선 보표의 다섯째 줄이고 새끼손가락이 첫째 줄을 가리킨다.

실제 지도에서는 [그림 2-4]처럼 셋째 손가락을 솔로 간주하여 사용할 때가 많다. 왜냐하면 동요의 음역을 다섯 손가락 안에서 다 표현해야 하고 다섯째 손

그림 2-3 다섯 손가락과 5선보

가락을 으뜸음인 도로 표현해야 시각적 효과가 있기 때문이다. 교사가 오른손의 검지손가락으로 왼쪽 손가락의 마디나 공간을 가리키는 것에 따라 아이들이 계명창을 부를 수 있다. 예를 들면, 교사가 오른손 검지손가락으로 왼손의 가운데 손가락과 약손가락을 가리키면 아이들이 '솔'과 '미'를 부르는 것이다. 다음의 [그림 2-4]는 손가락 5선보를 사용하여 '라-솔-미'로 구성된 악곡을 지도하는 예이다.

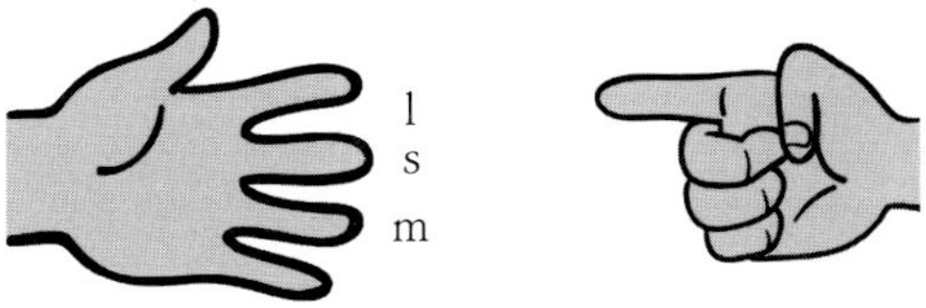

이박저박

그림 2-4 손가락 5선보와 악곡의 예

(2) 날으는 음표

헝가리에서는 슈베가 고안한 '움직이는 막대기'를 변형한 '날으는 음표(flying note)'를 개발하였다. [그림 2-5]처럼 막대기 끝에 음표의 머리를 고정시킨 도구를 5선 보표 위에서 움직이면서 음표의 흐름을 표현하는 것이다.

그림 2-5 날으는 음표

노래곡의 선율을 한 마디나 두 마디 정도 끊어서 5선 보표 위에 날아다니는 음표 막대기로 지적하면서 노래를 지도한다면 5선 악보를 어려워하는 아이들에게 효과적인 방법이 될 것이다. 이것은 이동도법을 지도할 때에도 활용할 수 있다. 즉, 여러 가지 조성의 선율을 지도할 때 도의 위치를 날아다니는 음표 막대기로 지정해 주는 것이다.

(3) 음 계단과 음 사다리

음 계단이나 음 사다리는 음계에서의 온음과 반음의 구조를 보여 주므로 음계와 음정 지도를 할 때 유익하다.

5음 음계를 지도할 때 아이 다섯 명을 키 순서대로 정렬시키고 작은 아이부터 큰 아이까지 도, 레, 미, 솔, 라로 이름을 지어 주어 인간 음계를 만들어 지도할 수도 있다. 교사가 노래의 음에 해당하는 학생의 어깨를 가볍게 칠 때마다 아이들은 자신의 이름인 계명창을 부르는 것이다.

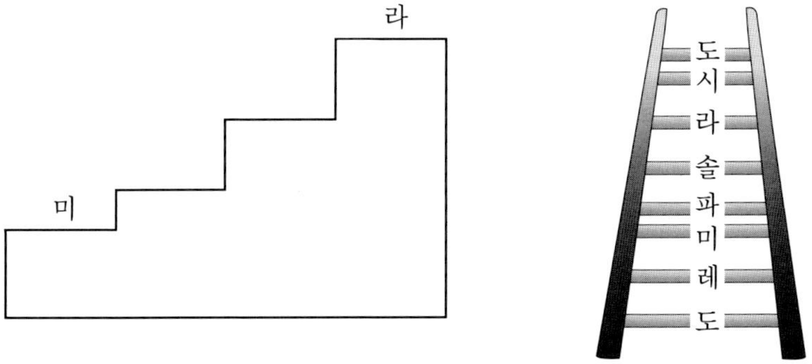

그림 2-6 음 계단과 음 사다리

3) 교수 위계

코다이 교수법은 음악 요소의 개념이나 기술들을 분명하게 정의하고 어떻게 가르쳐야 하는지를 단계적으로 제시한 체계적인 음악 지도방법이다. 이러한 위계는 아동 발달과 밀접하게 연관되어 있다. 어린아이에게 가장 친숙한 음정인 단 3도부터 선율을 익히는 것, 걷는 리듬인 4분 음표부터 리듬 지도를 시작하는 것 등이 모두 아이의 수준에 맞춘 교육방법이다. 어린아이의 음악적 특징을 촉시(L. Choksy)는 다음과 같이 요약하였다(이연경, 1994: 62 재인용).

- 어린아이의 음역은 'd' 에서 'b' 까지 6음 정도를 쉽게 부를 수 있으나 반음의 음정은 정확히 노래하기가 어렵다.
- 상행 4도를 제외한 상행 진행의 선율이 하행 진행 선율보다 노래부르기가 어렵다.
- 도약 음정이 순차 음정보다 노래하기가 수월하다. '솔-미' 선율이 솔-파 선율보다 더 쉽다.

어린이의 음악적 발달에 따라 음악 요소도 단계적으로 지도한다. 〈표 2-2〉(허지연, 1995: 184)는 코다이 교수법에서 리듬 요소를 가르치는 순서이고 〈표 2-3〉(허지연, 1995: 184)은 선율 요소를 지도하는 순서이다.

표 2-2 코다이 리듬 교수 · 학습 위계

4분 음표 →	8분 음표 →	4분 쉼표 →	$\frac{2}{4}$ 박자 →
2분 음표 →	당김음 →	8분 쉼표 →	$\frac{4}{4}$ 박자 →
온음표 →	2분 쉼표 →	온쉼표 →	$\frac{2}{2}$ 박자 →
점4분 음표 →	$\frac{3}{4}$ 박자 →	점2분 음표 →	16분 음표 →
16분 쉼표 →	$\frac{3}{8}$ 박자와 4분 음표 단위의 혼합 마디들 →	$\frac{4}{4}$ 박자와 $\frac{2}{4}$ 박자의 혼합 →	$\frac{3}{4}$ 박자와 $\frac{2}{4}$ (또는 $\frac{4}{4}$) 박자의 혼합 →
셋잇단음표 →	$\frac{3}{8}$ 박자 →	4분 음표와 8분 음표 단위의 혼합 마디 →	$\frac{9}{8}$ 박자 →
32분 음표 →	$\frac{3}{2}$ 박자 →	$\frac{4}{2}$ →	$\frac{7}{4}$ →
16분 음표 단위의	넷잇단음표 →	다섯잇단음표 →	여섯잇단음표

표 2-3 코다이 선율 교수 · 학습 위계

솔 →	미 →	라 →	도 →	레 →
라, →	도' →	솔, →	파 →	티 →
피 →	타 →	시 →	5음 음계 →	장3화음 →
단3화음 →	펜타코드 →	헥사코드 →	7음 음계 →	완전 음정 →
장음정과 단음정 →	계이름으로 조옮김 →	음이름 →	높은 음자리표 →	단음계 →
증음정과 감음정 →	낮은 음자리표 →	감3화음 →	증3화음 →	도리아 선법 →
프리지아 선법 →	믹소리디아 선법 →	에올리아 선법 →	리디아 선법 →	자리바꿈 화음 →
조성적 응답과 정격 응답	동형 진행 →	다양한 가온음 자리표 →	7화음의 기본 위치와 자리바꿈	

4. 교수 · 학습의 적용

코다이 교수법의 위계에 따라 음악 개념을 지도할 때 초기 단계에서는 다음과 같은 수업이 전개된다.

1) 리듬 지도

달크로즈 교수법의 유리드믹스처럼 코다이 교수법에서도 리듬 학습에서는 걷기, 뛰기, 발구르기, 무릎치기, 손뼉 치기 같은 신체 동작을 많이 사용하여 리듬감을 체득하게 한다. 기본박을 지도할 때에는 하나의 신체 동작으로 일관되게 표현하며, 여러 가지 리듬꼴을 지도할 때에는 앞서 〈표 2-1〉에서 제시한 리듬음절로 리듬을 읽는다. 리듬 지도 초기에는 다양한 신체 동작과 그림 자료를 주로 활용하는데, 대표적인 리듬 그림 개발자로 리차즈(M. H. Richards)가 있다. 다음은 여러 가지 그림 자료를 활용한 리듬 지도의 몇 가지 예이다.

(1) 일정박

① 학생들은 [그림 2-7]의 모습대로 고개를 까딱거리나 몸을 좌우 또는 상하로 흔든다.

② 학생들이 일정하게 몸으로 반응하면 4분 음표 리듬음절인 '타' 를 소개하면서 학생들은 신체 동작을 하면서 그림에 따라 '타, 타, 타, 타' 를 외친다.

③ 한 모둠은 손뼉 치며 '타, 타, 타, 타' 라고 외치고 다른 모둠은 신체 동작으로 그림의 순서에 따라 표현한다.

④ 교사는 음악에 일관되게 흐르는 일정박을 설명하고 학생이 아는 노래(예: 〈학교 종〉)를 부르면서 일정박으로 걷게 하여 일정박을 경험하게 한다.

그림 2-7 일정박 그림

(2) 4분 음표와 4분 쉼표

① 학생들은 [그림 2-8]에서 강아지 그림이 있으면 '멍' 이라고 외치고 빈 집 그림에서는 침묵한다.

② 교사는 침묵하고 있는 부분이 음악에서는 쉼표를 뜻하며 4분 쉼표 리듬음절인 '쉼' 으로 읽는다고 알려 준다.

③ 학생들이 [그림 2-8]의 4분 음표에는 '타' 라고 외치며 손뼉을 치고 4분 쉼표에서는 '쉼' 이라고 외친다.

그림 2-8 4분 음표 4분 쉼표

(3) 4분 음표와 8분 음표

① 학생들이 [그림 2-9]의 큰 장화 그림은 아빠 장화라고 생각하고 작은 장화 그림은 아들 장화라고 생각하여 아빠와 아들이 함께 걸을 때의 모습을 상상하며 그림의 순서대로 걷도록 한다. 아빠 장화에서 한 걸음씩 걸었다면 아들 장화에서는 반 걸음씩 걸을 것이고 아빠 장화일 때 성큼 성큼 걸었다면 아들 장화에서는 종종걸음으로 걸을 것이다.

② 아빠 장화 걸음이 한 박이었다면 아들 장화 걸음은 반 박이 되는 것이라고 설명하면서 8분 음표 리듬음절인 '티티' 를 소개한다.

③ 아빠 장화 걸음을 '타' 라고 부르고 아들 장화 걸음은 '티티' 라고 부르면서 그림 순서대로 손뼉 친다.

④ 교사가 〈달〉이나 〈두꺼비〉 〈시계〉 등 4분 음표와 8분 음표로 구성된 노래를 부르면 학생들은 노래의 리듬을 손뼉으로 친다.

⑤ 교사가 부르는 노래의 리듬에 따라 학생들은 '타' 와 '티티' 를 외치며 손뼉 친다.

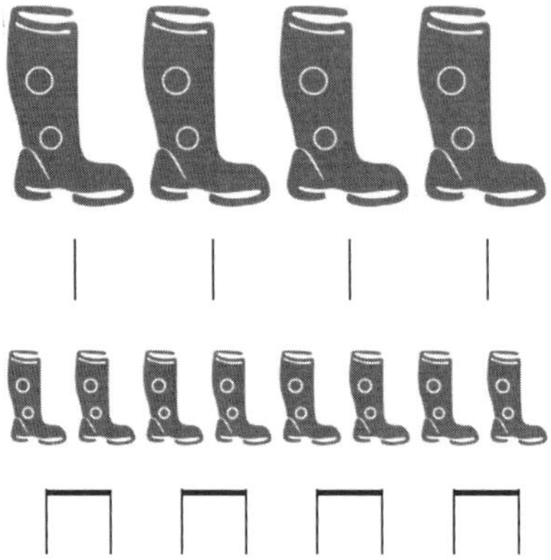

그림 2-9 4분 음표와 8분 음표

(4) 4분 음표와 16분 음표

① [그림 2-10]을 보며 어미 딱따구리에는 박수 한 번을 치고 새끼 딱따구리에는 그림에 있는 개수대로 박수를 4번 나누어 친다.

② [그림 2-10]의 새끼 딱따구리 4마리처럼 한 박을 넷으로 나눈 리듬이 16분 음표라고 설명하면서 '티리리리' 라고 부른다고 알려 준다.

③ 리듬꼴을 보면서 4분 음표에는 '타' 라고 부르고 16분 음표에는 '티리리리' 라고 부르면서 손뼉 친다.

④ 주변에서 한 음절로 된 말과 4음절로 된 말을 찾아보게 한 후 [그림 2-10]의 리듬꼴처럼 말의 리듬이나 리듬음절을 손뼉 치며 읽는다. 예를 들면, '꽃, 꽃, 해바라기, 꽃; 새, 새, 딱따구리, 새; 타, 타, 티리리리, 타' 같은 활동이다.

그림 2-10 4분 음표와 16분 음표

(5) 셋잇단음표

① [그림 2-11]에 제시된 꽃이나 벌레 이름을 부르고 손뼉 치며 이름부르기도 해 본다.

② [그림 2-11]처럼 한 박이 셋으로 나뉜 것이 셋잇단음표라고 소개하며 '트리올라(셋잇단)' 라고 읽는다고 알려 준다.

③ [그림 2-11]을 보면서 한 모둠은 꽃이나 벌레 이름을 외치고 다른 모둠은 리듬음절로 읽으며 손뼉을 친다.

④ 심화학습으로 8분 음표, 16분 음표, 셋잇단음표의 리듬으로 된 단어들을 살펴보고 손뼉 치며 발표하게 한다. 예를 들면, '달, 달, 초생, 달; 타, 타, 티티, 타; 별, 별, 은하수, 별; 타, 타, 트리올라(셋잇단), 타; 약, 약, 아스피린, 약; 타, 타, 티리리리, 타' 와 같은 활동이다.

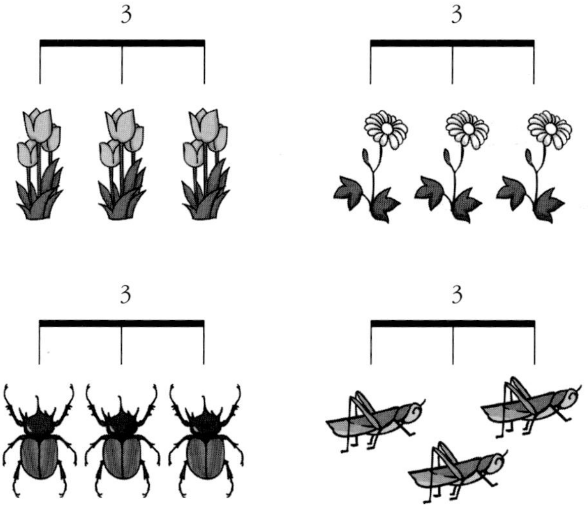

그림 2-11 셋잇단음표

2) 리듬 활동

리듬감을 향상시키기 위한 다양한 리듬 활동 다섯 가지를 소개한다.

(1) 리듬 응답

학생은 교사가 제시한 리듬을 그대로 모방하다가 익숙해지면 자기 나름대로 자유롭게 리듬을 만들어 응답한다.

악보 2-4 **리듬 응답**

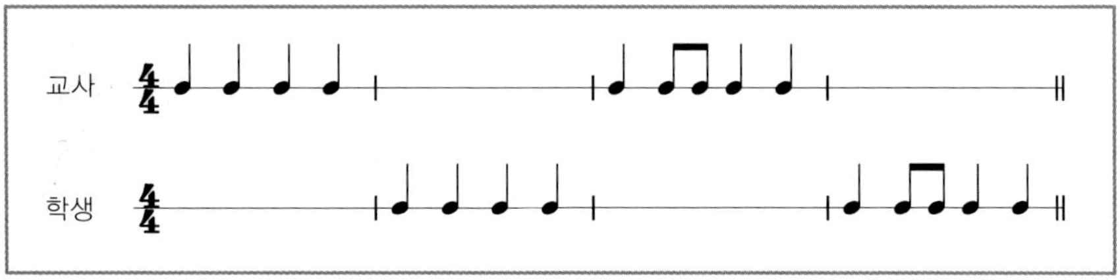

(2) 리듬 이어가기

교사가 일정박으로 리듬 반주를 하는 동안 학생들이 돌아가며 자유롭게 한 마디씩 리듬을 연결한다.

악보 2-5 **리듬 이어가기**

(3) 리듬 돌림 또는 캐논(Canon)

교사가 제시한 리듬을 한 마디 뒤에 따라 치는 것이 리듬 캐논이다.

악보 2-6 **리듬 캐논**

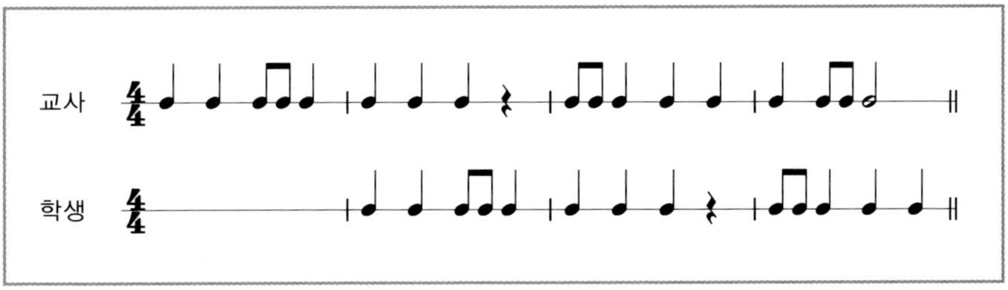

(4) 빈 마디 채우기

한 마디 비어 있는 4마디의 리듬을 교사가 제시하면 학생이 그 빈 마디의 리듬을 채우는 활동이다.

악보 2-7 **빈 마디 채우기**

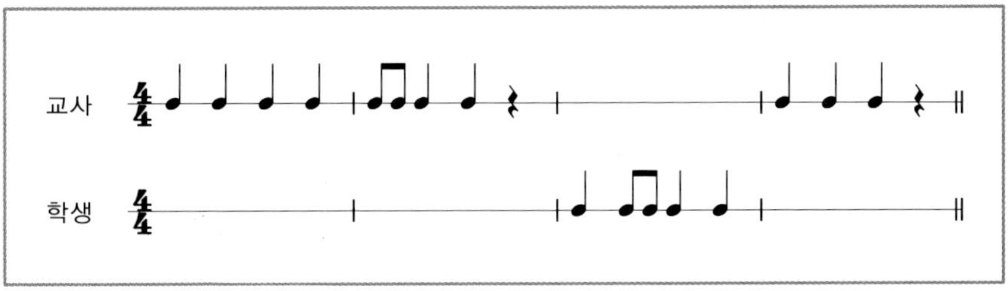

(5) 오스티나토 리듬 반주 만들기

노래에 적절한 한 마디의 리듬 오스티나토를 만들어서 노래와 함께 오스티나토 리듬을 신체 표현한다.

악보 2-8 **〈달〉의 오스티나토 리듬 반주**

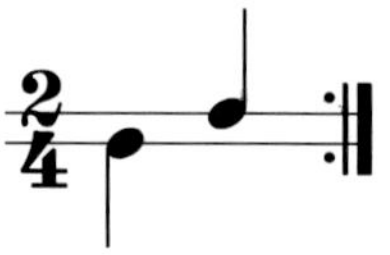

머리 위에서 양손 모아 달모양 만들기

손뼉 치기

3) 선율 지도

코다이 교수법에서 선율 지도는 교사의 노래를 듣고 따라 부르기를 주로 활용하는데 이를 듣고 부르기(rote-singing) 지도법이라고 부른다. 이 방법은 교사의 노래를 주의 깊게 듣고 모방과 반복에 의해 노래를 배우므로 악보를 보고 부르는 보고 부르기(sight-singing) 방법보다 소리에 대한 기억력과 집중력을 강화시킨다. 또한 다음과 같이 듣고, 쓰고, 읽는 3단계의 학습과정이므로 독보력을 향상시킨다.

1단계: 교사가 계명창이나 가사창으로 노래부르면 학생은 손기호로 나타내면서 계명창한다.

2단계: 노래의 선율을 천으로 만든 펠트 보표나 자석 오선 칠판 또는 오선 악보에 학생이 기보한다.

3단계: 기보한 악보를 보면서 학생이 다시 노래를 부른다.

(1) '솔-미' 음 지도

다음은 리차즈의 그림 자료를 변용하여 코다이의 손기호, '솔-미' 를 처음 소개하는 방법이다.

⏮ '솔-미' 의 손기호

① [그림 2-12]를 보면서 학생들은 시소를 탄 것처럼 '시소, 시소, 시소, 시소' 를 여러 번 외쳐 부른다.

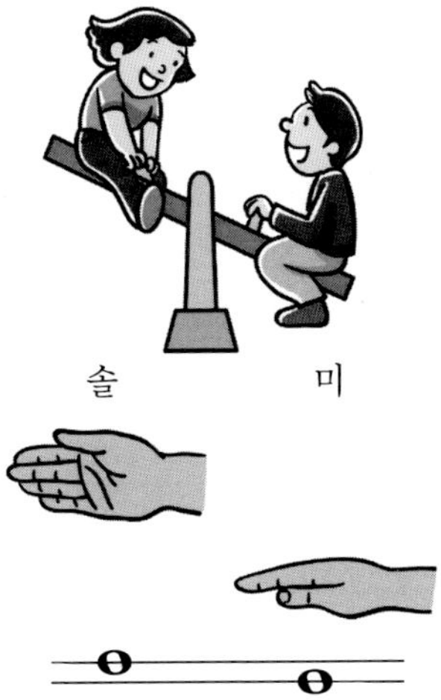

그림 2-12 '솔-미' 그림

② 높은 소리를 '솔' 이라고 부르고 낮은 소리를 '미' 라고 여러 번 부른다.

③ '솔' 을 부를 때에는 손뼉을 치고 '미' 를 부를 때에는 무릎을 치기를 여러 번 반복한다.

④ '솔' 을 부를 때 손뼉을 쳤듯이 '솔' 의 손기호는 [그림 2-12]의 왼쪽 손모양이고, '미' 를 부를 때 무릎을 쳤듯이 '미' 의 손기호는 [그림 2-12]의 오른쪽 손모양이라고 알려 준 후 손기호와 함께 '솔-미' 를 여러 번 불러 본다. 손뼉 치기와 무릎치기에서 '솔' 과 '미' 의 위치가 간격이 있듯이 손기호에서도 '솔' 과 '미' 의 위치가 다르다는 것을 주지시킨다. 예를 들어 '솔' 의 위치가 가슴 쪽이었으면 '미' 의 위치는 배꼽 정도라고 높이의 차이를 인식시킨다.

⑤ 교사는 칠판에 두 줄을 그어 윗줄에 음표를 그리고 '솔' 이라고 가르치고 아랫줄의 음표는 '미' 가 된다고 알려 준다. 학생들도 두 줄을 그어서 '솔' 과 '미' 의 음표를 그리는 연습을 한다.

⑥ 교사는 칠판에 세 줄을 그어 윗칸에 음표를 그리고 '솔' 이라고 가르치고 아랫칸의 음표는 '미' 가 된다고 알려 준다. 학생들도 세 줄을 그어서 '솔' 과 '미' 음표를 그리는 연습을 한다.

⏮ '솔-미' 학습

다음은 '솔-미' 로 된 노래의 선율학습이다.

악보 2-9 '솔-미' 노래: 〈손뼉 칩시다〉

① 교사는 노래의 리듬을 손뼉 치면서 가사창을 한다.

② 교사는 손기호로 노래의 계명을 표현하면서 가사창을 한다.

③ 교사의 손기호를 따라 학생도 손기호를 하면서 계명창을 시도한다.

④ 교사가 손기호와 함께 계명창을 하는 동안 학생은 2줄 악보에 노래의 계명을 기보한다. 기보한 후 '솔' 음표에는 파란색을 '미' 음표에는 노란색을 칠한다.

악보 2-10 〈손뼉 칩시다〉의 2줄 기보

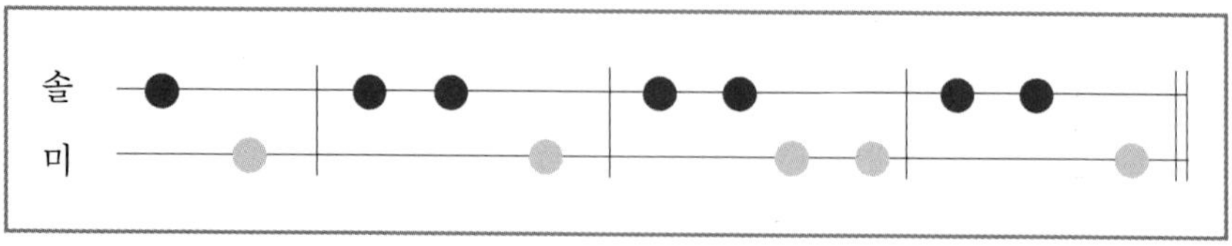

⑤ 교사가 노래의 리듬을 손뼉 치며 가사창을 하는 동안 학생도 손뼉을 치며 반응하면서 리듬음절을 알아낸다(예: 타, 타, 티티, 타, 티티, 티티, 티티, 타, 타).

⑥ 학생은 음표만 표기된 2줄 악보에 리듬음절대로 기둥을 그려서 자신의 노래 악보를 완성한다.

악보 2-11 〈손뼉 칩시다〉의 2줄 악보

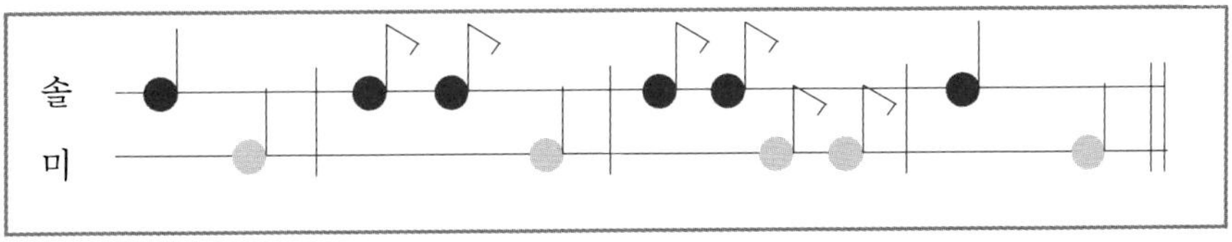

⑦ 학생은 자신의 악보를 보면서 리듬음절로 노래를 부르거나 손기호와 함께 계명창을 해 보기도 한다.

'솔-미' 의 음정을 위와 같이 학습한 후에는 4분 음표와 8분 음표를 포함한 다양한 리듬꼴의 여러 가지 '솔-미' 노래를 익혀야 '솔-미' 음정을 확실히 구별하게 된다. '솔-미' 음정이 익숙해지면 '솔-미' 로 된 즉흥노래로 확대할 수 있다. 〈악보 2-12〉처럼 '솔-미' 로 된 노래로 인사를 한다거나 문답 학습을 하는 것이다.

악보 2-12 '솔-미' 즉흥노래

(2) '라' 음 지도

다음은 전래동요를 활용하여 손기호 '라' 를 소개하는 방법이다.

① 학생이 잘 아는 〈꼭꼭 숨어라〉를 가사창으로 부른다.

악보 2-13 **'라' 노래: 〈꼭꼭 숨어라〉**

② 교사는 이 노래가 두 음으로 되어 있는데 아직 손기호로 배우지 않은 음이 악보의 대부분을 차지한다고 알려 준 후 [그림 2-13]을 제시한다.

③ 새로운 음은 [그림 2-13]의 오른쪽 손모양이고 이름은 '라' 라고 소개한다.

④ '라' 음은 '그림과 같이 '솔' 의 이웃 음이므로 손의 위치도 손뼉 친 후 반달 모양을 엎은 것처럼 만들면 된다고 알려 준다. '솔' 의 손기호가 가슴 위치라면 '라' 의 손기호는 턱 정도의 위치되는 것이다.

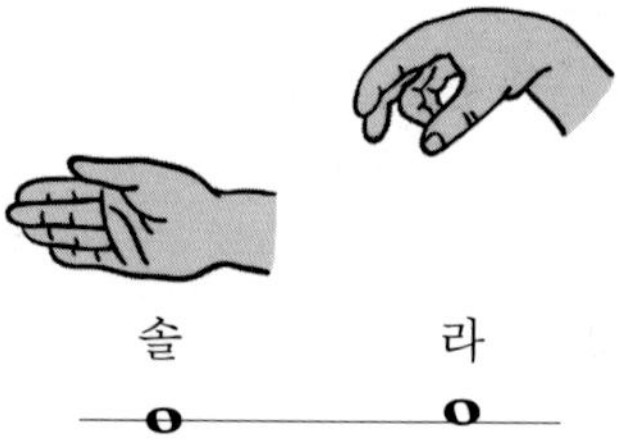

그림 2-13 '라' 그림

⑤ 〈꼭꼭 숨어라〉의 악보를 보면서 계명창을 하는데 손기호와 함께 한다.

⑥ 학생은 한 줄 악보로 〈꼭꼭 숨어라〉의 선율을 〈악보 2-13〉처럼 그려 본다.

악보 2-14 〈꼭꼭 숨어라〉 2줄 기보

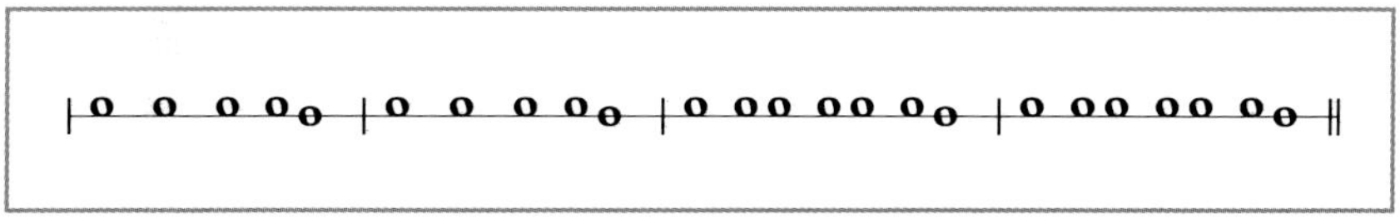

⑦ 교사는 점4분 음표를 겹박자에서는 툼이라고 읽는다고 알려 준 후 노래의 리듬을 음절로 부르면서 손뼉 치기를 한다(예: 툼, 툼, 타 티, 툼, 툼, 툼, 타 티, 툼 …).

⑧ 학생도 손뼉 치기와 함께 리듬음절로 노래의 리듬을 읽은 후 자신의 악보에 기둥과 점을 그린다.

⑨ 학생은 자신의 악보를 보고 손기호와 함께 계명창을 한다.

'라' 음 학습을 위한 악곡으로 '라'와 '솔'로 구성된 〈동아따기〉와 '라'와 '미'로 구성된 〈남생아 놀아라〉가 있고 '라-솔-미'로 구성된 노래로는 〈어깨동무〉 등이 있다. 지도 방법은 앞서 살펴본 바와 유사하며 [그림 2-12] [그림 2-13]과 같은 그림 자료를 활용하여 음정 간의 거리를 학생에게 이해시킨 후 〈악보 2-13〉과 같이 2줄 악보를 사용하여 기보 학습을 한다.

'라-솔-미' 음정을 학습한 후에도 다양한 리듬꼴의 '라-솔-미' 노래를 여러 곡 익혀야 한다. 이때 손가락 5선보나 음 계단을 활용하여 '라-솔-미' 음정을 지도할 수 있다.

(3) '솔-미-라' 외의 음 지도

새로운 음을 소개할 때에는 학생 스스로 그 음의 위치나 계이름을 파악하도록 하기 위해 다음과 같은 방법으로 지도한다.

① 교사의 손기호를 보면서 학생이 허밍으로 노래한다.
② 학생은 자기가 알고 있는 교사의 손기호에는 계명으로 노래하고 새로운 음은 허밍으로 노래한다.
③ 펠트 보표나 오선 보표 칠판 또는 오선 악보 위에 음을 기보할 때 새로운 음이 나오는 곳은 빈칸으로 둔다.
④ 교사가 빈칸의 음을 채워 주고 손기호와 함께 계이름을 소개한다.
⑤ 학생은 채워진 악보를 보며 노래 전곡을 손기호와 함께 계명으로 다시 부른다.

5음 음계의 다른 음들도 앞에서 살펴본 것과 비슷한 방법으로 소개하여 익힌 후에는 우리나라 전래동요나 민요를 손기호나 리듬음절을 활용하여 자유롭게 노래부를 수 있게 된다.

'파' 나 '시' 등을 소개할 때 새로운 음이 한 번 정도 나오는 노래를 사용하여야 학생이 손기호와 음높이를 정확하고 쉽게 익힐 수 있다. 음계의 모든 음 7개를 다 익힌 후에는 여러 가지 리듬꼴을 학습하면서 시창 능력을 배양할 수 있다.

4) 음계 지도

노래의 조성을 지도하기 위해 다음의 여섯 단계를 활용할 수 있다.

(1) 종지음 부르기

학생이 아는 노래를 교사가 부르는 동안 학생은 내청으로 따라 부르다가 마지막 음만 학생이 부른다. 처음에는 학생이 '우' 나 '루' 같은 무의미 음절 또는 가사로 끝음을 노래하다가 익숙해지면 계이름으로 노래한다.

악보 2-15 종지음 노래: 〈강아지〉의 일부

(2) 종지 부분 계명창

학생이 아는 노래를 교사가 가사로 부르다가 마지막 2마디 정도에서 멈추면 학생이 마지막 부분을 계명으로 끝맺는다.

악보 2-16 종지 부분 노래: 〈시계〉

(3) 으뜸음 계명창

교사가 손기호와 함께 가사창을 할 때 으뜸음('도')이 나오는 부분에서 소리는 내지 않고 학생은 그 으뜸음을 계명창으로 메꾼다.

악보 2-17 **'도' 계명창 노래: 〈고드름〉**

(4) 손기호와 함께 으뜸음 계명창

학생이 모르는 노래를 교사가 부르는 동안 학생은 으뜸음이 나오는 곳에서 손기호로 응답하며 계명창한다.

악보 2-18 '도' 손기호 노래: 〈아기별〉

(5) 사용된 음 찾기

교사와 함께 계명으로 부른 노래에서 사용된 음들을 학생이 음높이 순서대로 나열한다. 처음에는 펜타코드(pentachord)[1]의 노래로 시작하다가 헥사코드(hexachord),[2] 펜타토닉(pentatonic),[3] 장음계, 단음계의 노래로 발전하게 된다. 어느 음으로 시작하든지 으뜸음이 '도'가 되는 노래와 '라'가 되는 노래를 순서적으로 학습해야 한다.

다음 악보들은 펜타코드 노래와 헥사코드 노래의 예이다.

1) 펜타코드: 다섯 개의 음이 순차적으로 나열된 음계.
2) 헥사코드: 여섯 개의 음이 순차적으로 나열된 음계.
3) 펜타토닉: 다섯 개의 음으로 구성된 음계.

악보 2-19 '도' 펜타코드 노래 : 〈나비야〉

나비야

악보 2-20 '라' 펜타코드 노래 : 〈소나무〉

소나무

악보 2-21 '도' 헥사코드 노래 : 〈작은 별〉의 일부

(6) '도' / '라' 펜타토닉 선율

'도' 나 '라' 의 펜타토닉 선율은 민속 5음계로 된 선율들에서 쉽게 찾을 수 있다. 우리나라의 〈아리랑〉은 '도' 펜타토닉 선율의 대표적인 민요이고 〈천안 삼거리〉는 '라' 펜타토닉 선율의 대표적인 민요이다. 동요 중에서는 〈학교 종〉이 '도' 펜타토닉의 대표적인 노래이고 〈금강에 살으리랏다〉는 '라' 펜타토닉의 대표적인 노래이다.

악보 2-22 '라' 펜타토닉 노래 : 〈금강에 살으리랏다〉

(7) 다양한 펜타토닉 선율

달크로즈 교수법의 영향을 받아 다양한 5음 음계를 동일한 음고에서 부르는데, 이때 교사의 손기호에 따라 부르게 된다.

악보 2-23 여러 가지 5음 음계

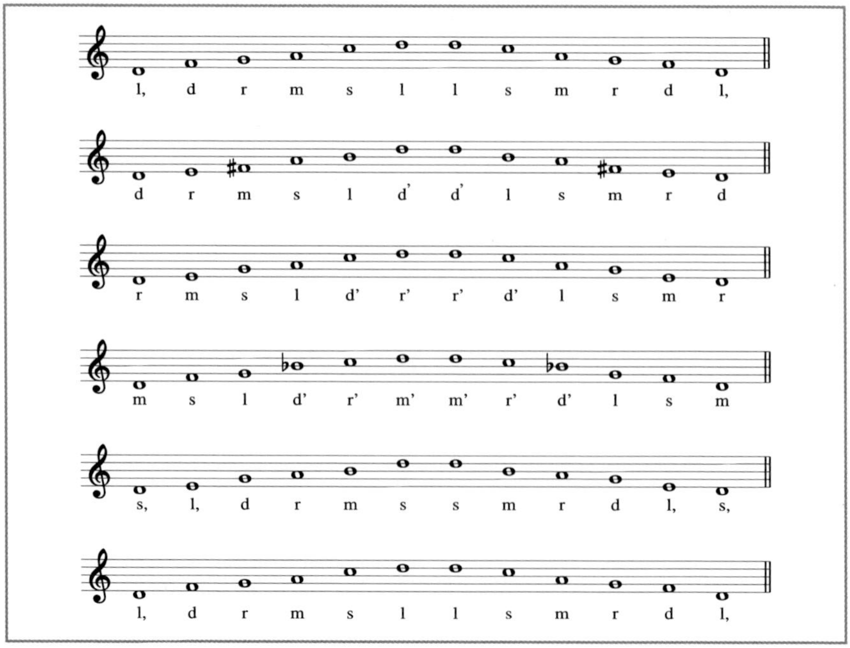

5) 화음 지도

화음감 형성을 위해 다음의 다섯 단계로 지도할 수 있다.

(1) 지속음 활용

학생이 한 음을 지속적으로 부르는 동안 교사가 손기호와 함께 위의 음을 첨가하여 부른 후 학생이 그 음정을 노래로 알아맞히는 방법이다.

악보 2-24 첨가음의 음정

(2) 화음 음정 노래하기

교사가 피아노로 두 음을 동시에 치면 학생이 그 두 음을 무의미한 음절이나 계이름으로 차례대로 노래부르는 방법이다.

악보 2-25 화음 음정

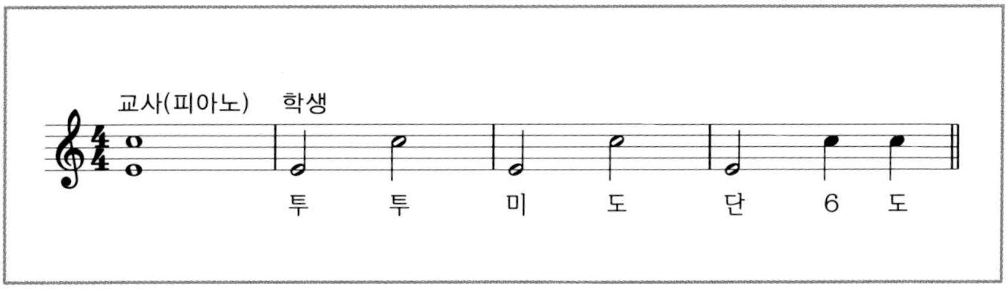

(3) 교사의 저음 노래 반주(으뜸음과 딸림음)

학생이 노래부르는 동안 교사는 으뜸음과 딸림음을 무의미 음절로 반주해 주다가 학생들이 반주음의 계이름을 찾아보게 한다.

악보 2-26 화성 저음 노래: 〈소풍〉

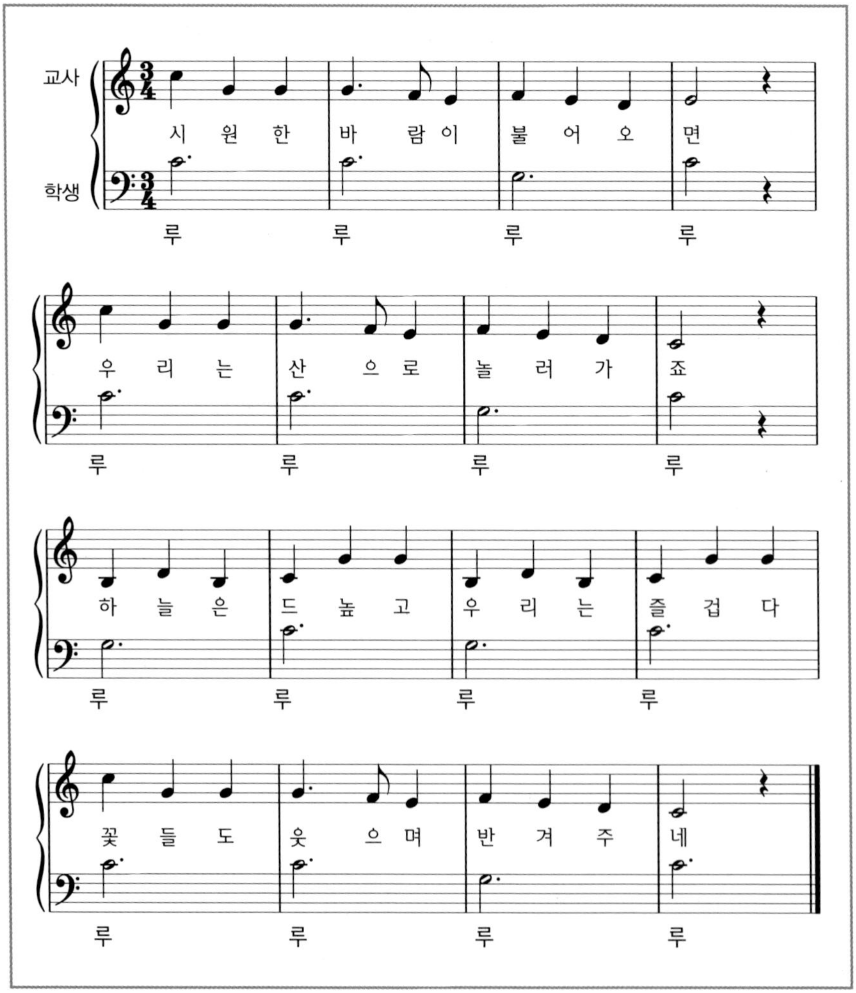

(4) 학생의 저음 노래 반주(으뜸음과 딸림음)

교사가 계이름으로 노래부르는 동안 학생이 선율에 적합한 으뜸음과 딸림음을 선택한 후 무의미 음절로 노래 반주한다.

악보 2-27 **화성 저음 노래: 〈가을 바람〉**

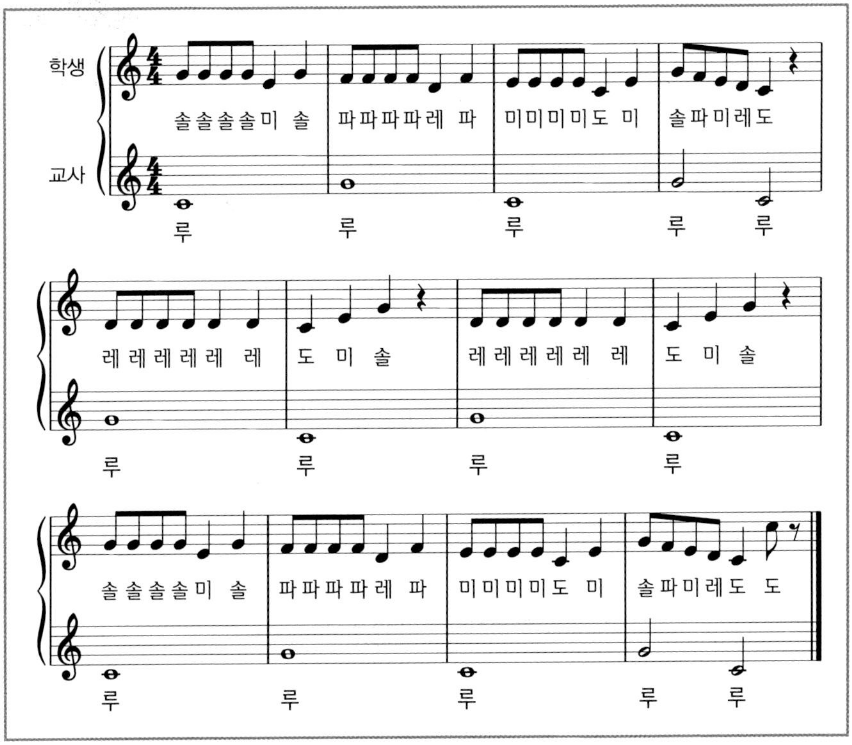

(5) 종지의 3화음 노래 반주

교사가 손기호와 함께 노래부르면 학생은 마지막 음에서 그 노래의 으뜸3화음을 화음 반주로 노래부른다.

악보 2-28 종지 화음 노래: 〈리자로 끝나는 말은〉

(6) 교사의 저음 반주(주요 3화음의 근음)

학생이 노래부르는 동안 교사는 으뜸음과 딸림음, 버금딸림음을 무의미 음절로 반주해 주다가 학생들이 반주음의 계이름을 찾도록 한다.

악보 2-29 화성 저음 노래: 〈노래는 즐겁다〉

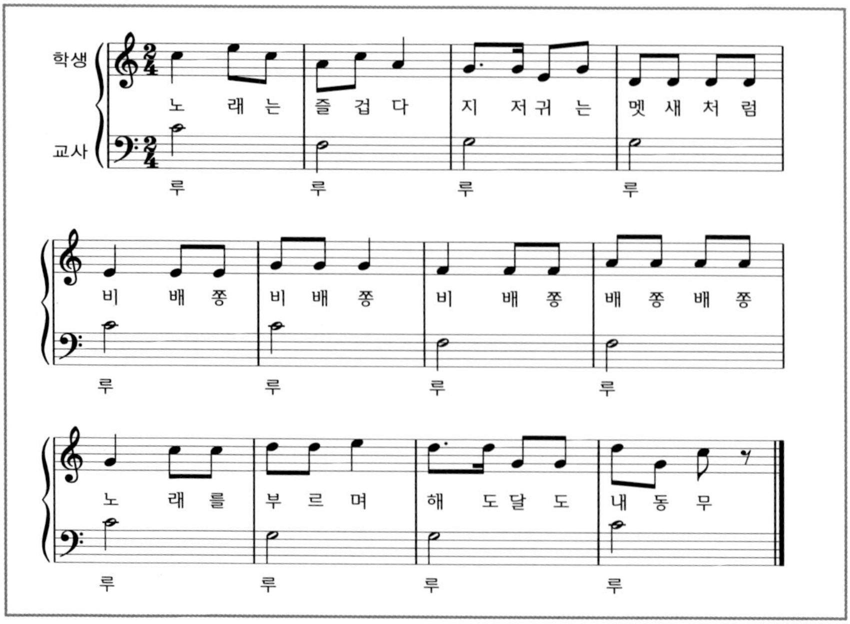

(7) 학생의 저음 노래 반주(주요 3화음의 근음)

교사가 계이름으로 노래부르는 동안 학생이 선율에 적합한 으뜸음, 딸림음, 버금딸림음을 선택한 후 무의미 음절로 노래 반주한다.

악보 2-30 **화성 저음 노래: 〈햇볕은 쨍쨍〉**

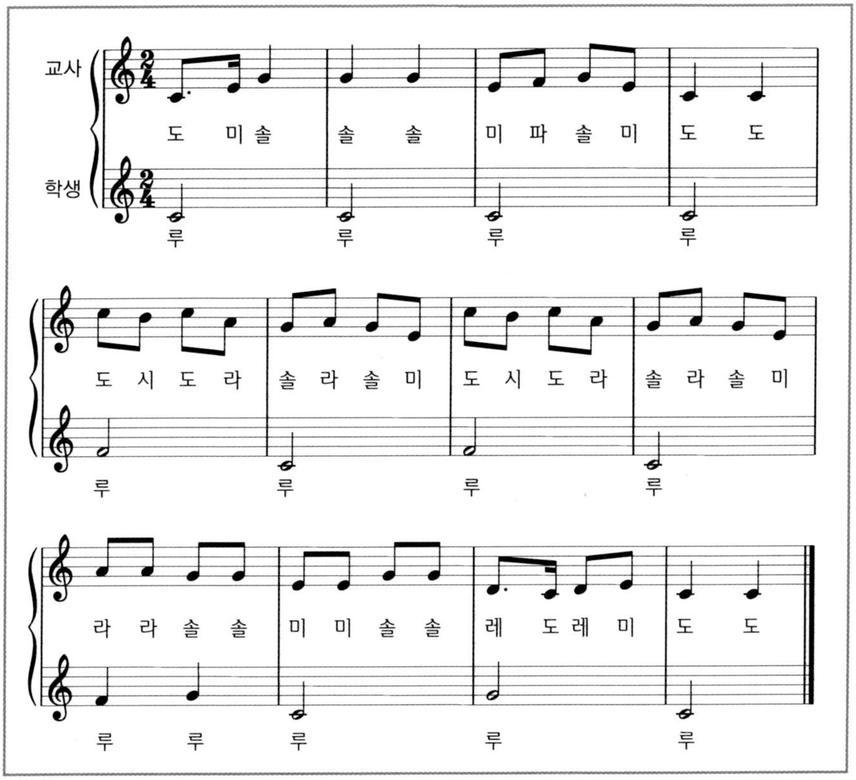

6) 다성음악 지도

코다이 교수법에서 다성음악이란 여러 성부로 노래를 부르는 것만을 뜻하는 것이 아니라 신체나 리듬 또는 악기에서 나는 소리 모두가 노래와 어우러져서 나타나는 음악을 뜻한다. 다음은 일디코(Ildickó Herboly-Kocsár)가 단계적으로 제시한 '다성음악 가르치기' 를 우리나라 노래를 활용하여 재구성한 것이다.

(1) 일정박 걷기나 손뼉 치기

친숙한 노래를 부르며 박에 맞추어 걷거나 손뼉을 친다.

악보 2-31 〈동아따기 노래〉의 일정박

(2) 노래 리듬 손뼉 치기

친숙한 노래를 부르며 손뼉으로 노래의 리듬을 친다. 익숙해지면 탬버린이나 캐스터네츠 같은 리듬악기로 반주하며 노래부른다.

악보 2-32 〈꾀꼬리 노래〉의 리듬 반주

(3) 트라이앵글이나 심벌즈 반주

친숙한 노래를 부르며 한 마디마다 트라이앵글로 반주한다. 익숙해지면 두 마디나 네 마디마다 심벌즈로 반주한다.

악보 2-33 〈보슬비〉의 첫 박 반주

(4) 지속음 허밍으로 2부 합창

학생들이 으뜸화음으로 된 노래를 부를 때 교사가 으뜸음으로 계속 허밍해 준다. 익숙해지면 학생 중 일부가 으뜸음을 지속적으로 허밍하든지 노래와 지속음을 교사와 학생이 번갈아 부르는 것도 가능하다.

악보 2-34 〈안녕〉의 으뜸음 반주

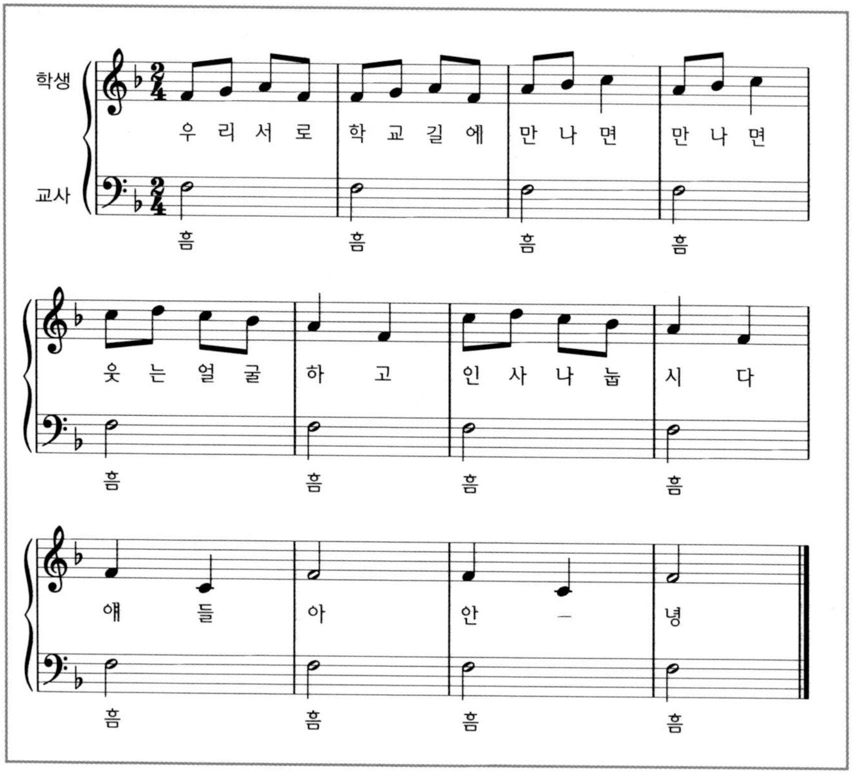

(5) 노래와 두 가지 율동 반주

친숙한 노래를 부르며 기본박을 걸을 때 손뼉은 한 마디마다 친다. 익숙해지면 손뼉 치기 대신에 탬버린이나 캐스터네츠 같은 리듬악기로 한 마디마다 반주한다.

악보 2-35 〈흉내내기〉의 율동 반주

(6) 간단한 리듬 캐논

교사가 8마디의 리듬을 칠판에 제시해 주면 학생들이 그 리듬을 손뼉으로 치고 교사는 한 마디 뒤에 그 리듬을 리듬 타악기로 연주한다. 익숙해지면 학생들끼리 2성부로 나누어 손뼉 치기와 무릎치기로 캐논을 연주할 수 있다.

악보 2-36 2성부 리듬 캐논

(7) 노래의 리듬 캐논

친숙한 노래의 리듬만을 2성부 캐논으로 연주한다. 이때 학생들이 암보로 리듬치기를 하는 것이 좋다. 교사가 리듬 타악기로 기본박을 지속적으로 반주하면 학생들이 일정한 속도로 연주하는 데 도움이 된다.

악보 2-37 〈잠자리〉의 리듬 캐논 일부

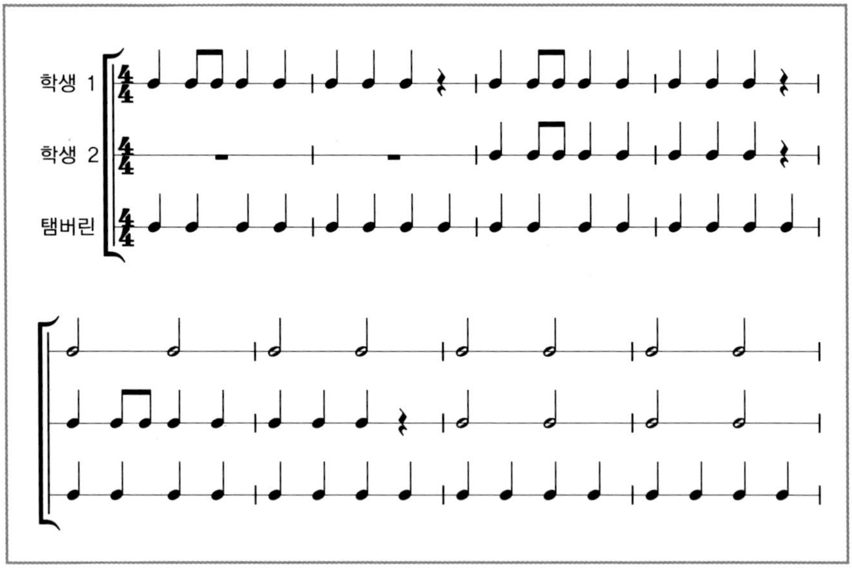

(8) 손기호에 의한 2성부 합창

교사가 왼손의 손기호로 지속음을 노래부르는 동안 학생은 교사의 오른손 손기호에 따라 계명으로 노래부른다. 익숙해지면 지속음을 학생이 부를 수 있어서 교사의 손기호에 따라 2성부 합창을 하게 된다.

악보 2-38 지속음에 의한 2성부

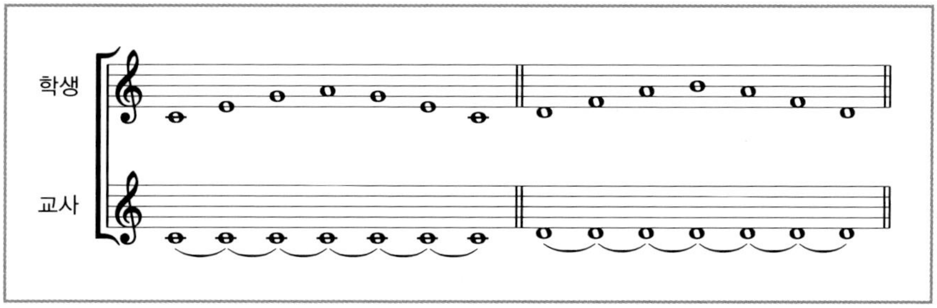

(9) 2성부 캐논 노래

노래의 화음 구조가 1마디나 2마디 또는 4마디마다 동일하게 이루어져 있으면 돌림노래가 가능하다. '미, 라' 또는 '미, 라, 도'로 된 전래동요뿐만 아니라 5음 음계로 된 노래는 모두 돌림노래가 가능하므로 학생들이 먼저 전래동요를 부르면 교사가 한 마디나 두 마디 뒤에 따라부른다. 익숙해지면 학생들끼리 2성부로 돌림노래를 부를 수 있다.

악보 2-39 〈동네 한 바퀴〉

(10) 3성부 캐논 노래

5음 음계로 된 노래도 3성부 돌림노래가 가능하다. 학생들이 첫째, 둘째 성부를 부르고 교사가 셋째 성부를 부른다. 익숙해지면 학생들끼리 3성부로 돌림노래를 부를 수 있다. 으뜸화음으로만 된 노래는 3성부 돌림노래를 쉽게 부를 수 있다.

악보 2-40 〈리자로 끝나는 말은〉

(11) 노래와 리듬 오스티나토

아는 노래를 부르는 동안 교사가 제시하는 리듬카드대로 손뼉 치기를 한다. 학생들은 같은 노래를 여러 절 반복하여 부르며 교사는 네 마디마다 다른 리듬카드를 제시하는 것이 좋다.

악보 2-41 〈눈꽃새〉의 리듬 오스티나토

(12) 노래와 리듬 반주

노래와 리듬 반주가 동시에 기보된 2성부 악보를 학생들이 둘로 나누어 연주한다. 익숙해지면 한 학생이 2성부 악보를 동시에 연주한다.

악보 2-42 〈어린이 왈츠〉의 리듬 반주

(13) 부분 2성부 노래

전래동요나 민요의 메기고 받는 형식에서 지속음을 사용하여 부분 2성부 경험을 한다.

악보 2-43 〈기와밟기〉

(14) 대위선율

주선율에 대응하는 선율을 덧붙여 부분 2성부로 노래한다. 이 대위선율은 한 마디에 한 음으로만 이루어져야 학생들이 쉽게 노래부를 수 있다.

악보 2-44 〈종소리〉

(15) 리듬 오스티나토 찾기

친숙한 노래를 부르는 동안 교사가 2마디의 리듬 오스티나토로 반주한 후 학생들이 그 리듬 오스티나토를 알아맞히는 게임이다. 학생이 한 손으로는 손기호로 노래하고 다른 한 손으로는 리듬 오스티나토를 연주하는 방법으로 발전시킬 수 있다.

악보 2-45 **〈산토끼〉의 리듬 오스티나토**

(16) 노래와 노래의 리듬 캐논

한 모둠이 노래를 부르는 동안 다른 모둠은 한 마디 뒤에 그 노래의 리듬을 손뼉 치기로 좇아간다.

악보 2-46 〈봄동산 꽃동산〉의 리듬 캐논

(17) 캐논으로 5음 음계 부르기

5음 음계를 2성부 캐논으로 부르다가 익숙해지면 3성부 캐논으로 발전할 수 있다. 한 마디 단위로 3성부 캐논을 부르다 보면 자연스럽게 3화음을 감지하게 된다.

악보 2-47 5음계 캐논

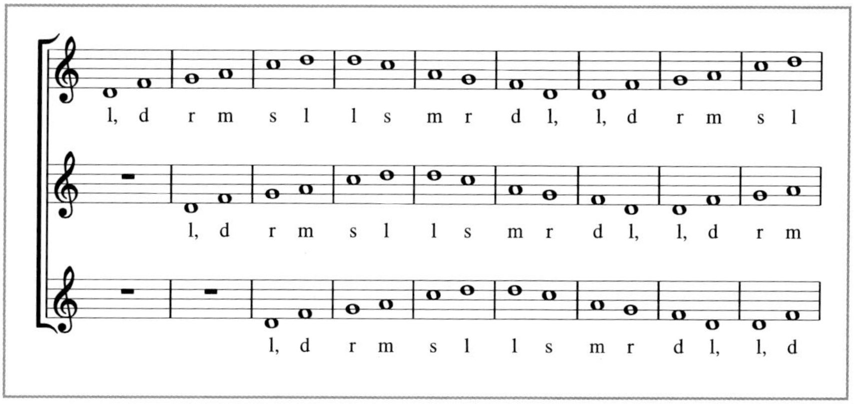

(18) 캐논으로 장 · 단음계 부르기

장음계나 단음계를 2성부 캐논으로 부르다가 익숙해지면 3성부 캐논으로 발전할 수 있다. 단음계는 화성 단음계를 사용하는 것이 바람직하다.

악보 2-48 장음계 캐논

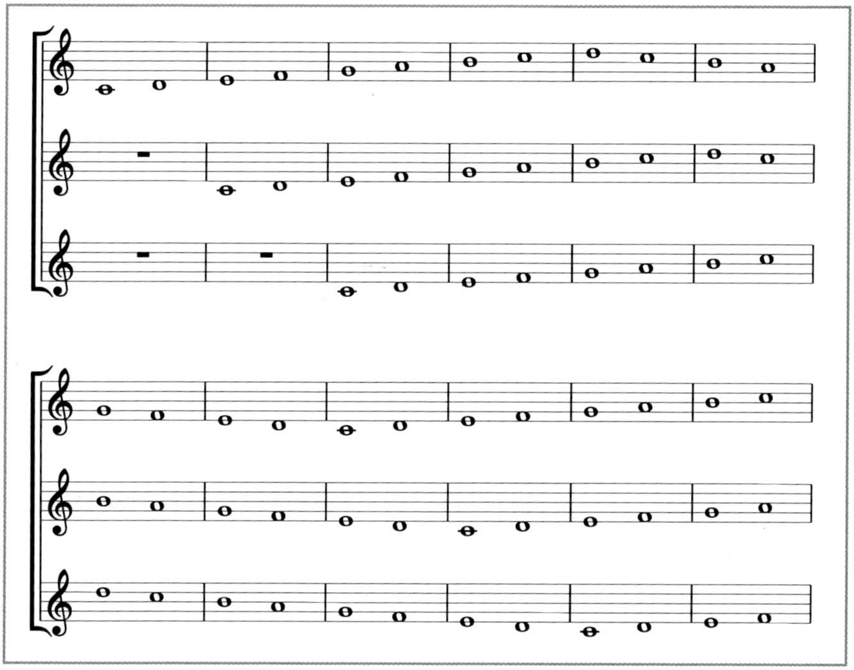

악보 2-49 **단음계 캐논**

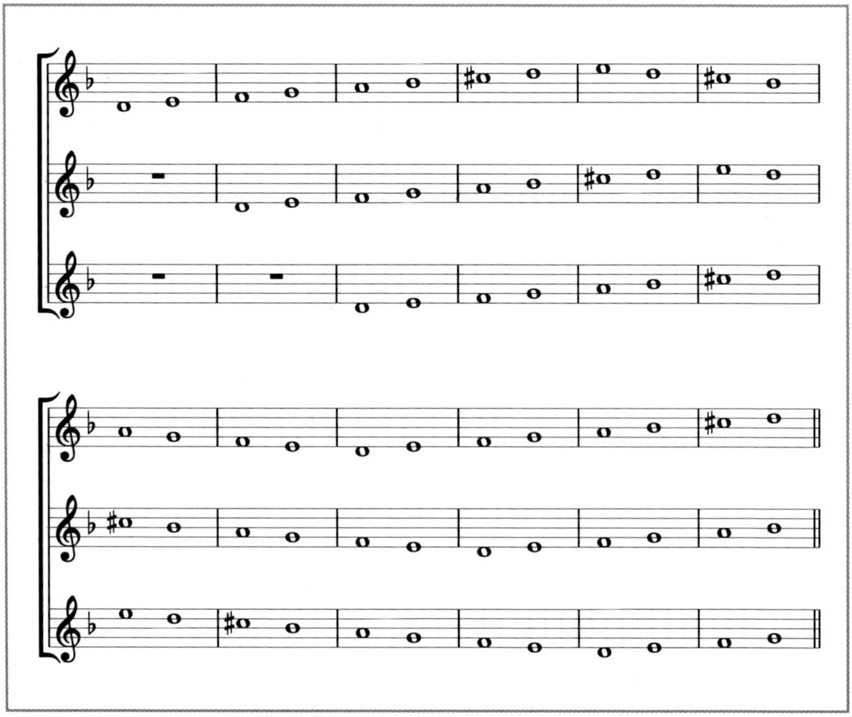

(19) 3화음으로 장 · 단음계 부르기

세 가지 방법으로 3화음을 부를 수 있다.

① 3성부가 동시에 시작하여 3화음으로 음계를 부른다.

② 처음에는 3성부가 동시에 시작하지만 다음 3화음부터는 위의 2성부를 먼저 부르고 아래 성부는 나중에 불러서 3화음을 느끼면서 차례로 음계를 부른다.

③ 3화음의 중간 성부를 둘로 나누어 위의 2성부를 먼저 부르고 그 다음에 아래 2성부를 불러서 7화음의 제2전위 화음을 경험하게 한다.

악보 2-50 3화음 음계

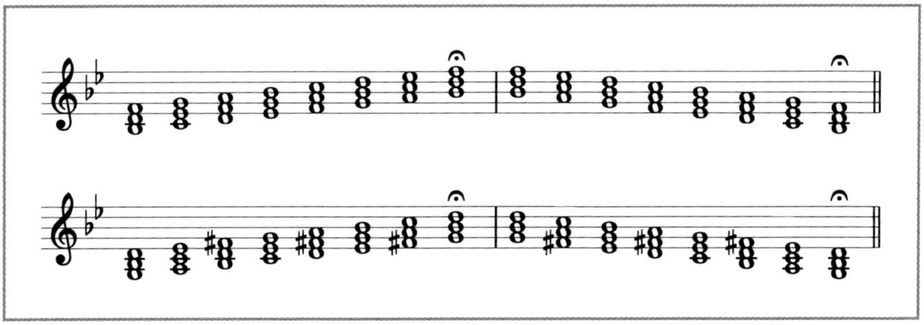

악보 2-51 3화음 음계 나누기

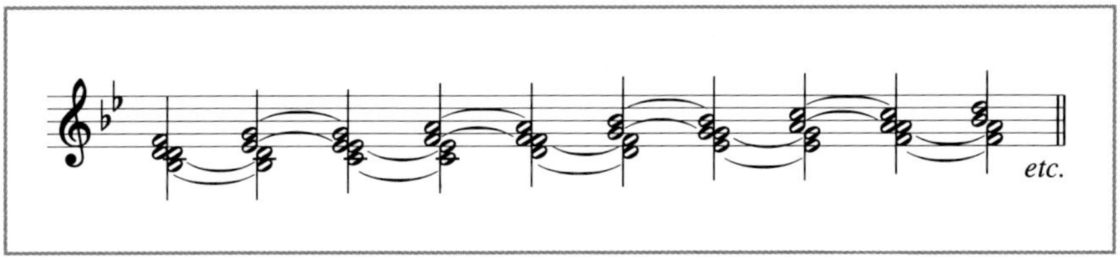

(20) 마침꼴 화음 부르기

손기호를 사용하여 장조와 단조의 마침꼴 종지를 3화음으로 부른다.

s - l - s - s - s	m -f - m - m - m
m -f - m - r - m	d - r - d - t, - d
d -d - d - t, - d	l,- l, - l, - si, - l,

(21) 지속음으로 음계부르기

4성부로 음계를 부르는데, 외성부가 지속음을 부르는 동안 내성부는 음계를 대칭으로 노래부르고 내성부가 지속음을 부르는 동안은 외성부가 음계를 대칭으로 노래부른다.

악보 2-52 4성부 음계

7) 형식 지도

짝을 이루는 '질문–응답' 형의 즉흥연주를 통해 곡의 기본 틀을 경험한 후 친숙한 노래의 악구를 통해 곡의 형식을 깨닫게 한다.

(1) 질문–응답 즉흥연주

학생에게 즉흥연주를 지도할 때 사용할 음과 리듬꼴을 정해 주어야 학생이 쉽게 만들 수 있다. 4마디를 즉흥연주로 노래부를 때 처음 2마디는 '솔–미–솔'로 질문하고 뒤의 2마디는 '솔–미–도'로 응답하여 긴장과 이완을 느끼게 한다.

악보 2-53 3음 모방 응답

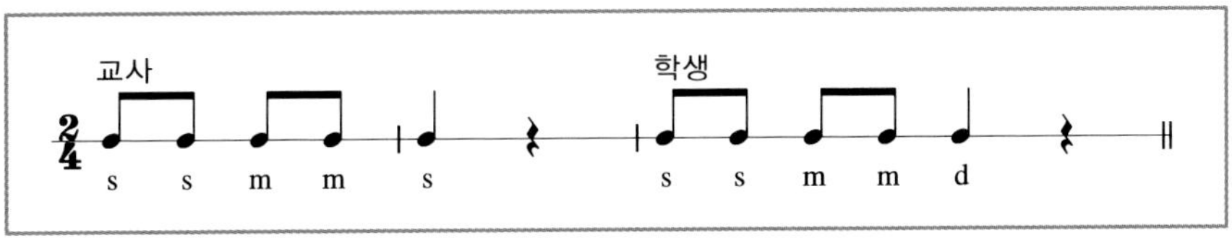

교사의 질문과 같은 리듬꼴로 학생이 응답을 하되 끝음은 '도' 로 끝낸다.

악보 2-54 즉흥 응답

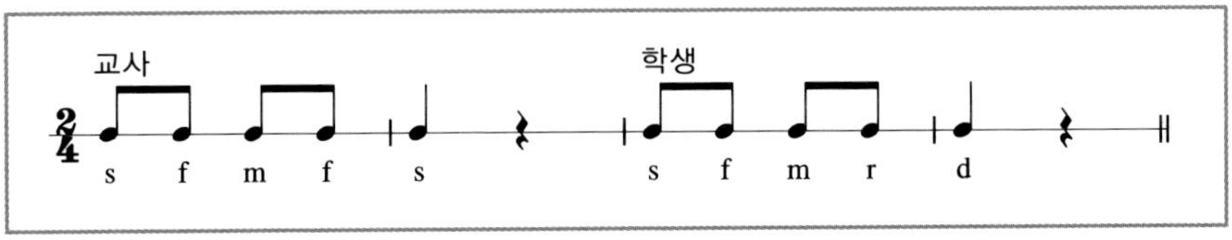

(2) 질문-응답 계명창

코다이는 모국 음악에 바탕을 두어 음악교육을 발전시켜야 한다고 주장하였다. 음악형식도 전래동요나 민요의 형식에서 먼저 시작해야 한다. 여러 형식(a-a, a-a' , a-b, a-b-a, a-b-a')의 동요나 민요를 계명창으로 문답하면서 곡의 형식을 파악해 나가도록 한다.

악보 2-55 a-a 형식의 전래동요: 〈둥개 둥개 둥개야〉

악보 2-56 a–a' 형식의 전래동요: 〈이 거리 저 거리 각 거리〉

악보 2-57 a–b 형식의 농요: 〈에농 데농〉

악보 2-58 a–b–a 형식의 전래동요: 〈우리 마을〉

(3) 질문-응답 대위선율

6도 이내의 동요나 민요를 첫 번째는 학생들이 원조로 노래부르고 두 번째는 교사가 5도 위에서 노래부르며 세 번째는 학생들이 교사가 부른 조성으로 부르고 마지막으로 교사가 원조로 부른다. 이러한 방법을 통해 조옮김을 통한 악곡의 형식을 이해하게 된다.

악보 2-59 〈어깨동무〉의 질문-응답

5. 교수 · 학습의 실제

1) 초등학교 저학년의 음악수업안: 〈남생아〉

(1) 수업 도입

인사 : 여러분 | 안녕하세요 | 선생님 | 안녕하세요 |

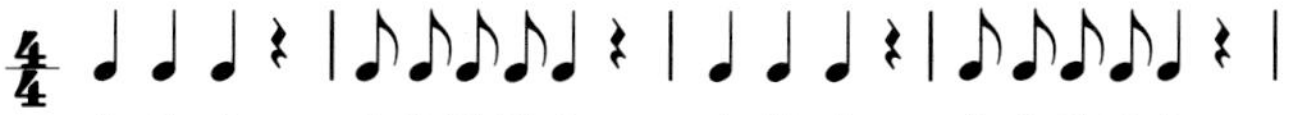

솔 라 솔 솔 솔 라 라 솔 솔 라 솔 솔 솔 라 라 솔

(2) 수업 활동

① 교사의 시범창을 들으며 학생은 일정박으로 걷는다.

② 교사의 시범창을 모방하며 학생이 가사로 노래부른다.

③ 학생이 가사로 노래부르며 일정박을 소고로 친다.

④ 학생이 노래의 리듬을 손뼉 치며 가사로 부른다.

⑤ 학생은 소고로 친 부분의 가사를 아래의 네모칸 첫 부분에 써 넣는다.

남			생			놀			라		
촐			촐			잘			다		

⑥ 교사가 가사를 2마디씩 부르면 학생은 노래의 리듬을 손뼉으로 친다.

⑦ 교사가 일정박을 소고로 치면 학생은 노래의 리듬을 손뼉 치면서 가사로 부른다.

⑧ 학생은 손뼉 친 리듬대로 나머지 가사를 네모칸 안에 채운다.

⑨ 교사가 이 노래의 낮은 음 '미' 와 높은 음 '라' 의 손기호를 소개한 후 노래

의 계명을 손기호와 함께 2마디씩 부르면 학생도 그대로 모방하여 2마디씩 손기호와 계명창을 한다.

⑩ 학생 스스로 계명창을 하면서 가사가 적힌 네모칸에 '라' 는 남색으로, '미' 는 노란색으로 색칠한다.

남			생		아	놀	아		라		
촐		래	촐	래	가	잘	논		다		

⑪ 학생은 자신의 채색칸을 보면서 손기호와 함께 계명창을 발표한다.

⑫ 교사가 '미' 와 '라' 의 음 위치를 음계단으로 보여 주고 음계단을 지적하면서 손기호와 함께 계명창 지도를 한다. 익숙해지면 2줄 악보의 〈남생아〉를 제시한 후 '날으는 음표' 를 사용하여 계명창을 지도한다.

⑬ 한 모둠은 가사창을, 다른 모둠은 일정박을 소고로 친다.

⑭ 교사는 $\frac{6}{8}$ 박에서의 리듬음절을 소개한 후(♩. = 툼, ♩ = 타, ♪ = 티) 2마디씩 손뼉을 치며 리듬음절을 읽을 때 학생도 모방하여 2마디씩 리듬음절과 함께 손뼉 친다.

⑮ 첫째 모둠이 가사창을 하는 동안 둘째 모둠은 일정박을 소고로 치고 셋째 모둠은 노래의 리듬을 윷가락이나 리듬 막대로 친다.

⑯ 〈남생아〉 노래를 메기고 받는 형식의 가사 바꾸기로 발전시킨다.

예: 남생아 놀아라 　　촐래촐래가 잘 논다.
　　토끼야 놀아라 　　깡총깡총 잘 논다.
　　오리야 놀아라 　　뒤뚱뒤뚱 잘 논다.

○○야 놀아라　　음메음메 잘 논다.

○○야 놀아라　　엉금엉금 잘 논다.

⑰ 학생들이 원형으로 서서 박수치며 노래를 부를 때 메기는 사람이 '○○야 놀아라' 하고 친구의 이름을 부르면 그 학생이 원 안으로 들어와 동물 흉내를 내거나 웨이브 춤을 추는 동안 다른 학생들은 받는 부분의 '촐래촐래가 잘 논다'를 불러서 메기고 받는 율동놀이를 한다.

(3) 수업 마무리

인사:　오늘수 업 | 좋았나 요 | 오늘수 업 | 좋았어 요 |

2) 초등학교 고학년의 음악수업안: 〈동네 한 바퀴〉

(1) 수업 도입

인사 :　여러분 | 안녕하세요 | 선 생 님 | 안녕하세요 |

(2) 수업 활동

① 교사가 리듬음절을 외치면서 손뼉을 치면 학생도 따라서 한 마디 간격으로 리듬음절과 손뼉 치기를 함께 한다.

악보 2-60 〈동네 한 바퀴〉의 리듬 캐논

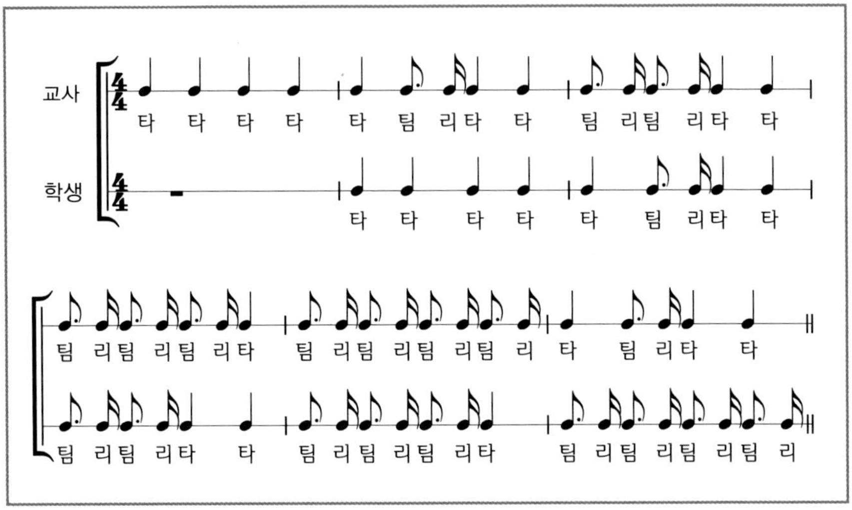

② 학생이 악보의 리듬을 보면서 리듬음절을 읽는데 '팀리' 가 나오는 곳에서는 깡총뛰기를 한다. 이때 교사는 리듬악기(탬버린)로 일정박을 쳐 준다.

③ 학생이 손뼉을 치며 가사의 리듬을 읽는다.

④ 교사가 2마디씩 손기호와 함께 계이름으로 노래부르면 학생도 따라서 손기호와 함께 계명창을 한다.

⑤ 학생 스스로 악보를 보면서 손기호와 함께 계이름을 부르면 교사는 으뜸화음과 딸림화음으로 반주를 해 준다.

⑥ 학생은 교사의 화음 반주에 맞추어 가사로 노래부른다.

⑦ 학급을 셋으로 나누어 한 줄로 서 있다가 첫째 모둠이 가사창을 하면서 걸어가면 2마디 후에 둘째 모둠이 첫째 모둠의 노래를 모방하여 부르면서 걸어가고 셋째 모둠도 2마디 후에 둘째 모둠의 노래를 모방하여 부르면서 걸어간다.

⑧ 세 모둠이 계이름으로 돌림노래를 부른다. 허밍이나 '루' 로 부르면 화음감을 잘 느낄 수 있다.

⑨ 교사는 각 단의 첫째 마디가 모두 으뜸화음이고 둘째 마디의 첫 부분은 딸

림화음이며 둘째 부분은 으뜸화음이라고 알려 준다.

⑩ 학급을 셋으로 나누어 첫째 모둠은 선율을 가사창으로 하고 둘째 모둠은 으뜸음(F)와 딸림음(C)를 리코더로 부르며 셋째 모둠은 리듬악기로 2분 음표의 리듬 오스티나토 반주를 한다.

⑪ 학급은 다섯으로 나누어 세 모둠은 3부 돌림노래를 하고 두 모둠은 리코더와 리듬악기 반주를 한다.

(3) 수업 마무리

인사: 오늘수 업 |좋았나 요 | 오늘수 업 |좋았어 요 |

3) 중등학교의 음악수업안: 〈어머니의 마음〉

악보 2-61 〈어머니의 마음〉

(1) 수업 도입

미솔라 음으로 구성된 노래를 즉흥적으로 부른다.

인사: 여러분 | 안녕하세요 | 선 생 님 | 안녕하세요 |

(2) 수업 활동

① 학생이 노래의 가사를 시를 읊듯이 읽는다.

② 교사가 제시한 가사의 리듬꼴 카드를 보면서 학생이 손뼉 치며 리듬음절로 읽은 후 노래의 리듬을 보면서 손뼉 치며 리듬음절로 읽는다.

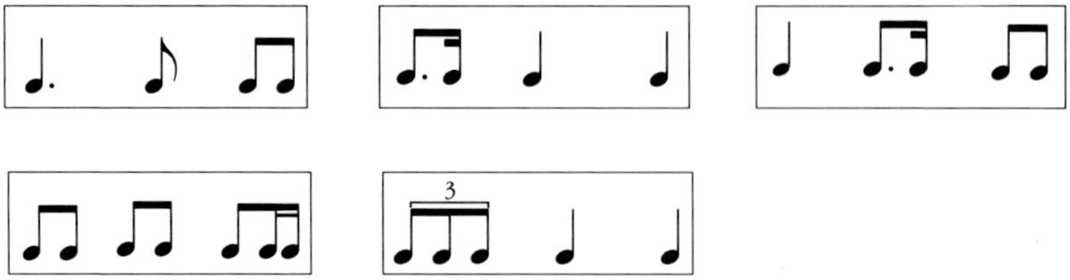

③ 학생은 손뼉 치면서 가사의 리듬음절을 읽는다. 이때 교사는 리듬악기(손북)로 일정박을 쳐 준다.

④ 교사가 날으는 음표를 활용하여 노래의 음표를 지적할 때마다 학생이 손기호와 함께 계이름을 읽는다.

⑤ 교사가 일정박을 리듬악기로 치는 동안 학생은 리듬꼴에 맞추어 손기호와 함께 계명창을 한다.

⑥ 교사의 화음 반주에 따라 학생이 계명창을 손기호와 함께한 후 익숙해지면 가사창도 한다.

⑦ 교사의 손북 소리에 따라 '노래 숨기' 게임을 한다. 예를 들면, 교사가 둘째 단 마지막 박에서 손북을 치면 학생은 노래를 속으로 부르다가 교사가 셋째 단 마지막 박에서 다시 손북을 치면 학생이 노래를 연이어 부르는 것이다.

⑧ 노래의 악상기호를 잘 살려서 가사창을 한다.

⑨ 부분 2부 합창이 나오는 다섯째와 여섯째 단의 아래 성부를 손기호와 함께 계명창을 한다. 익숙해지면 가사로도 불러 본다.

⑩ 학급을 둘로 나누어 한 모둠은 위의 성부를 허밍으로 부르고 다른 모둠은 아래 성부를 부른다. 모둠을 바꾸어 부르기도 한다.

⑪ 두 모둠이 모두 계이름으로 2성부를 부르고 잘 어우러지면 가사로도 부른다.

⑫ 학생이 마디마다의 계이름을 고려하여 노래의 넷째 단까지 어울리는 3화음을 정한다. 애매한 부분에는 한 마디에 2개의 화음을 배정한다.

표 2-4 '어머니의 마음' 화음 구조

I	I	IV	I
V	I	IV	V
I(IV)	I	V	IV
I	V(I)	V	I

⑬ 한 모둠은 주선율을 가사로 부르고 다른 모둠은 넷째 단까지의 화음을 '루' 로 부르며 다섯째와 여섯째 단은 아래 성부를 가사로 부른다.

⑭ 두 가지 리듬꼴을 리듬악기로 반주한다. 첫째, 둘째, 다섯째, 여섯째 단의 리듬은 일정박으로 연주하고 셋째, 넷째 단의 리듬은 2분 음표와 4분 음표로 연주한다.

⑮ 학급을 셋으로 나누어 첫째 모둠은 주선율을 가사창으로 하고 둘째 모둠은 '루' 로 화음 반주하거나 아래 성부를 가사로 부르고 셋째 모둠은 리듬악기로 오스티나토 반주를 한다.

(3) 수업 마무리

미솔라 음으로 구성된 노래를 즉흥적으로 부른다.

인사: 오늘수 업 | 좋았나 요 | 오늘수 업 | ○○○○ 요 |

참고문헌

교육인적자원부(2002). 즐거운 생활. 대한교과서주식회사.
교육인적자원부(2002). 음악 3. 대한교과서주식회사.
교육인적자원부(2002). 음악 4. 대한교과서주식회사.
방금주(1994). 코다이 방법론에 의한 기초과정의 포괄적 음악교육. 국악교육, 제12집, 144-184.
성경희(1988). 음악과교육론. 갑을출판사.
양종모(1994). 음악 읽고 쓰기에 관한 연구. 음악교육연구, 제13집, 209-243.
원희(1994). 코다이와 유아음악교육. 창지사.
이연경(1990). Kodáy 음악지도법과 국내 적용방법에 관한 연구. 음악교육연구, 제9집, 57-96.
이영미(2002). 코다이 개념의 솔페지 활용. 연세음악연구, 제9집, 91-112.
이홍수(1990). Zoltán Kodáy의 교육이념과 한국음악교육계의 과제. 음악교육연구, 제9집, 41-55.
이효순(2001). Zoltan Kodaly의 음악지도법. 평택대학교 논문집, 15권 1호, 347-378.
임미경 · 장기범 · 한희주(2002). 음악교육의 이론과 실제. 벨로체.
조영주(1994). 졸탄 코다이(Zoltán Kodáy) 생애, 음악 그리고 교육. 민족음악, 3, 221-236.
조홍기 역(1994). 코다이 음악교수법. 도서출판 다라.
조홍기(2004). 코다이 음악교육. 세광출판사.
조효임 · 조홍기(2003). 오르프 코다이 리듬교육과 리코더. 태림출판사.
채완병(1976). Zoltán Kodáy의 음악교육 이론에 관한 고찰. 청주교대 논문집, 제12집, 231-249.
채완병(1997). 초등 음악교과 교육의 교사교육 프로그램 연구-나이든 학생을 대상으로 하는 코다이 프로그램을 중심으로-. 청주교육대학교 논문집, 제34집, 211-247.
채완병 · 조홍기(2002). 코다이 이론과 기초교육. 도서출판 다라.
허지연(1995). 코다이 원리와 실제적 적용. 낭만음악, 제7권 제2호, 159-224.
허지연(1998). 효과적인 시창청음 수업을 위하여. 낭만음악, 제10권 제3호, 261-293.

Choksy, L. (1981). *The Kodáy Context.* Englewood Cliffs, NJ: Prentice-Hall, Inc.

Choksy, L., Abramson, R., Gillespie, A., & Woods, D. (1986). *Teaching Music in the Twentieth Century.* Englewood Cliffs, NJ: Prentice-Hall, Inc.

Choksy, L. (1999). *The Kodáy Method I.* (3rd ed.). Upper Saddle River, NJ: Prentice-Hall, Inc.

Landis, B., & Carder, P. (1972). *The Eclectic Curriculum in American Music Education: Contributions of Dalcroze, Kodaly, and Orff.* Reston, VA: MENC.

Richards, M. H. (1971). *Threshold to Music: Teacher's Text/Manual.* Belmont, CA: Fearon Publishers.

Zemke, L. (1974). The Kodáy Concept: *Its History, Philosophy, and Development.* Champaign, IL: Mark Foster.

풀잎 동요마을(2009). http://pullip.ktdom.com

제3장
오르프 교수법

제3장
오르프 교수법

오르프 교수법은 편의상 '교수법' 이라는 용어를 사용하더라도 단순히 교수법의 한 종류로 이해해서는 곤란하다. 오르프 음악교육은 정해진 교수 내용과 방법이 일정한 형식으로 고정되는 일이 없도록 최대한 주의를 기울여야 하기 때문이다. 교육적으로 제시되는 모든 본보기는 언제나 학생의 자발적인 활동을 이끌어내는 것을 최종 목표로 삼고 있다. 칼 오르프(Carl Orff)는 이를 '즉흥성' 이라 하고, 이 개념이 '오르프 슐베르크(Orff-Schulwerk)' 의 핵심임을 강조한다. 오르프와 케트만(Gunild Keetman)은 바로 이러한 즉흥성을 구현하도록 이끌려는 학습모델 모음집인 '슐베르크'[1]를 통하여 오르프 교수법의 핵심 원리를 설명하고자 하였다.

여기에서는 규범이라는 틀에서 벗어나 즉흥성을 강조하는 오르프 교수법의 원리와 교육적 특징 및 적용 범위에 대해서 자세히 살펴보기로 한다. 이를 위하여 먼저 오르프 슐베르크의 창시자인 오르프와 케트만, 오르프 슐베르크의 철학

---

1) '슐베르크(Schulwerk)' 란 독일어로 '슐레(Schule, 학교)' 와 '베르크(Werk, 작품)' 의 합성어이다. 1920년대 독일에서 사용하던 관용어로서 일반적으로 학교단체조합을 의미하기도 하고, 교육용 작품 및 저서를 뜻하기도 한다. 여기서 오르프 슐베르크는 오르프나 케트만이 작곡한 악곡 혹은 작품만을 의미한다기보다 오르프 음악교육의 방법을 이론과 실제를 통해 설명하고자 하는 자료로 이해해야 한다.

및 교수방법을 살펴볼 것이다. 이어서 이러한 철학과 방법적 원리를 기반으로 한 오르프 음악교육의 영역별 적용안 및 우리나라의 음악교육에서 실제로 활용할 수 있는 교수 · 학습 활동안을 제안하고자 한다.

1. 오르프 슐베르크의 창시자: 칼 오르프와 구닐드 케트만

1) 칼 오르프

칼 오르프(Carl Orff, 1895～1982)는 1895년 7월 10일 독일 뮌헨에서 출생하였다. 늘 단정하고 자상했던 친할아버지(칼 폰 오르프[C. v. Orff]) 곁에서 오르프는 그의 포근한 인품과 이름을 모두 물려받았다. 오르프의 외할아버지는 오늘날까지 명맥을 이어오고 있는 아마추어 오케스트라단을 결성한 사람이었다. 8세 때 오르프는 처음 이 오케스트라의 연주회를 경험하였고, 외할아버지는 어린 오르프에게 역사, 전화 등을 끊임없이 설명해 주면서 손자의 상상력을 키워 주었다. 물론 외할아버지 역시 자신의 딸(오르프의 어머니)에게 12세 어린 나이에 '피아노 연주자 자격' 을 취득할 수 있을 만큼 뛰어난 재능을 물려주었다. 오르프는 그런 어머니로부터 음악적 영감을 가장 많이 받았다. 오르프는 피아노에 앉아 연습을 하기보다는 상상에 의한 연주나 즉흥으로 연주하는 것을 좋아하였다. 4세 때 익살스러운 인형극 〈꼽추 인형〉을 통해 받았던 강렬한 인상이나 뮌헨 불루멘가의 인형극장에서 6세 때 받았던 감동들은 훗날 그의 독특한 음악세계에 적지 않은 영향을 미치게 되었다. 청년기의 오르프는 드라마나 장면 연출과 관련된 분야에 특출난 소질을 보였다. 이와 더불어 그의 주변환경인 뮌헨 근교의 알프스 전원, 친척들의 시골집, 바이에른 지역의 성당들, 방문했던 주변 여행지 등도 훗날의 예술 활동에 동기를 제공하였다. 오르프는 김나지움(중고등학교) 시절에 익혔던 고대 언어 과목을 통해서 고전 문학에 심취하였고, 1914년 음악대학을 졸업한 후 3년 동안 연극에 관심을 보였다. 제1차세계대전이 일어나자 입대한 그는 1917년 군복무를 수행하던 중에 얻은 부상으로 제대하였다. 이후 뮌헨, 다름슈타트, 만하임 등지의 극장에서 음악감독 및 지휘를 맡았고, 1919년 이래 두 번 카민스키(H. Kamminski)에게 가르침을 받았다. 오르프는 1923년 귄터(D. Günther)를 만나 1924년에 그녀와 함께 귄터학교를 설립한 이후로는 그 학교에서 음악교육 총책임자로 활동하였다. 이를 통해 오르프는 교육자로서의 첫 발을 내딛었고, 그곳에서의 경험을 토대로 예비교사를 위한 첫 번째 교육용 저서 『오르프 슐베르크, 원초적 음악훈련(*Orff-Schulwerk Elementare Musikübung*)』(1930~1932)를 세상에 내놓았다. 이 책을 기초로 후에 제자이자 동료인 케트만과 함께 총 5권으로 된 두 번째 교육용 저서 『오르프 슐베르크, 어린이를 위한 음악(*Orff-Schulwerk Musik für Kinder*)』(1950~1954)을 집필하였다.

작곡가로서의 오르프는 르네상스와 바로크 음악에 관심을 기울였고, 나중에는 극음악 작곡가 몬테베르디(C. Monteverdi) 작품 연구에 열정을 쏟았다. 1930~1933년 뮌헨 바흐협회 소속 지휘자였던 오르프는 고대음악의 협주곡과 무대 공연에도 도전하였다. 이 시기에 그는 베르펠(F. Werfel)의 대본에 의한 칸타타나 브레히트(B. Brecht)의 문학에 기초한 합창곡들을 다수 작곡하였다. 1937년 여름 프랑크푸르트에서 초연된 극적 칸타타 제1부 〈카르미나 부라나〉(1935)를 통해 오르프는 자신만의 연주기법을 완성하였다. 이 작품은 한 예술가의 개성이 표현된 야심작으로서 오르프에게 세계적인 명성을 가져다주었다. 그 밖에도 오페라 〈달〉(1939)과 〈현명한 여자〉(1943), 극적 칸타타 제2부 〈카툴리 카르미나〉(1943), 극적 칸타타 제3부 〈아프로디테의 승리〉(1953), 그리스의 비극을 다룬 〈안티고네〉(1949) 등이 세상에 널리 알려져 있다. 특히 이 작품들은 그 안에 음악, 언어, 동작(춤)이 하나로 어우러져 잘 표현되어 있어 사람들은 '세계의 투영(投影)' 이라 평하였는데, 오르프는 이를 '세계극(世界劇)' 이라 칭하였다. 오르프는 1950~1960년 뮌헨음악대학의 작곡과 마스터클래스 교수로 재직하였고, 1961년 오스트리아 잘츠부르크의 모차르테움음악대학 부속 오르프 연구소의 소장직을 맡아 슐베르크 강의를 하며 세계를 순방하였다. 그는 정부로부터 공로훈장을 받았고, 1982년 3월 29일 생을 마감할 때까지 총 8권 분량의 자서전적인 기록 『칼 오르프와 그의 작품』을 완성하였다.

2) 구닐드 케트만

한편 오르프 교수법을 제대로 이해하고자 한다면 오르프 외에도 오르프 슐베르크의 공동 창시자인 구닐드 케트만(Gunild Keetman, 1904~1990)도 기억해야 한다. 뛰어난 작곡가이자 교육가로 명성을 떨친 스승 오르프에 가려 뒤늦게 알려지기 시작했지만, 케트만은 오르프 슐베르크의 실질적인 창안자라고 평가될 만큼 공헌한 바가 크다. 그녀에게서 직접 교육을 받았던 이들은 이구동성으로 그녀를 '타고난 교육자' 라고 회상한다(Regner, & Ronnefeld (Hrsg.), 2004). 오르프 자신도 그녀의 도움이 매우 중요하였다고 말한 바 있다(Orff, 1976: 67).

> "만일 남들보다 배(倍)로 뛰어난 재능을 가진 케트만이 결정적으로 나를 돕지 않았다면 '오르프 슐베르크' 는 세상에 나오지 못했을 것이라고 말한다면, 그것은 결코 과장된 표현이 아니다."

그녀는 1904년 독일 엘버펠드(Elberfeld)에서 태어나 1990년 킴제(Chiemsee) 부근의 한 마을 브라이트브룬(Breitbrunn)에서 생을 마쳤다. 고등학교에서 첼로를 연주하면서부터 음악에 관심을 가졌고 본(Bonn)대학에 진학하여 예술사와 음악사를 공부하면서 첼로 수업도 계속 받았다. 그러나 당시의 음악교육에 실망하여 한 학기를 마치자마자 베를린체육대학(Hochschule für Leibesübungen in Berlin)으로 옮겼다. 하지만 거기서도 군대식 교육과 인격적이지 못한 교육방식에 환멸을 느끼고 대학을 자퇴하였다. 그녀는 바로 그 즈음에 뮌헨에 새로 설립된 권터학교 소식을 듣고 호기심을 가지게 되었고, 1926년 22세 때 권터학교의 문을 두드린다. 단번에 그녀는 "새로운 음(音)을 마법사처럼 이끌어내어 학생들로 하여금 거기에 당장 빠져들어 결코 잊을 수 없게(Ronnefeld, 2002: 95-96)" 하는 오르프의 수업에 감명을 받아 삶의 방향을 바꾸게 되었다.

그녀는 귄터학교를 졸업한 즉시 조교 및 연구원으로서 임기를 채우고 나서 1929년부터 오르프와 함께 '음악, 춤 및 체조' 를 담당하는 교사로 활동하기 시작하였다. 그녀는 리코더와 타악기를 위한 연주곡과 춤곡을 작곡하였는데, 그녀의 남다른 재능이 빛을 발하였다. 케트만은 1936년 베를린에서 딤스(C. Diems)의 '올림픽의 젊은이(Olympische Jugend)' 라는 매스게임을 위한 음악을 작곡하고 직접 오케스트라를 지휘함으로써 유명해졌다. 그러나 그것도 잠시뿐 점점 엄해져가는 나치정권의 검열로 그녀의 활동은 제약을 받게 되었다. 그녀는 1945년 1월 귄터학교 건물이 파괴되기 전까지 교사로서 수업을 계속하였고 귄터학교가 문을 닫은 후인 1948년에는 오르프와 함께 (주정부) 뮌헨 라디오 방송국에서 어린 학생들을 위한 방송 및 성탄절 이야기 진행을 담당하면서 교육활동을 계속할 수 있었다. 이듬해인 1949년은 잘츠부르크(Salzburg)의 모차르테움음악대학에서 8～10세의 어린이들을 위한 슐베르크 연수 및 교사들을 위한 연수를 지도하였고, 그녀의 그런 교육활동은 뒤에 '오르프 슐베르크' 교육과정의 초석이 되었다. 이는 또한 그녀가 집필한 책 『오르프 음악교육의 원리와 적용(*Elementaria*)』의 소중한 자료가 되었다. 그녀는 1957년 이후 오스트리아와 독일 외에도 벨기에, 이탈리아, 캐나다, 일본, 스위스 등을 방문하며 연수 초빙강사로 활발히 활동하였다. 1961년 그녀는 오르프와 함께 모차르테움음악대학 부속 오르프 연구소를 창립하였고 1970년까지 동 연구소의 외래강사로 활동하였다.

2. 오르프 슐베르크의 철학과 원리

1) 개 념

오르프는 1930～1933년에 걸쳐 게재한 4편의 소논문을 통해 그 당시 '새롭게 시도하는 음악교육' , 곧 오르프 슐베르크와 관련된 기본 입장을 밝혔는데,

거기에는 그의 음악교육의 출발점과 근본 정신, 특징적인 요소와 몇 가지 유의 사항이 분명하게 제시되어 있다(조순이, 2001). 이를 요약하면 다음과 같다.

(1) 음악교육의 출발점

음악교육은 누구에게나 자연스럽게 혹은 선천적으로 주어진 음악적 본성에 기초한다. 그래서 그것은 '원초적인 음악(primitive Musik 혹은 Urmusik)', 곧 남에게서 배우는 음악이 아니라 이미 자신의 내면에 지니고 있는 음악, 그래서 누구나 자신 안에서 발견할 수 있는 그런 음악(Orff, 1932)에서 시작되어야 한다.

(2) 근본 정신

전인적(全人的) 차원의 자기실현(自己實現)에 뿌리를 두고 있다. 다시 말해 음악활동이 인간의 활동 가운데 하나라는 점에서 인간의 자기실현에 이바지할 것으로 확신하고, 실제 주어진 인간 본성과 연결된 학습활동을 마련해야 한다고 생각한 것이다. 자기 내면에 귀 기울이듯 심장박동과 호흡에 주목하면서 말-리듬 및 신체악기로 그의 음악교육이 진행되는 것도 바로 그 때문이다.[2)]

(3) 원초적인 음악교육 내용의 네 가지 특징적 요소

① 피교육자에게 흥미와 열의를 자연스럽게 유도하며 창의적인 행위를 촉구하는 수업 과정에 큰 의미를 두는 만큼 놀이식으로 진행되어야 한다.

② 악기연주는 원초적인 악기(신체악기)부터 강요되지 않는 자연스러움을 따라 점차 일반악기로 발전해 나가야 한다. 또한 악기연주에 있어서는 여러 가지 연주방법을 허락해야 한다.

③ 음악수업이 포괄적으로 지향하는 목표는 즉흥연주로서 인간의 내면(호흡-

2) "음악은 인간 안에서 시작되며 그로부터 학습되어야지, (외적인) 악기를 통해서나 출중한 손가락을 가지고서 혹은 타고난 재능을 따라 혹은 이런저런 화음을 가지고서 시작하는 것이 아니다. 그 첫 단계는 각자의 고유한 침묵이요, 자신의 내면에 귀 기울임이며 …… 자신의 심장박동과 호흡에 귀 기울이는 것이다." (Orff, 1931/1932: 668)

리듬 및 선율)으로부터 반향(反響)되는 음악이 되도록 이끌어 준다.

④ 지휘 훈련도 매우 중요하다. 손놀림은 단지 효율적인 동작 기술만이 아니라 말로 다할 수 없는 음악적 감정이 겉으로 드러나도록 도움으로써 궁극적으로 자유로운 표현을 고무시키고, 음악활동의 즐거움을 몸소 느끼게 해준다(Orff, 1932/1933: 224).

(4) 유념해야 할 사항

특히 유념해야 할 사항은 "원초적인 음악교육 중에는 특히 어린이들에게 결코 그 어떤 강요도 해서는 안 된다"(Orff, 1931/1932: 673)는 점과 음악교육에는 무엇보다도 '질 좋은' 악기소리의 선택에 세심한 주의를 기울여야 한다는 점이다.[3] 이로써 원초적인 음악교육은 인간의 원-감정(原-感情)을 진작시키고 그로부터 자발적인 음악활동이 이루어지도록 배려하는 데 최대한 주목한다.[4]

오르프가 그토록 강조하는 바는 낯선 어떤 것으로부터 음악교육이 강요되어서는 안 된다는 것이다. 그는 누구에게나 이미 자리하는 원-감정[童心]에서 음악교육이 시작되기를 원한다. 그래서 '말-리듬' 훈련은 음악교육의 첫 걸음마로 추천된다. 우리는 말하는 본성을 타고났다. 만일 어린이들이 동일한 낱말 하나를 입을 통하여 표현하는 저마다의 자기표현 방식에 주목한다면, 누구나 특별한 음색(音色), 장단(長短), 고저(高低), 강약(强弱)을 가지고 말하고 있음을 관찰할 수 있다. 이렇게 보면 인간은 모두 선천적으로 음악적인 소양을 타고난 셈이다. 그 같은 소양은 그때마다 자신을 (말, 글, 그림, 신체적 움직임 등을 통해) 표현하는 중에 함께 무의식적으로 활용된다. 실제 이와 같은 직접적인 관찰 및 체험으로부터 어린이들 스스로 음악활동의 가능성을 자각하게 되면, 음악교육은 외

3) "소리에 있어서 손색이 없는 악기들로부터만이 바람직하고 아름다운 음악세계가 피어날 수 있기 때문이다. …… 소음(騷音)은 음악의 가장 큰 적(敵)이기 때문이다." (Orff, 1932, Nr. 395)

4) "동심(童心)의 본성에 부응하여 이미 자연스럽게 조건지워진 여건 안에서도 충분히 느낄 수 있는 그런 교육과정을 제시해야 한다는 점, 둘째, 나아가 그런 동심의 세계 위에서 성장한 일반 대중음악 역시 굳이 시대적으로 거듭 변화하는 낯선 음악에 그저 모방하려는 시도와 무관하게 근본적으로 그리고 자체적으로 실현될 수 있도록 이끌어야 한다는 점이다." (Orff, 1932/1933: 224)

부에서 출발하는 주입식 가르침과는 다르게 이루어질 수 있으며 또 그것을 지향하여야 할 것이다. 이는 누구나 음악에 쉽게 다가갈 수 있다는 사실과 누구나 음악활동을 위해 당장 그리고 꼭 필수적인 것들을 이미 갖추고 있다는 사실을 자각하게 해 준다. 그리하여 음악활동에 대해 자신감은 물론 언제든 스스로 즐기려는 마음을 북돋아 줄 것이다.

오르프 슐베르크는 그렇게 어린이들의 '자발적인 활동' 에 최대한 관심을 기울인다. 그런 맥락에서 가장 중점적으로 다루어져야 할 슐베르크(음악교육)의 최종 단계는 '즉흥연주' 이다. 이는 슐베르크가 자연스럽게 그리고 자유롭게 구현되는 음악활동이 가장 이상적인 활동이요, 인간의 창의적인 자기발현의 하나로 이해하고 있음을 보여 준다. 하지만 즉흥연주가 무분별하게 이루어져서는 안 된다. 인간의 활동으로서 음악활동은 모두 다른 인간에게도 기쁨을 주는 공감을 불러일으키는 것이 당연하다고 보기 때문이다. 그런 까닭에 오르프 슐베르크의 즉흥연주는 점차 합연(合演)의 형태로 발전하며, 공동작업에 관심을 기울이도록 이끈다. 어린이들은 함께 연주하는 가운데 자신에게 할당된 역할에 대한 책임감은 물론 자연스레 다른 사람에 대한 배려심(인내와 관용)을 배울 수 있는 기회를 얻게 될 것이다. 하나의 음악(작품)이 연출되기 위하여 너와 나, 구성원 개개인의 몫에 대한 가치를 일깨우고 서로를 존중할 수 있는 안목을 얻게 된다는 것이다. 이는 소리 학습단계에서 고려하는 교육 목표이기도 하다. 음악에 있어 소리는 소음(騷音)이 아니라 자연스럽게 함께 어울려 내는 소리[和音]여야 하기 때문이다.

2) 교육철학

(1) 오르프 슐베르크는 원초적이고 교육적인 발상에 기초한다

오르프 슐베르크는 방법적으로 다양한 가능성을 제시하지만, 핵심적 교육 목표는 어린이들이 '원초적 음악(elementare Musik)' 을 체험하도록 유도하는 데 있다. 오르프는 'elementare' 를 '원초적, 태고의, 시작의, 근원적' 등의 의미로 보고[5] 원초적 음악에 대해 다음과 같이 설명한다(Orff, 1964: 16).

> "원초적인 음악은 결코 음악 하나만을 의미하는 것이 아니고, 몸동작, 춤 그리고 언어와 결합되어 있다."
>
> "원초적 음악은 스스로 해야만 한다."
>
> "원초적 음악이란 청중도 함께 연주자에 포함시킨다."
>
> "원초적 음악은 사고(思考)할 수 없거나 기초지식을 갖지 못하는 어린이에게도 적합하며, 대지에 가깝고, 자연적이고 신체적이어서 누구든지 배울 수 있고 체험할 수 있다."

오르프 슐베르크는 기본적으로 일정 기간 계획된 교육과정에도 적용이 가능한 음악교육의 한 방안(方案)이다. 그래서 어떤 특출한 재능을 앞서 요구하지도, 재능계발을 목표로 삼지도 않는다. 누구든 주어진 과제를 해결하기 위해 저마다의 수준에서 다양하게 시도할 수 있도록 살피고 배려하는 것이 일차적인 교육목표이다. 예를 들면, 손놀림 숙련 정도에 따라 적합한 과제를 제시함으로써 각자 혹은 다른 이들과 함께 능동적으로 참여하는 음악활동에서 기쁨을 느끼도록 돕는 것이다. 이렇게 오르프 슐베르크는 하나의 고정된 방법이 아니라, 자발적인 음악활동을 고무시키는 길라잡이 역할에 충실하고자 한다.

(2) 어린이로부터 나오는 놀이 형태로 시작한다

오르프가 자신의 교육에 가장 중요한 동인(動因)으로 삼은 것이 바로 '어린이로부터 나오는' 것이다. 이때 어린이로부터 나오는 그것은 언어적인 것이며 움직임과 함께할 뿐만 아니라, 그 자체가 이미 음악적이며 극적인 활동으로 전개되는 '놀이' 라는 점에서 늘 즐거움을 선사하고 이를 통해 거기에 몰입할 수 있도록 해 준다.

5) 우리말 의미의 강조를 위해 필자는 '원초적' 이라고 번역하기로 한다.

자유롭게 진행되는 놀이에도 자신의 차례를 기다리며 상대방을 배려하는 질서(놀이규칙)가 요구된다. 어린이들은 그 과정을 통해 반복되는 행동과 협동의 어려움을 넘어 즐겁게 학습할 수 있다. 오르프 슐베르크는 음악과 함께 다양한 움직임[6] 및 말놀이를 통해 학습동기를 극대화시키고자 한다. 거기에는 무엇보다도 저마다의 무한한 상상력과 예술적 표현 능력이 최대한 계발되고 구현되도록 독려하는 의도가 숨어 있다. 따라서 원초적 음악을 구성하는 이 세 가지 주요 활동(음악, 움직임, 말)은 어느 하나가 다른 것들에 비해 보다 더하거나 덜하지 않는, 서로 동등하면서도 다른 것들과 항상 유기적으로 관계를 맺는 하나의 활동이 되어야 한다. 따라서 교사는 이 세 가지 학습 영역을 서로 연결시키되 각 연령의 특성 및 개인의 발달별 상황을 고려하여 적절한 수업을 계획하고 진행해 나가는 노력을 해야 한다.

(3) 작은 의식(儀式)을 통하여 학습한다

오르프 활동은 가급적 소규모의 의례를 치르듯이 하여 수업 절차마다 뜻별한 의미가 있음을 알도록 유도한다. 어린이들은 흥미롭거나 활동적인 것에 진지하게 임한다. 이때 아이들에게는 놀이와 학습이 따로 구별되지 않는다. 원초적 음악과 신체 표현 교육의 영역에서 놀이 없는 학습이나 학습 없는 놀이는 상상할 수 없다. 반복 형식의 수업을 통해 교사는 항상 학생들이 그 효과를 느낄 수 있도록 시도한다. 반복적인 놀이의 과정에서 얻은 결과물은 어떠한 형태로든 공연되도록 이끌어야 한다. 이때 교사는 학생들이 소규모의 의도적인 절차(공연 형식)를 통해서라도 진지하게 학습내용을 숙지할 수 있는 기회를 갖게끔 해 주는 것이 바람직하다. 특정한 노래나 인사 노래로 수업을 시작하거나 마칠 수 있다. 노랫말을 한 번은 악기로 표현하고, 또 한 번은 춤을 추거나 노래할 때 뛰뛰기를 하거나 손뼉을 치는 등 그룹과 솔로를 교대하며 누구나 자기가 할 수 있는 만큼 다양한 역할을 수행할 수 있도록 한다. 학생들이 몸으로 동작을 구상하거나 호

---

6) 실제로 오르프 슐베르크 악보에는 움직임에 대한 교수 내용과 그 설명이 생략되어 있는 까닭에 이 활동 영역이 강조될 필요가 없는 것으로 오해하기도 하지만 그것은 잘못된 해석이다.

흡연습, 리듬 또는 가락을 표현하는 능력과 관련한 연습을 반복할 때에도 교사는 매번 비슷한 형식으로 하나의 의식을 갖추도록 이끈다. 작은 놀이를 통해 다양하게 연습했던 내용을—예를 들어 즉흥으로 단순하게 만들어 불러본 노래를—부모님이나 다른 동료학생들 앞에서 연주하게 하는 방법으로 공연을 지도할 수 있다. 이렇듯 자연스러운 공연과 참관수업 경험은 학생들이 작품을 수많은 관중 앞에서 공연하게 될 경우에라도 실수할 걱정을 하기보다는 연주에 집중하는 즐거움을 느낄 수 있도록 도와줄 것이다.

(4) 그룹별 활동을 강조한다

오르프 슐베르크는 무엇보다도 그룹별 활동을 선호한다. 작품연주 활동 중에 개별 훈련 및 단독적인 과제가 있을 수 있다. 그러나 다른 이들의 음악활동 및 연주 혹은 반주와 무관하게 솔로로 노래하거나 연주하는 경우는 거의 없다. 최소한 2명 이상의 그룹지도를 원칙으로 삼는다. 이 두 사람은 하나의 작품을 재현하거나 즉흥적으로 연주함에 있어서 동등한 자격으로 음악활동에 참여한다. 원칙적으로 그룹의 규모는 제한되어 있지 않다. 왜냐하면 당장 사용할 수 있는 악기들의 수나 공간적인 조건, 또 다른 여건에 따라 수시로 다르게 정해질 수 있기 때문이다. 그러므로 오늘날 교사들이 제기하는 한 학급의 학생 수가 너무 많아 교수법을 적용하기가 어렵다는 문제가 오르프 슐베르크를 적용하지 못하는 사유가 되지는 않는다. 물론 오르프 수업을 위한 공간 확보는 필수적인 조건이다. 즉, 모든 어린이들이 손뼉 치고, 발을 구르고, 무릎을 치며, 악기를 연주할 수 있는 공간이 요구된다. 만일 학교 건물 내에 그런 별도의 수업 공간이 마련되어 있지 않다면, 최소한 교실의 책걸상을 한쪽으로 밀어 붙여서 넓은 공간을 확보하거나 과감히 다른 공간(체육관, 운동장 등)을 이용하여야 한다.

오르프 음악수업에서는 교사는 경우에 따라 학생의 파트너가 되어야 한다. 교사는 주제를 제시하고 동기를 유발시킴으로써 학생들의 과제 수행과 문제해결을 도와주어야 한다. 이렇게 학생들 스스로 자신의 아이디어와 제안으로 수업의 내용을 함께 구성하며 진행하는 상황이 자주 전개되도록 이끌어 준다. 학생들이 각 개인으로 함께 구성된, 그래서 다양한 요구와 능력들을 지닌 것을 체험하도록 교사는 적절한 과제 제시와 연주역할을 찾아야 한다. 학생들 전체가 함께 과제와 연주를 수행할 수 있도록 각자 자신들의 능력을 계발하는 데 힘쓰게끔 격려해 주어야 할 것이다. 또한 '전체' 및 '그룹'이 함의하는 바가 무엇인지 체험하는 일은 중요하다. 각자의 순간적인 희망사항을 한 번쯤 양보하고, 전체 혹은 그룹에게 주어진 과제가 비록 어렵게 느껴지더라도 함께 해결하기 위해 서로 협력하고 방법을 모색하는 일은 매우 소중한 경험이 된다.

(5) 모든 나이에 적용이 가능하다

원초적인 음악활동은 모든 나이에 적용될 수 있다. 물론 악보의 선택 및 발성영역과 관련하여서나 그 밖의 음악적이고 기술적(技術的)인 측면을 요구하는 입장에서는 당연히 나이에 걸맞게 고려되어야 한다. 『오르프 슐베르크, 어린이를 위한 음악』이 출간된 후 1960년대 독일에서는 교육과정을 개정하면서 우선적으로 6~14세의 학생들을 대상으로 하는 '음악과 신체 표현 교육'이 실시되었다. 이때 교육을 받는 학생의 수준에 따라 같은 원리라도 단순해지거나 복잡해지는 형태상의 변화를 거친다. 따라서 오르프 슐베르크는 두 교육용 작품에 수록된 곡을 제대로 연주하는 법에 대해 가르치는 것이 아니라는 점에서 넓은 의미의 음악교육방법론으로 평가될 수 있다. 오르프 슐베르크는 1924년 처음 예비교사를 위해 귄터학교의 음악과 움직임 교육에서 시작되어, 1950년대에는 일선 학교의 모든 어린이와 청소년을 대상으로 하는 음악, 언어, 신체 표현 통합교육으로 발돋움하였으며, 1960년에는 장애인들을 위한 오르프 슐베르크 음악치료와 노인들을 위한 복지활동과 연계된 교육 형태로 계속 발전되고 확대되었는데, 여기에는 오르프 슐베르크만의 기본교육 원칙이 가지고 있는 특성이 배경이 된다. 오늘날에도 전(全)세계 다양한 문화권에서 연령별로 다양한 교재의 개발이 추진되고 있으며, 정규학교뿐만 아니라 유아교육기관 및 사회교육기관, 직장, 양로원 및 요양원 그리고 병원과 가정에서도 오르프 슐베르크 교육이 다각적으로 적용되고 있다.

(6) 원초적인 음악교육의 실현을 위하여 특별한 지도자가 요구된다

오르프 슐베르크 지도자는 특별히 크게 세 가지 범주에서 자질을 인정받아야 한다. 첫째로 인격적인 품성을 갖추어야 하고, 둘째로 교육에 관한 열정이 있어야 하며, 셋째 전문적 기량을 구비해야 한다. 이것은 다만 오르프 음악교육의 정신과 의도가 보다 효과적으로 전달되고 또 그 목표를 극대화하여 달성할 수 있기를 바라기 때문이다. 그러므로 교사는 생기 있게 노래하고, 분명하게 말하며, 간단하지만 정확한 방법으로 악기를 연주할 수 있어야 한다. 또한 균형 잡힌 신체 상태와 바른 자세를 통해 춤추는 동작을 취할 때 분명하게 표현하여 학생들이 집중하여 모방하거나 지시에 응할 수 있도록 지도해야 한다. 설명으로만 길게 전하는 것보다 훨씬 더 효과적으로 학생들의 학습의욕을 고취시킬 수 있는 모범적인 동작을 선보일 수 있는 기량을 닦아서 어떤 연령의 피교육자든 적절하게 지도할 수 있어야 한다.

3) 『오르프 슐베르크, 어린이를 위한 음악』의 내용 체계[7]

『오르프 슐베르크, 어린이를 위한 음악』(이하 악보상에서는 『오르크 슐베르크』)의 내용 체계는 오르프 음악교육의 척도를 마련하고 이후의 교육이 어떤 방향으로 가야 하는지를 제시하고 있다. 이러한 의미에서 각 권에 수록된 개별적인 악곡을 상세히 살펴볼 가치가 있다.

(1) 제1권

① 제1부

우선 다장조 5음 음계로 된 운율과 동요곡이 제시되었다(1~64번). 우리나라의 〈짝짜꿍〉 〈곤지곤지〉와 같은 전래동요처럼 보호자의 말과 동작을 반복적으

7) Orff, C., & Keetman, G. (1950-1954). *Orff-Schulwerk, Musik für Kinder*. [Bde. I-V]. Mainz. (1978-1982 재판)

로 경험한 아기들이 어느 순간 말과 동작을 따라하는 것 같은 자연스러운 놀이 상황이 연속적으로 이루어지도록 다양한 전래동요가 많이 사용되었다. 이러한 전래동요를 가지고 음악활동을 하면서 움직임을 표현해야 하는 것과 관련해서 오르프 슐베르크에 안무가 표기되어 있지 않는 이유는 실제 수업을 하면서 다양한 방법으로 안무를 짜 보도록 하기 위함이다.

무용수업을 담당했던 귄터는 전래동요의 가사에 어울리는 표정을 살린 마임이나 몸짓을 표현하는 움직임은 어디까지나 어린이가 평소에 하는 자연스러운 동작 혹은 잠재적으로 표출할 수 있는 움직임에서 나와야 한다고 보았다. 따라서 그녀는 걷기, 뛰기, 튀어오르기, 기어가기, 나르기, 밀기, 끌어당기기 등 특별히 교육이나 훈련을 받아서 수행할 수 있는 동작이 아닌 일상에서 취할 수 있는 어린이의 동작형태를 기준으로 삼고 점차 어른을 흉내 내는 모방 동작이 단계적으로 훈련되도록 무용 안무를 지도하였다. 귄터는 어린이들이 보이는 장애물이 없는 곳에서 펄쩍 뛰기와 깡총거리며 뛰기, 급하지 않을 만큼 뛰기, 어지럽지 않을 만큼 돌기, 보통걸음으로 걷기, 발이 꼬이게 걷기, 엄지발로 균형잡기 등의 특별히 어떤 목적하에 움직이지 않는 다양한 동작의 형태를 움직인다는 것이 무엇을 말하고, 말한다는 것이 무엇을 말하는 것인지 미처 모르는 원초적인 감정의 표현방법으로 보았다(Thomas, 1977: 62).

② 제2부

리듬과 가락연습 I을 위해 단어나 말에 리듬을 붙이는 말리듬연습, 손뼉 치기 시범과 이를 따라할 수 있는 리듬, 손뼉 치기한 리듬에 가락과 가사 짓기를 할 수 있는 리듬, 오스티나토 형태로 된 반주리듬, 오스티나토 반주가 있는 솔로리듬, 제시된 리듬을 이어서 혹은 보충하여 즉흥연주, 리듬 론도연주 연습곡과 과제곡, 리듬 반주가 있는 노래곡, 리듬카논, 무릎치기연습, 제시된 가락을 이어서 혹은 보충하여 즉흥연주, 한 대와 두 대의 음판악기를 위한 오스티나토 연습, 론도연주, 카논연습곡으로 구성되어 있다.

③ **제3부**

제1부와 2부에서 경험한 학습 및 연주 내용들을 고스란히 악기로 연주하도록 한 기악곡이 총 44곡이며 크게 세 그룹으로 구분되어 정리되어 있다. 이어서 각 부분에 대한 '지도지침' 과 오르프 악기를 연주하는 모습을 나타내는 사진 부록이 실려 있다.

(2) 제2권

기반은 보르둔과 오스티나토의 기초적인 즉흥연주기법으로 된 다장조 곡이 주를 이룬다.

① **제1부**

계명 '파' 가 추가되어 6음 음계로 된 곡(1~12번)과 '시' 음이 추가되어 7음 음계로 된 곡(13~26번)으로 구성되어 있다. 1권의 수록된 악곡에 비해 반주를 하는 악기 편성이 확대되었고, 연주 주법도 새로운 것들이 등장한다.

② **제2부**

1도화음과 2도화음, 1도화음과 6도화음이 추가 흔들리듯 규칙적으로 배열된 새로운 형태의 기법을 소개하고 있다.

악보 3-1 **『오르프 슐베르크』, 제2권 중**

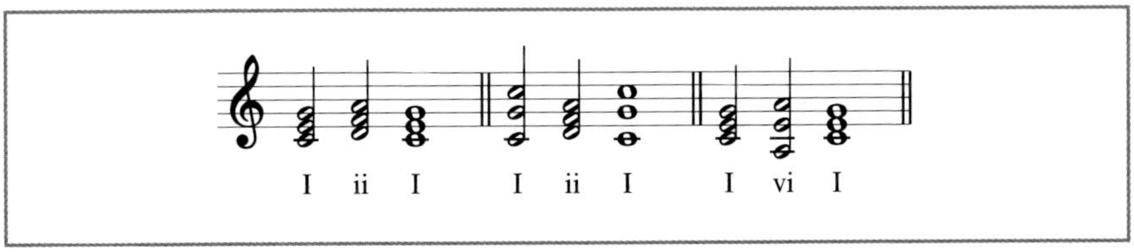

제1권 장조음계에서 그동안 1음과 5음에 비해 2음과 6음을 지나가는 음으로 간주했었다면 제2권에서는 동등한 권리를 가진 화음으로 1도화음(으뜸화음) 못지않게 2도화음(웃으뜸화음)과 6도화음(버금가온화음)의 중요성을 강조하였다.

이어서 각 부분에 대한 '지도지침' 이 수록되어 있다.

(3) 제3권

내용의 체계상 제2권의 제3부에 해당하며 장조 딸림화음으로 넘어가는 것을 소개하고 있다. 오르프는 제3권의 머리말에서 학생들이 단순 보르둔을 연주하면서 1음과 5음을 사용하는 것에 대해서는 익숙하지만 1도화음과 5도화음 간의 화성적 대립에 대해서는 별로 의식하지 않았을 것이라고 말하였다. 그래서 그는 이제 제3권에서는 딸림화음으로 반드시 연주해야 하는 부분을 인식하며 보르둔으로 연주하는 방식을 통해 새롭게 들어 보고 경험함으로써(예: 아래의 알토실로폰 악보에서 두 번째 마디의 두 박의 주선율은 1도화음에 속하는데 반주는 4도화음) 각별히 즉흥연주를 할 때 지나치게 관습적인 것에서 탈피하도록 유도하였다.

악보 3-2 『오르프 슐베르크』, 제3권, 63쪽 중

5도화음 악곡(1~10번), 다른 조성의 악곡(11~14번), 4도화음 곡(15~24번), 7도 음정과 9도 음정 연습곡(25~36번) 및 '지도지침' 으로 구성되어 있다.

(4) 제4권

단조로 된 새로운 음향을 경험한다.

① **제1부**

보르둔을 연습을 위해 에올리아 선법(1~25번), 도리아 선법(26~40번), 프리지아 선법(41~50번)의 악곡으로 구성되었다.

② **제2부**

화음연습을 위해 1도화음과 7도화음(1~7번), 1도화음과 3도화음과 다른 화음(8~20번)으로 구성되었다. 이어서 '지도지침' 이 실려 있다.

악보 3-3 **『오르프 슐베르크』, 제4권 중**

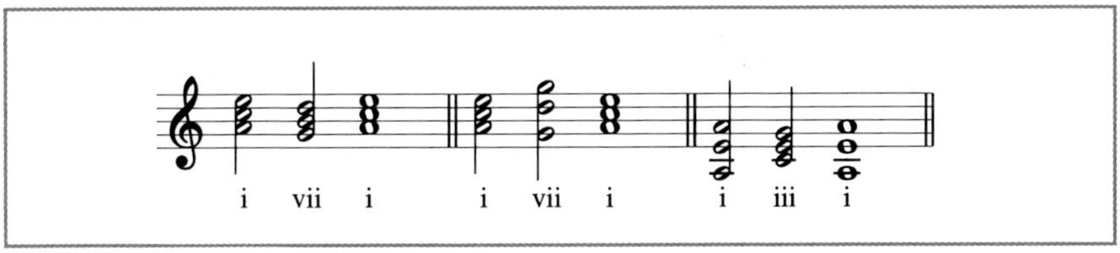

i도화음과 iii도화음의 교체는 가장 중요한 것으로 iii도화음의 세 번째 음('미')과 i도화음의 다섯 번째 음('미')이 공통적으로 겹쳐 반복적으로 움직이는 울림이 가능하도록 한다. 장조와 단조 사이의 음향면이 대조를 이루게 하는 것은 오르프가 선호하는 기법이다.

(5) 제5권

7음으로 된 단조음계에서 딸림화음을 집중적으로 연습하여 원초적인 화성의 기초를 다지는 내용으로 구성되어 있다. 오르프가 3년에 걸쳐 연구한 결과물로 내용상 제2권의 제3부와 흡사하다. 내용은 이끔음(계명 '시')이 없는 5도화음곡(1~10번), 이끔음이 있는 5도화음곡(11~20번), 4도화음곡(21~35번), 마침곡(36~40번)으로 구성되어 있다. 제1권에 이어 리듬과 가락연습 II가 좀 더 심화된 연습곡이 제시되어 연주자 수에 따라 즉흥으로 만들어 볼 리듬곡(1~4번), 두춤곡(1~2번), 이야기곡(1~3번)과 레치타티브(1~5번)와 피날레(괴테(J. W. V.

Goethe)의 〈파우스트〉 중) 및 '지도지침' 으로 짜여져 있다.

『오르프 슐베르크, 어린이를 위한 음악』은 수업에 적용될 때에도 '훈계식의 색조' 를 결코 띠지 않는다. 이는 곧 학교에서 가르쳐지는 음악교과서와는 근본적으로 구별되는 것임을 뜻한다. 비록 성악곡, 기악연주곡 혹은 체계적으로 학습해야 하는 즉흥 수업 내용들이 소개[8]되었다고 하더라도 말이다. 그래서 교사의 치밀한 수업 계획이 가능하고 또 요청된다고 하더라도 앞선 교과서의 제재곡 중심의 수업 형식은 오르프의 교육이념 및 개념에 결코 중요한 자리를 차지하지 못한다. 오르프 슐베르크에서는 악곡을 잘 연주할 수 있을 때까지 가르쳐 주는 것이 교사의 책무가 아니다. 오르프 슐베르크의 내용 체계를 이해하고 그 속에 담긴 의미를 파악함으로써 피교육자 각자의 창의적-예술적인 본성을 일깨우는 것이 오르프 교수법의 기본 정신이라는 것을 알아야 한다.

3. 교수방법

1) 오르프 슐베르크의 즉흥연주기법

오르프 슐베르크에서 원초적인 즉흥연주란 음을 연출(Klangregie)하는 다양한 구성양식을 수용한다. 여기에는 한편으로는 작곡을 위한 구체적인 기법이 해당될 수 있으며 또 다른 한편으로 상당히 추상적인 연출지시도 해당할 수 있다. 이와 같은 이유에서 원초적인 음악은 그 활동 영역이 매우 넓고 깊어진다. 어린아이들의 놀이 중 '무의식적인' 몸동작에서부터 '나름대로 의미를 부여한' 동작에 이르기까지, 그리고 일정한 형식의 춤동작을 줄거리에 맞게 표현하는 것이나

8) 전 5권에 걸쳐 아카펠라 성악곡과 반주 있는 성악곡의 수는 총 200곡, 기악곡의 수는 총 244곡, 스스로 시도 및 연습해 보아야 할 연습곡은 31과제명과 1,025곡이다.

커다란 목소리를 내는 것, 고대의 비극에 등장하는 합창단의 노래로부터 오늘날의 시낭송에 이르기까지 다양한 영역을 두루 포함한다.

오르프 슐베르크 음악교육의 최종 목표는 즉흥연주이다. 즉, 소리의 길이, 높낮이, 어울림 등의 재료를 가지고 악곡의 짜임새를 즉흥으로 구성할 수 있는 원초적 즉흥연주기법에 대해 토마스(W. Thomas)는 다음과 같이 정리한 바 있다(Thomas, 1977: 95-123).

(1) 기초적인 기법

⏮ 보르둔(Bordun)

보르둔('보르둔' 은 독일어 발음이고 영어로는 '드로운', 프랑스어로는 '부르동' 이라고 발음한다)은 일반적으로는 단조롭게 지속되는 낮은 음을 가리킨다. 보르둔은 원래 백파이프처럼 변함없이 동시에 울리는 소리가 근본적으로 어울리는 소리를 내는 연주 형태를 말하며, 유럽 음악의 다성음에서 사용된 지속저음의 성부에 대해서도 보르둔이라고 불렀다.

오르프 슐베르크에 쓰인 보르둔은 처음에 음판악기로 연습한다. 연주방법은 크게 단순 보르둔과 변주 보르둔으로 구분된다.

① 단순 보르둔

단순 보르둔이란 해당 조성의 1음을 근음으로 하고, 이 근음(으뜸음)과 화성적으로 가장 잘 어울리는 5음(딸림음)을 사용하는데, 이 두 음의 옥타브음도 함께 사용하여 변함없이 지속하여 연주하는 단순기법을 일컫는다.

악보 3-4 『오르프 슐베르크』, 제1권, 100쪽 1번, 3번, 10번

② **변주 보르둔**

변주 보르둔이란 리듬분할과 이웃하는 음들을 사용한 선율의 변화를 위 성부에만, 또는 아래 성부에만, 또는 두 성부 모두에게 적용한 변주기법에서 볼 수 있다.[9)]

- 오른손 또는 왼손 변주 보르둔

표기된 음표기둥의 방향에 따라 ♩은 오른손, ♩은 왼손으로 연주한다.

악보 3-5 **「오르프 슐베르크」, 제1권, 100쪽 17번, 18번, 21번**

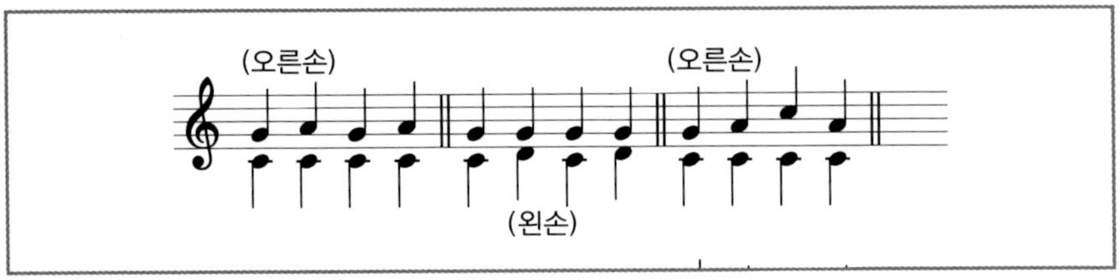

- 양손 변주 보르둔

악보 3-6 **「오르프 슐베르크」, 제1권, 100쪽 25번, 26번, 30번**

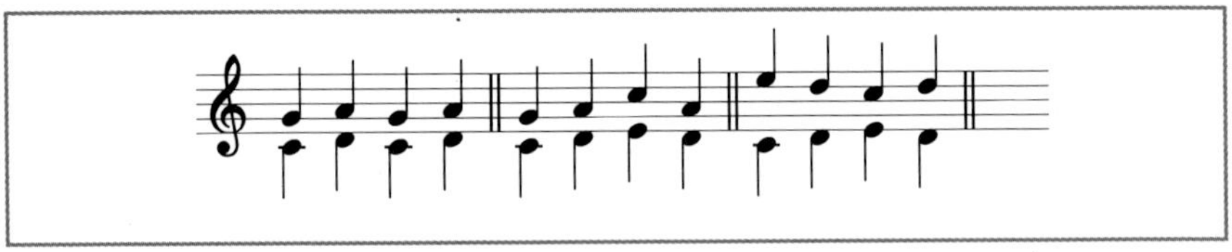

⏮ 오스티나토(Ostinato)

오스티나토는 이탈리아어로 '고집 센' 이라는 뜻으로서, 한 악곡의 부분이나 전반의 동일 성부에서 동기나 주제가 '줄곧 동일한 형태로 반복되어' 연주되는 것을 말한다.[10)] 한 악곡에 1개의 오스티나토(ostinato, 단수형) 혹은 여러 개의 오

9) 이는 12세기의 멜리스마틱 오르가눔과 같은 대위법적 음악이나, 17세기의 쉿츠(H. Schütz), 쿠프랭(F. Couprin)과 같은 작곡가의 다성음악을 상기시킨다.

10) 이 기법의 역사는 13세기의 모테토의 테너 성부에서 흔히 볼 수 있으며, 때로는 베이스에 나타나기도

스티나티(ostinati, 복수형)가 사용될 수 있다.

오르프 슐베르크에 쓰인 오스티나토[11]는 1마디나 2마디로 이루어진 리듬동기나 선율동기를 적절히 확대 혹은 축소시킬 수 있으며 보르둔과 다양한 방법과 형태로 조합되어 악곡을 구성하게 된다.

① 리듬 오스티나토

한 악곡을 연주하면서 한마디 혹은 그 이상의 길이로 된 리듬동기를 반복적으로 연주하는 것을 말한다. 목소리 및 악기로 리듬동기를 반복적으로 표현할 때와 신체를 이용하여 특정한 리듬 동작을 반복적으로 표현하는 것 모두 이 리듬 오스티나토에 포함시킬 수 있다. 다음의 곡은 두 사람 혹은 두 그룹이 연주할 때 제2성부의 연주자가 신체악기, 말리듬, 혹은 움직임을 통해 리듬 오스티나토를 연주하는 예이다.

악보 3-6 **「오르프 슐베르크」, 제5권, 94쪽 101번 중**

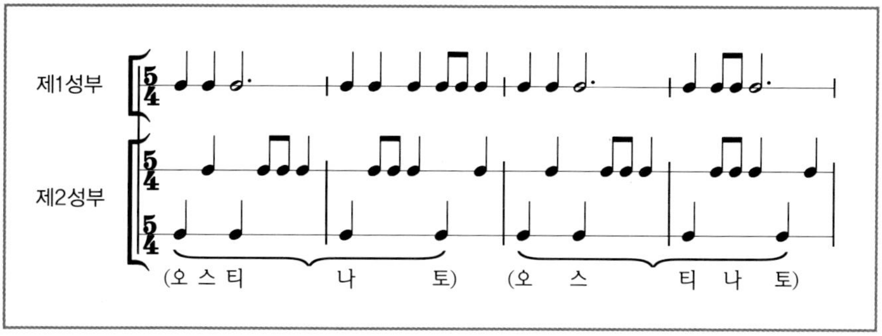

② 선율 오스티나티

동일한 화음 내에서의 연주되는 여러 성부의 선율동기가 제각기 반복 연주됨

하는데, 이것을 바쏘 오스티나토(basso ostinato) 또는 영어로 그라운드(ground)라고 한다. 16세기에는 오스티나토의 기법이 무곡에 쓰여 리듬을 강조하였으며, 20세기에 들어와서도 오르프뿐만 아니라, 힌데미트, 바르톡, 스트라빈스키, 메시앙에 의하여 광범위하게 사용되었다.

11) 각 리듬동기, 선율동기의 오스티나토는 일반적으로 해당하는 마디에 되돌이표를 사용할 수도 있다. 여기에서는 반복 연주할 리듬동기, 혹은 선율동기를 겹세로줄로 표기하였다.

을 말한다. 하나의 선율동기를, 예를 들어 한 손에 실로폰 채 1개로 연주를 하였다면 점차 두 손에 2개의 채, 두 손에 3개의 채, 두 손에 4개의 채로 오스티나토로 연주를 하면 결국 두 번째 성부, 세 번째 성부, 네 번째 성부의 선율이 겹쳐진다. 다음의 곡은 글로켄슈필과 실로폰으로 연주할 수 있는 예로 양손을 좌우에 위치하게 하거나 교차하면서 연주를 할 수 있는 경우이다. 글로켄슈필 연주 부분의 선율동기가 위, 아래 2개의 오스티나티, 실로폰 연주 부분의 선율동기도 각각 위, 아래 2개의 오스티나티가 있다.

악보 3-8 『오르프 슐베르크』, 제1권, 104쪽 18번, 105쪽 1번, 104쪽 19번

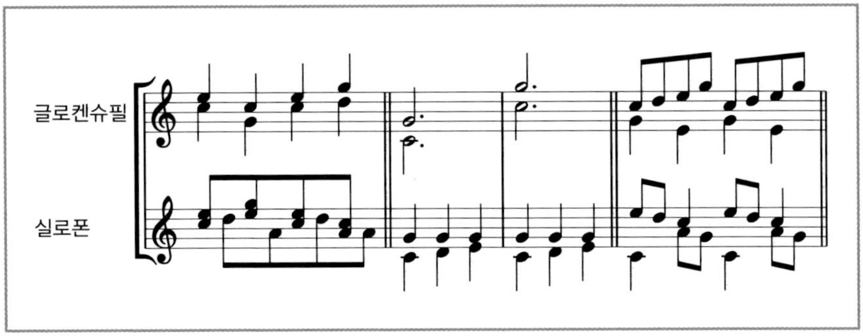

③ 화음 오스티나티

한 마디 안에 2개 이상의 화음이 반복적으로 나오는 것을 말한다. 즉, 다양한 음역의 음판악기로 동시에 연주할 경우 가능한 한 반주 선율을 드러나게 하지 않고 주선율의 흐름을 최대한 부각시키는 것을 말한다. 아래의 악보는 중간 성부에서 소프라노와 알토실로폰, 메탈로폰과 같은 악기로 반주를 하고, 이 반주에 맞춰 글로켄슈필과 같은 악기로 위 성부의 주선율을 연주하고, 큰북 또는 팀파니와 베이스 등의 악기로 아래 성부의 리듬 및 저음의 화음을 맡도록 분담할 수 있다. 중간 성부의 반주는 윗으뜸화음(ii)과 으뜸화음(I)이 교대로 반복되는 동안 마치 주선율의 흐름을 보강해 주는 역할을 하고 있다.

악보 3-9 『오르프 슐베르크』, 제4권, 108쪽 3번-1a 중

④ **음향 양탄자(Klang-Teppiche)**

이는 오스티나토의 변주 형태로서 악곡의 성부를 많은 사람이 노래하거나 많은 악기로 연주할 때 각 성부 나름대로 각자의 오스티나토를 1마디, 2마디, 4마디, 그 이상의 간격을 두고 연주할 때 생기는 밀접한 음들의 연결이 마치 양탄자를 깔아 놓은 효과를 내는 연주기법을 가리킨다.

⏮ 호른 5도 음정(Hornquinten)

호른 5도 음정은 오르프에 의해 고안된 즉흥연주기법은 아닌데 고전주의 작곡가들이 예전에 악곡의 종지를 딸림화음에서 으뜸화음으로 끝마치는 기법을 일컫는다. 여기서 중요한 점은 이끔음이 없는, 즉 '시' 음을 사용하지 않는 선율이 연주되어야 한다는 점이다. 『오르프 슐베르크, 어린이를 위한 음악』 제3권의 내용에 호른 5도 음정을 사용한 즉흥 춤곡들이 소개되어 있다.

악보 3-10 『오르프 슐베르크』, 제3권, 16~21쪽

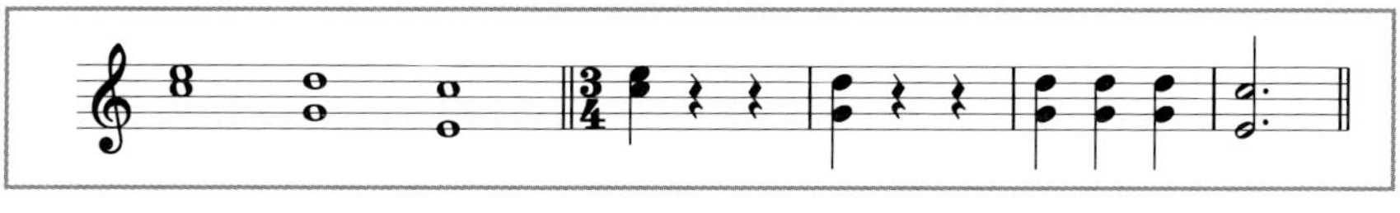

⏮ 말라게냐(Malageña)

'말라게냐' 는 남부 스페인의 춤곡인 말라가(판당고 춤의 일종)에서 유래한다. 화성적 구조에서 살펴볼 때 아래 성부의 선율인 4도 음정('라' → '미')이 하향 단조 테트라코드(연속하는 4음의 최저음과 최고음이 완전 4도 음정으로 되어 있고 3, 4 음이 반음)으로 되어 있다. 그래서 다음의 악보처럼 프리지아 선법의 음계를 연상시킨다.

악보 3-11 **말라게냐의 기본형**

다음 악보는 말라게냐 기법에 의한 합창 성부와 한 음으로 낭송하듯 말하는 솔로 성부가 섬세하게 연주하는 예를 보여 준다.

악보 3-12 **『오르프 슐베르크』, 제4권, 43쪽 수수께끼노래 〈최고로 멋진 다리〉 중**

(2) 세부적인 기법

⏮ 3도 음정 범위 내에서 선율짓기

원초적인 음악을 위해 3화음 중 근음과 5음은 5도 음정을 이루며 단순 보르둔 형태의 베이스 선율을 담당하고, 3음은 위 성부의 주선율로 연주하는 것을 말한다. 3음은 그런 점에서 선율의 발전을 도모하는 '원동력' 으로서 정지하거나 움직이는 5도 음정의 베이스를 좀 더 고무시킨다. 다음 악보 예시처럼 주선율의 첫 음 계명 '도' 는 라단조의 3음에 해당한다. 이 음을 중심으로 아래 3도 음정(라~도)과 위 3도 음정(도~미) 범위 내에서 선율을 전개하는 일은 원초적인 즉흥연주를 위해서도 매우 중요한 발판이 된다. 이와 같은 활동은 이미 오르프 자신도 『오르프 슐베르크, 어린이를 위한 음악』의 '지도지침' 을 통해 충분히 강조하였다.

악보 3-13 『오르프 슐베르크』, 제4권, 132쪽 15-1번 중

⏮ 단조의 선율적 요소로서 이끔음 '시' 의 사용

단조 음계에서 이끔음은 으뜸음과 관련하여 특별한 의미를 갖는다. 그리고 이끔음은 화성적 단음계를 결정하는 기능 외에도 자연적 단음계 및 가락 단음계를 이루는 음에 속한다. 이로써 즉석에서 다양한 연주 방법을 가능하게 한다. 동일한 곡에서 어느 부분에 어떠한 단조 음계의 이끔음이 사용되었는가를 생각하며 즉흥으로 선율을 연주하는 방법은 약간의 훈련이 필요하다.

악보 3-14 『오르프 슐베르크』, 제5권 '지도지침', 139쪽 러시아 민요

⏮ 3화음, 4도와 5도 음정의 병진행과 결합

오르프 슐베르크에서 3화음을 이용하여 선율 즉흥연주를 하는 방법에는 다섯 가지가 있다.

① 1음, 3음, 5음이 기본적으로 밀집된 위치(도, 미, 솔)의 병진행
② 음과 음 사이의 간격을 넓게 벌어지도록 3음을 한 옥타브 위에 올려 위성부의 선율을 연주하도록 하는 개리 위치(도, 솔, 미')의 병진행
③ 3음이 근음의 기능을 담당하는 제1전위 밀집 위치의 병진행(미, 솔, 도' = 폭스보르동)
④ 제1전위된 밀집 위치의 3음을 한 옥타브 위에 올려 위 성부의 선율을 맡도록 하는 제1전위 개리 위치(미, 도' , 솔')의 병진행
⑤ 아래 성부에서 한 음이 계속 붙여져 소리 나는 지속음이나 보르둔 반주와 더불어 위의 유형에 속하는 어떠한 3화음 병진행이 함께 결합하여 즉흥연주되도록 하는 방법이 있다. 주의할 사항은 감5도 음정이 되지 않도록 해야 한다는 것이다. 다음의 악보는 위 성부 4도 음정과 중간성부 3도 음정, 베이스 성부의 근음이 병진행하며 연주되는 예를 보여 준다.

악보 3-15 『오르프 슐베르크』, 제4권 '지도지침', 156쪽

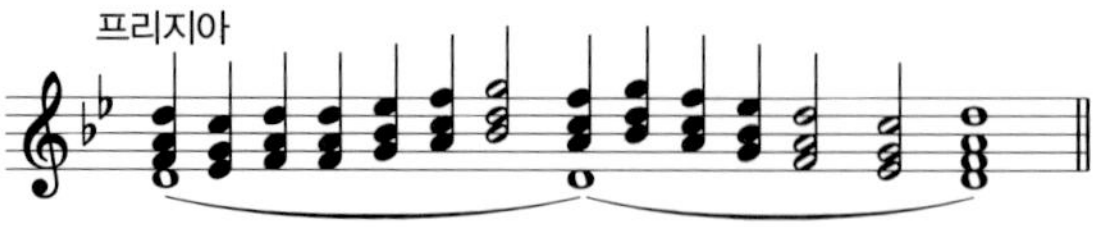

완전4도화음과 완전5도화음은 독립적으로 병진행시킬 수도 있고 두 화음을 동시에 결합시킬 수도 있다. 오르프는 또한 이러한 병진행과의 결합에 사용된 음들은 원하는 악기로 모든 음역에서 중복하거나 꾸며 주어 여러 차례 연주해 보도록 권하고 있다.

악보 3-16 **『오르프 슐베르크』, 제5권 '지도지침', 139쪽**

⏮ 데스칸트 선율짓기와 꾸밈음 사용

주어진 선율이나 악곡에 하나의 새로운 성부를 추가하여 자유롭게 연주하는 것을 데스칸트—대선율에 속함—라고 하며 이는 즉흥연주기법에서 빠지지 않는 중요한 연습에 해당한다. 화음과 형식의 느낌을 살리기 위해서는 무엇보다도 새로운 선율의 흐름이 자연스러운 것이 중요하다. 데스칸트 선율은 경우에 따라서는 병진행으로 흘러갈 수도 있으며 또는 주선율과의 불협화음에 대해서도 거리낌이 없어야 한다. 데스칸트 선율을 즉흥으로 연주하는 것이 익숙하지 않은 경우는 우선 음계의 순차 진행에 따라 시도하면 쉽게 할 수 있다. 그다음에 3도 음정으로, 6도 음정으로, 리듬꼴에 변화를 주는 등으로 확장시킬 수가 있다. 뿐만 아니라 데스칸트 선율은 반드시 위 성부에서만 연주하는 것이 아니다. 중간 성부에서 연주하거나 베이스 성부에서도 훌륭히 연주할 수 있는데 표시가 분명히 나도록 하면 된다. 어느 정도 경험과 연습을 하다 보면 적절한 곡에 대한 판단이 된다. 제5권의 '지도지침' 에서는 데스칸트 선율을 만드는 패턴을 다음과 같이 소개하고 있다.

악보 3-17 **『오르프 슐베르크』, 제5권 '지도지침', 142쪽, 프랑스 동요 〈아비뇽다리 위에서〉 중**

데스칸트 선율 즉흥연주와 달리 꾸밈음 만들기는 주선율의 가락선에 장식을 하는 것이다. 전통적 작곡 기법에 따라 '장식'을 할 수 있는 방법에는 앞 짧은 · 앞 겹 · 뒤 짧은 · 뒤 겹 꾸밈음, 트릴, 모르덴트 등이 있다. 원초적인 즉흥연주의 기법에는 음표로 표기할 수 있는 장식음 이외에도 악보에 정확히 표기할 수 없는 꾸밈음도 허용된다. 중요한 점은 연주자가 순간적으로 떠올린 것을 지속적으로 반복하여 기보할 수 있어야 한다는 것이다.

⏮ 리듬과 선율의 조합

리듬과 선율을 서로 합하여 즉흥연주를 하는 방법에는 일반적으로 리듬꼴을 먼저 만들고 가락선을 그려볼 수도 있고, 바꾸어 대략의 가락선에 구체적인 리듬꼴을 완성하기도 한다. 이러한 방법들은 물론 오르프 슐베르크에서도 많이 쓰이고 있다. 즉, 리듬동기 또는 선율동기 중에서 반드시 리듬동기부터 시작해야 한다기보다는 경우에 따라 어떠한 방법으로 시작을 해도 무방하다. 그럼에도 리듬과 선율을 조합하여 악기로 연주하는 즉흥연주기법은 어느 정도 연습모델을 정하여 시도할 수 있다. 이를 위해서 우선적으로 자연스러운 리듬의 흐름을 파악하기, 자연스러운 리듬의 흐름에 선율붙이기, 어떤 악기로 연주할 수 있는지 결정하고 악기편성하기 순서로 한다. 독일어판 『오르프 슐베르크, 어린이를 위한 음악』의 제5권 81쪽에 1명의 연주자 또는 그룹을 위한 단순한 리듬동기를 모델로 하여 선율짓기와 악기로 연주할 리듬 반주를 즉흥으로 연주할 수 있는 사례를 '지도지침' 에 다음과 같이 제시하고 있다.

① 주어진 리듬을 이용하여 선율을 짓고 리듬악기로 반주

악보 3-18 **『오르프 슐베르크』, 제5권 '지도지침', 147쪽**

② 리듬동기를 3도 음정 내에서 오스티나토로 선율짓기

2명이나 2그룹 또는 3그룹이 연주하는 2개의 리듬동기 중에서 제2연주자 성부의 단순한 한 마디 리듬동기를 원하는 음판악기로 반주하는데, 3도 음정 내에서 선율을 만들어 오스티나토로 시작한다. 제1연주자의 리듬동기는 원하는 다양한 선율악기로 2성부를 이루는데, 이때 3도 음정이 병진행하도록 하여 자유롭게 연주하는 예이다.

악보 3-19 『오르프 슐베르크』, 제5권 '지도지침', 148쪽

③ **폴리리듬(Polyrhythm)동기와 빈번한 박자 변화에 따른 선율짓기**

〈악보 3-20〉에 주어진 2개의 리듬동기는 2명 혹은 두 그룹이 연주하는 예이다. 제1그룹은 혼합박자로 이루어진 4마디 길이의 리듬동기 2를 오스티나토로 연주한다. 이 반복적인 리듬은 반주 성부의 선율을 이루며 동시에 보르둔의 으뜸음을 추가하여 안정적인 화음의 기초를 마련한다. 제2그룹의 리듬동기 1은 주선율의 토대가 된다. 즉, 리듬동기 1과 리듬동기 2의 박자들은 도돌이표를 전후하여 5박자와 7박자의 구조로 되어 있다. 주어진 리듬동기들의 박자표기가 각 성부에서 독립적으로 되어 있어 전체적으로 한눈에 알아보려면 약간의 연습이 필요하다. 중요한 것은 각 마디에 제시된 박자표를 일일이 세어 가며 연주하기보다는 한 프레이즈 정도의 오스티나토 단위를 먼저 파악하는 것이다. 여러 성부로 구성된 하나의 악곡에서 각 성부마다 독립적으로 변박되어 단순하면서도 서서히 복잡한 기법들이 조화를 이루는 다양한 즉흥연주의 경험을 하도록 한다.

악보 3-20 『오르프 슐베르크』, 제5권 '지도지침', 150쪽

⏮ 돌림, 카논, 론도 연주 형태

작곡기법에 의해 성부의 짜임새가 확정되면 악곡의 연주 형태를 고려하게 된다. 2명의 연주자 또는 2개 이상의 그룹이 있을 경우에 가장 쉽게 시도해 볼 수 있는 연주 형태가 바로 돌림연주이다. 돌림연주란 단성부의 한 곡을 여러 성부로 나누어 일정한 시간적 간격을 두면서 모방 기법에 의해 시작하였다가 역시 순서적으로 끝마치는 것이다. 예를 들면, 계명 '미' 음으로 시작하여 '도' 음으로 끝나는 곡이라면 각각의 성부에서도 그렇게 끝마쳐야 한다. 카논연주도 하나의 모방 기법으로, 시작은 돌림연주와 같은데 끝마치는 경우엔 어떤 임의의 곳에서 모든 성부가 동시에 끝마쳐야 한다. 예를 들어 '미' 음으로 시작한 곡은 끝마치는 곳에서 '도, 레, 미, 솔, 라' 등의 음들이 동시에 어우러져 소리가 날 수도 있다.

론도는 주제부 사이마다 에피소드를 두어 주제가 반복되는 형태로, 즉흥연주에 아주 적합한 형식이다. 론도연주에서 우선은 에피소드 부분만을 즉흥으로 연주하는 것이 쉽게 접근하는 방법이며, 이 활동이 익숙해지면 점차 주제부도 즉흥으로 연주하도록 한다. 론도연주에서 중요한 것은 에피소드 즉흥연주 부분들이 서로 대조를 이루도록 하는 것이다. 주제가 반복될 때 이어지는 에피소드가 또 하나의 색다른 절정에 이르게 할 만한 악상을 순간적으로 떠올리는 연습을

하다 보면 분명히 론도음악의 형식을 이해하는 데 많은 도움이 된다. 『오르프 슐베르크, 어린이를 위한 음악』에서는 돌림, 카논의 형태가 자주 사용되고 있다. 게다가 론도는 처음에는 A-B-A-C-A의 단순 론도 형식에서 시작하여 점차 복잡한 구성의 론도 형식으로 발전되어 그 쓰임새가 다양하다.

2) 오르프 악기의 종류와 주법

'오르프 악기'는 오르프 슐베르크에서 주로 사용되는 악기와 오르프 수업에서 사용될 수 있는 모든 악기를 총칭한다. 오르프는 민속음악가인 작스(C. Sachs)의 조언을 통해 다양한 민족들이 사용하는 많은 작은 타악기와 북 종류의 악기들을 어린이들과 일반인들이 쉽게 연주하도록 교육적으로 재발견하고 발전시켰다. 1930년에는 오르프의 제안에 따라 뮌헨의 악기제작가 멘들러(K. Maendler)에 의해 알토실로폰과 소프라노실로폰이 처음 제작되었다. 계속적으로 교육적 활용성을 적용시켜 현재의 음판악기로 발전하였다. 오르프 악기는 언제 어디서나 사용할 수 있으며, 풍부한 음악적 표현과 인상을 구체화하고, 기술적인 연습행위도 자유롭게 할 수 있도록 하는 장점이 있다. 악기의 음악교육적 가치는 무엇보다도 연주활동이 자유롭고, 악기의 구입이 손쉬우며, 그 악기의 소리가 음악활동에 유익해야 하는 측면들이 서로 조화를 이룰 때 바람직하다고 평가될 수 있다. 오르프 악기의 활용은 유아와 어린이 음악교육, 중등학생과 성인을 위한 음악교육, 음악치료 활동 영역 등 음악교육의 모든 영역에서 이루어진다. 또한 이들 악기는 즉흥연주와 노래 반주, 음악이론 학습, 신체 표현과 춤의 반주 등에서 다양하게 쓰인다. 오르프 악기에는 대략 다음과 같은 종류가 있다.

- 신체악기: 발구르기, 무릎치기, 손뼉 치기, 손가락 튕기기, 가슴치기 등
- 음판악기(선율타악기):  실로폰(B, A, S),  메탈로폰(B, A, S),

 글로켄슈필(A, S),  팀파니 등

- 선율악기: 리코더, 플루트, 바이올린, 첼로, 기타 등의 선율을 연주할 수 있는 악기
- 리듬악기:  리듬막대,  우드아고고,  캐스터네츠,  나무관북[12], 마라카스,  귀로,  콘서트벨스,  템플블럭,  비브라슬랩,  카우벨,  윈드차임,  메탈쉐이커,  트라이앵글,  심벌즈,  방울다발,  띠방울,  손가락 심벌즈,  라체트,  카바사,  아고고벨,  봉고,  콩가,  탬버린,  테북,  유리잔, 소리 나는 돌멩이, 채찍 등

(1) 신체악기

⏮ 신체악기의 활용

신체악기는 엄격히 말하면 어떤 물체를 인위적으로 만들어서 소리를 내는 일반악기와 성격이 다르다. 하지만 오르프 음악활동의 특징 중 하나인 특별히 리듬을 강조하는 활동을 위해 자연적 · 원초적인 활동으로 신체동작의 일부분을 의도적으로 소리가 나도록 악기화시킨 것이다. 움직임의 표현에 있어서도 신체악기 동작은 당연히 '동작의 유형' 에 속하지만, 여기서 신체악기는 음악적인 연주 및 반주의 기능에 무게를 두어 악기의 범주에 속하도록 하였다.

손뼉 치기는 소리를 내는 방법에 따라 다양한 음색을 경험할 수 있게 한다. 서로의 소리를 잘 듣기 위해서는 센소리보다 여린 소리를 내는 것이 더 적당하다. 이를 통해 음색의 다양성에 대한 정교한 청각 발달에도 도움이 된다. 무릎치기는 왼쪽과 오른쪽의 다양한 무릎 부위를 치는데 역시 양손과 손가락을 다양하게

12) 이 악기의 이름을 두고 의견이 분분하다. 원래 이 악기의 이름은 독일어 발음으로 '홀쯔뢰렌트롬멜' 이다. 이를 해석하면 Holz[홀쯔]는 나무, röhren[뢰렌]은 관, trommel[트롬멜]은 북을 뜻하여 필자는 나무관북이라고 지칭하기로 한다.

사용하여 음판악기 및 대부분의 타악기를 미리 연습할 수 있는 좋은 기회를 제공한다. 무릎치기 동작은 두 무릎과 두 손을 쓰기 때문에 다양한 연주 방법이 나올 수 있는데, 그만큼 기보를 정확하게 해야 한다. 왼손과 오른손의 표시는 음표기둥의 방향을 보고 알 수 있다.

악보 3-21 무릎치기의 기보

손가락 튕기기의 소리가 잘 안 나는 경우엔 혀끝으로 소리 내기 등으로 대체할 수 있다. 발구르기의 다양한 동작 훈련은 춤동작을 위한 기초가 되기도 한다. 그 밖에 가슴을 두드리거나 손등을 비비는 것처럼 다른 신체 부위에서 소리가 나는 것도 신체악기의 동작에 포함시킬 수 있다. 하지만 눈을 윙크하는 동작과 같이 소리가 나지 않는 동작은 해당하지 않는다. 어떤 곡의 반주 및 연주를 하기 위해 동작을 통해 얻어지는 소리가 각자의 연주능력에 따라 조화를 이루고, 좋은 소리가 나며 정확한 리듬이 표현되는 것이 필수적이다.

⏮ 신체악기 연습을 통한 학습 형태

① 메아리모방으로 연습하기

한 사람이 소리 내는 것을 메아리가 울리는 것처럼 바로 이어서 따라한다. 처음에는 교사가 시작하고 점차 학생이 그 역할을 담당한다. 또한 첫 번째 사람이 소리 낸 것을 두 번째 사람이 곧이어 따라한 후, 두 번째 사람은 세 번째 사람을 위한 리듬을 연결하여 연주한다.

악보 3-22 손뼉치기 메아리모방의 예

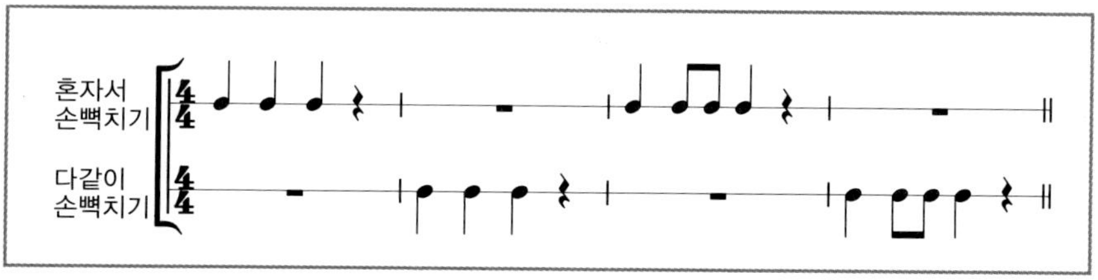

② 중복모방으로 연습하기

첫 번째 사람이 손뼉 치는 소리를 잘 듣고, 다음 사람이 이를 따라하는 동안 첫 번째 사람은 마디를 연결하며 다른 리듬꼴을 연주한다. 즉, 두 번째 사람은 앞의 소리를 연주하는 동안 동시에 첫 번째 사람의 새로운 소리를 듣고 기억하여 연달아 연주한다.

악보 3-23 손뼉 치기 중복모방의 예

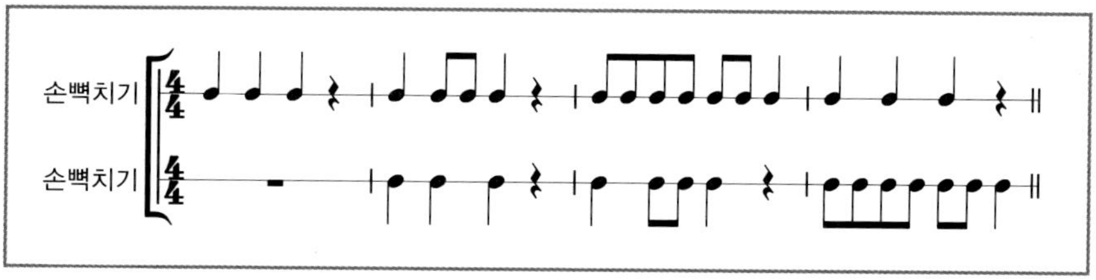

③ 동시모방으로 연습하기

교사 혹은 한 사람이 하는 동작을 순간적으로 똑같이 따라한다. 이를 동시모방이라고 한다.

④ 돌림, 카논, 론도 형식으로 연주하기

혼자서/다같이, 그룹/그룹, 단성부/다성부로 구성하여 하나의 신체악기 동작 또는 다양한 동작을 섞어서 전주, 후주, 반주 형태로 또는 AA', AB(문답형), ABA, 돌림, 카논, 론도 형식으로 연주할 수 있다.

⏮ 활동 예-신체악기 연주하고 기보하기, 유아~성인 대상

① 시나 글에 나오는 특정 단어를 선택하여 신체악기 동작으로 표현한다.

② 악곡의 음표나 쉼표에 따라 신체악기 동작으로 표현한다.

③ 원하는 모양의 기호를 사용하여(예: 왼/오른발= ⌋ / ⌊, 왼/오른손 손가락튕기기=  손뼉 치기= ＊등) 악보의 마디 위에 직접 그려 넣는다. 이것을 보고 신체악기 동작으로 표현하면 반주가 완성된다. 이때 동작이 엉키지 않고 즉시 여러 차례 반복할 수 있을 정도로 쉽고, 잘 어울리는 것을 선택하게 한다.

④ 다양한 길이(예를 들어, 한 마디~여러 마디)의 리듬동기를 만들어 오스티나토로 신체악기 앙상블을 연주한다.

⑤ 악곡의 형식에 따라 신체악기를 위한 리듬꼴이 구별되도록 반주한다. 또는 주어진 악곡 전체를 A로 간주하고, B, C, D등을 즉흥연주를 하게 한다.

⑥ 각 수준별로 신체악기 즉흥연주가 능숙하게 되면 수준에 맞게 기록한다. 이때 신체의 구조상 발구르기에서 손가락 튕기기의 방향으로, 즉 아래에서 위 방향으로 기보하며, 특히 왼쪽과 오른쪽 및 특별한 주법도 정확히 표기하게 한다.

(2) 음판악기

⏮ 음판악기의 종류

① 실로폰( 소프라노, 알토, 베이스)

공명체 위에 나무(대부분 자단나무를 쓴다)를 원료로 만든 나무음판이 올려져 있다. 음판악기군의 음향적 중심은 알토실로폰이 형성한다. 소프라노실로폰은 알토실로폰보다 한 옥타브 더 높고, 베이스실로폰은 알토실로폰보다 한 옥타브 더 낮은 음역을 내도록 되어 있다. 실로폰은 즐거운, 슬픈, 밝은, 어두운, 꺼칠하게 갈라지기 쉬운, 감성적인 것과 같은 감정 표현에 적용된다. 일반적인 기법으로는 멈춤 치기, 글리산도, 포도송이 치기, 문지르기, 스치는 울림 연주, 손가락

트레몰로 연주 등이 있다.

② 글로켄슈필(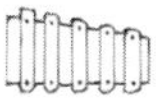 **소프라노, 알토)**

공명체 위에 니켈 도금 음판이 올려져 있어 맑고 청명한 소리를 낸다. 그래서 해, 꽃, 밝은, 빛나는, 향기 나듯, 날카로운 분위기 등을 표현하는 데 적합하다. 글로켄슈필은 매우 절제해서 사용되어야 한다. 이 악기의 지나치게 밝은, 흡사 날카로운 소리는 때에 따라 아름답기보다는 거북한 느낌을 불러일으킬 수도 있다. 실로폰의 연주기법과 동일한 것 외에도 특별한 표현을 목적으로 할 경우 나름대로 기법을 발전시켜 본다.

③ 메탈로폰( **소프라노, 알토, 베이스)**

공명체 위에 알루미늄 도금 음판이 올려져 있다. 음판은 연주의 울림을 전체적으로 받쳐 주는 지주(支柱) 역할을 한다. 이 악기 소리는 부드러우면서도 낭랑하여 고요한, 믿음직한 분위기를 낸다. 실로폰의 연주 방법과 같이 연주한다.

음판악기를 처음 구입하고자 한다면 사람의 음역과 일치하는 알토실로폰을 권한다. 그런 다음 점차 악기의 종류와 음역을 보충하되 특별히 베이스 악기는 필수적이다. 우선은 온음계의 음판과 한 악기당 최소 2개 이상의 채가 필요하며 높이를 조절할 수 있는 연주용 받침대를 갖추는 것이 이상적이다. 반음계 음판은 점차 필요에 의해 보충해 나갈 수 있다. 덧붙여 상이한 악기제조사의 악기를 구입할 경우 조율기술에 따른 음역의 미세한 차이와 음명 기입에 차이가 있음을 숙지하도록 한다.

⏮ 음판악기의 연주

① 악기의 위치와 자세

기본적으로 연주자는 서거나 앉아서 연주할 수 있으며 그때마다 악기의 음판이 엉덩이 높이에 있도록 하는 것이 좋다. 음판의 위치가 무릎 높이보다 약간 더 올라오도록 하여 가볍게 앞으로 몸을 숙이는 자세가 되게 하는 것이다. 경우에 따라서 아주 짧은 시간 동안 바닥에 무릎을 꿇고 앉아 연주하는 것도 가능하다. 음판악기를 서 있는 자세에서 연주할 때는 상체가 곧게 펴진 채로 악기를 연주할 수 있는 위치에 악기가 있어야 한다.

채는 가볍게 붙잡되 용수철이 튕기듯 하고, 손등이 위로 향하게 한다. 내려칠 때 채의 봉은 음판의 중앙에 위치하게 한다. 연주를 손쉽게 하기 위해서 사용하지 않는 음판들은 따로 떼어놓는 것도 가능하다. 악보를 보고 연주할 경우, 음판악기를 바라보는 시선이 흐트러지지 않도록 적절한 위치에 보면대를 설치하는 일도 중요하다. 음판악기 연주를 위한 기보 및 독보에서 먼저 알아둘 것은 오른손과 왼손의 표기 방법이다. 일반적으로 표기된 음표의 악보를 보며 연주할 때는 오른손과 왼손을 교대하며 연주하되 악구의 흐름에 따라 연주를 쉽게 해 주는지에 따라 결정한다. 2성부를 양손으로 연주할 때는 음표기둥이 위에 있으면 오른손으로, 아래에 있으면 왼손으로 연주하도록 하는 것을 가리킨다.

② 음판악기 연주기법

2개의 채를 이용할 경우, 초보자는 먼저 양손의 채를 동시에 내려치는 연습을 해야 한다. 그런 다음 각 손을 교대로 바꿔가며 차례차례 연주하는 훈련을 한다. 그리고 가끔씩 2개의 채를 서로 십자 모양으로 교차시키는 방식으로 연습을 한다. 한 손에 2개의 채를 사용할 때에는 좁은 음정을 연주할 때는 채 사이에 검지를 넣는 것으로 충분하다. 이때 채의 끝 부분은 손바닥으로 감싸 쥐는 형태를 띠는데, 약지와 연결된 손바닥 부위쯤이 채의 끝 부분에 닿도록 하는 것이 연주에 용이하다. 능숙한 연주자의 경우 양손에 2개의 채를 사용할 수 있는데 이때 중요한 점은 양손의 움직임이 가능한 한 골고루 배분되어야 한다는 것이다. 트레몰로 연주는 연주해야 할 음판의 중앙 부위를 빠르고 짧게 한동안 두드리는 것을 가리킨다. 한 손의 엄지와 검지를 이용하여 2개의 채를 위 아래로 붙잡고 원하는 음판 끝자락을 두 채 사이에 위치하게 한 뒤에 위 아래로 부딪쳐 소리가 나게 하는 방법도 있다. 글리산도 연주는 왼손에 채를 하나 잡고 높은 음부터 가장 낮은 음에 이르기까지, 오른손으로는 낮은 음부터 높은 음으로 모든 음판들을 미끄러지듯 소리를 내는 방법이다. 그 밖에도 하나의 채로 리듬에 맞춰 공명통의 윗부분 혹은 옆 부분을 두드릴 수도 있다. 클러스터 연주는 악기에서 1개의 음판을 떼어내어 일정한 음판들을 가로질러 두드리는 것을 가리킨다. 하나의 실로폰 혹은 메탈로폰으로 두 사람이 동시에 연주할 수도 있다.

⏮ 활동 예-실로폰 채를 이용하여 사전 활동하기, 초보자 대상

① 양손의 실로폰 채로 풍선 하나씩을 잡는다. 풍선을 공중에 띄우고 내려오는 풍선을 채로 받는다. 손목의 힘을 조절하여 풍선이 바닥에 떨어지지 않도록 한다. 다양한 방법으로 풍선을 주고받는다.

② 등을 바닥에 대고 누워 의자 위에 다리를 90도 각도로 올린 다음 풍선을 다리 사이에 끼우고 채로 쳐 본다. 교사는 알토실로폰으로 공명된 소리와 막힌 소리를 내고, 이를 들은 학생들이 채를 풍선에서 떼거나 맞닿게 한다.

③ 2박자, 3박자, 4박자에 맞춰 채를 바닥에서 잡고 옆 사람에게 전달할 수 있다. 분할리듬에는 무릎이나 어깨, 바닥을 두드리며 오른쪽 혹은 왼쪽으로 전달한다. 아는 노래를 부르면서 학생들이 제시한 다양한 채 전달 방법으로 박자를 맞추어 반주할 수 있다.

(3) 북

⏮ 북의 활용

오르프는 원초적인 음악을 시도하던 초창기부터 북에 대한 특별한 감정을 가지고 있었다. 오르프는 "처음부터 북이었다—북은 춤을 추도록 유도한다(Orff, 1975: 21)" 고 말하였다. 만일 어떤 공간에 많은 종류의 북을 놓아 둔다면, 어느 누구든 간섭하거나 방해하지만 않는다면, 그야말로 지칠 때까지 연주할 것이다. 이를 위해 과제를 제시하거나, 연주하는 데 도움이 되는 어떤 상상도 필요치 않다. 악기와 공간과 시간만 주어진다면 마음껏 북을 연주할 수 있다. 자유롭게, 형식에 얽매이지 않고, 실험적인 연주를 한동안 한 후엔 점차 일정한 형식을 찾거나 연주의 형태가 특유의 형식으로 전개된다. 여기에서 반응과 변화를 발견하고 연주자들끼리 의사소통이 되도록 시도해 본다(Widmer, 1977: 52).

⏮ 북의 종류

① 테북( 손북, 핸드드럼)

바닥에 앉아서 연주할 때는 두툼한 천을 받치거나 다리를 펴고 그 위에 올려놓는다. 의자에 앉은 채 무릎 사이에 악기를 고정시키고 연주하는 것은 약간의 연습을 하면 크게 어렵지 않을 것이다. 이때 악기는 너무 크지 않아야 한다. 테북은 이동 동작을 하면서도 연주할 수 있으며, 바이올린을 쥐듯이 테북을 잡고 연주를 하면 악기의 풍부한 음량을 느낄 수 있어 좀 더 집중할 수 있다. 가능한 한 지름이 다양한 테북을 준비하여 사용한다. 한 손은 북을 수직 방향으로 느슨하게 잡는다. 다른 손의 한 손가락이나 여러 손가락, 엄지손가락으로 북의 가장자리와 가죽 면을 동시에 친다. 또는 다양한 채로 연주를 할 수도 있으며 이때의 울림과 셈여림은 매우 다양하게 변화를 줄 수 있다. 아주 작은 소리를 내고 싶을 때는 손가락 끝으로 치며 울림이 잘 될 수 있도록 튕기는 동작에 유의한다. 특별한 음향효과, 즉 탁탁한 혹은 둔탁한 소리를 원할 때는 한 손바닥을 북위에 두고, 다른 손의 손바닥이나 주먹으로 연주할 수 있다. 트레몰로 기법은 두 손가락으로 북의 가장자리 가까운 곳에서 실시한다. 연주가 끝난 다음에는 반드시 북의 가죽을 당기고 있는 나사를 풀어서 보관해야 한다. 그래야 테북의 가죽 면이 쉽게 상하지 않고, 좋은 음향을 계속 유지할 수 있다.

② 탬버린 

찰찰이 테북이라고도 하며 테 부분에 세 쌍 또는 여섯 쌍의 찰찰 소리를 내는 금속판을 집어넣은 것이다. 대부분은 이 금속판이 2개씩 겹쳐져 놓여 있다. 연주 기법상 손가락으로는 가죽 소리를 내는 데 적당하고, 엄지 볼로는 금속판 소리를 내는 데 적당하다. 테의 가장자리를 치면 금속판만 소리 날 뿐, 가죽소리는 전혀 나지 않는다. 여린 소리를 낼 때는 엄지가 중지의 손마디를 받친 상태에서 중지로 치며, 센소리를 낼 때는 엄지로 다른 나머지 손가락 모두를 받친 상태에서 연주한다.

③ 큰북 

제자리에 서서 항상 부드러운 털봉 채로 북의 가운데나 가장자리를 친다. 우리의 심장과 맥박의 리듬처럼 연주해 본다.

④ 봉고 

받침대로 고정하면 훨씬 수월하게 연주할 수 있다. 앉아서 연주할 경우에는 무릎 사이에 끼운다. 지름이 작은 북이 오른쪽에 위치하도록 한다. 손을 살짝 안으로 구부려 가장자리 쪽을 튕기듯 두드린다. 즉, 손가락은 가죽 면을, 손바닥은 가장자리에 위치하도록 한다. 트레몰로 기법은 두 손가락으로도 가능하며, 다양한 채로도 두드릴 수 있다.

⑤ 팀파니 

합주에 아주 유용한 악기이지만, 연주자에게 좀 더 주의 깊은 연주 훈련을 요구한다. 왜냐하면 연주자가 때로 스스로 조율하거나 기보할 수 있는 능력이 있어야 하기 때문이다. 북의 중심에서 가장자리까지를 세 등분하여 가장자리 쪽에서 정확히 1/3지점에서 가장 좋은 소리가 난다. 여기에 채의 종류에 따라 소리의 질이 좌우된다. 2개의 부드러운 털가죽으로 감싼 봉으로 제작된 채를 이용하여 최대한 느슨하게 연주된다. 트레몰로 연주를 위해서는 손목 스냅을 이용한다.

⑥ 콩가 

어린이의 경우에는 선 상태에서, 성인의 경우에는 앉아서 하나의 북 또는 쌍으로 된 북을 연주한다. 많은 연주기법 중에서 자주 사용되는 기법은 손이 즉시 튕겨 오르는 열림 기법과 손바닥을 가죽에 대는 막음 기법이다.

⑦ 슬리트드럼 

4면이 나무로 된 직사각형으로 되어 있는데, 윗면에 홈을 파서 생긴 음판에 고무로 된 채로 연주한다.

(4) 작은 타악기

⏮ 흔들이 악기

악기를 흔들었을 때 내용물이 움직여 소리가 나는 '흔들이' 악기로 다음과 같은 것들이 있다.

① 마라카스 

몸체와 그 속에 채워진 재료에 의해 소리가 결정된다. 이 악기는 연주하기 쉬워 보이나 복잡한 리듬을 연주할 때는 많은 연습과 높은 기량이 요구된다. 한 손으로 손잡이를 꼭 쥐고 다른 손은 펴서 손바닥에 악기의 둥근 부분을 친다. 양손으로 잡고 아래로 향하게 하여 돌리거나 수직으로 잡고 손목의 스냅을 이용해 가볍고 짧게 흔든다.

② 종다발  **, 방울다발**  **, 방울띠** 

움직이는 음악활동에 적합하다. 방울다발은 나무 손잡이 부분, 방울띠는 가죽끈의 끝부분을 잡고 박자에 맞춰 흔든다. 다른 손으로 잡고 있는 손위를 치면 짧고도 악센트가 분명한 소리가 난다. 방울띠는 발목, 혹은 손목 부위에 묶어서 리드미컬하게 움직인다. 방울막대는 다른 손으로 손잡이 반대쪽 위를 친다.

③ 대나무찰찰이  **, 징글스틱** 

어떻게 잡고 있느냐에 따라 다양한 소리를 낸다. 금속판이 가로로 놓여 있으면 소리가 짧게 나고, 세로인 경우에는 긴소리가 난다. 빠른 트레몰로를 연주할 때는 세로로 하여 흔든다.

④ 쉐이커

대나무쉐이커  는 대나무 몸체에 알갱이가 들어 있어 흔들면 소리가 나는 악기이고 메탈 쉐이커, 과일쉐이커  는 마라카스와 같은 방법으로 연주한다. 레인메이커는 비가 오는 것과 같은 특수한 음향 효과를 낼 때 사용하는데, 다양한 크기와 길이로 되어 있는 것을 위에서 아래로 내용물이 천천히 혹은 빨리 내려오도록 위치를 조절하면서 소리의 강약을 표현한다. 비브라 슬랩  은 한손으로 철사부분을 잡고 손바닥 한가운데로 둥근 부분을 치면 철사로 연결된 끝부분이 진동한다. 대체로 악곡 끝부분에 여운을 남기는 느낌을 주기 위해 연주한다.

⏮ 나무로 된 타악기

① 리듬막대 

악기 자체에 울림 공간이 없으니 한 손의 손가락을 붙여 손바닥을 오므려 공간을 만든다. 그 손의 손톱 위에 리듬막대 하나를 가볍게 올려놓는다. 다른 손으로 나머지 막대를 놓치지 않을 만큼 가볍게 잡고 두드린다. 이동을 하는 경우에는 각 손에 막대 하나씩 잡고 한 막대 위를 다른 막대가 크게 혹은 작게 친다. 끝을 서로 마주보게 하여 치거나 한 막대 위를 다른 막대가 좌우로 문지르는 기법 등이 있다.

② 캐스터네츠

스페인의 전통악기로 일명 '짝짝이' 인데, 아주 단단한 나무로 만들어졌다. 춤을 추면서 한 손의 두 손가락을 이용하여 연주를 하는데 손가락에 걸 수 있도록 끈이 달려 있는 것이 특징이다. 이 끈을 이용하여 엄지와 중지에 악기를 고정시키고, 서로 마주치게 하여 소리를 낸다. 캐스터네츠의 올바른 사용 및 연주법은 그 자체로 하나의 예술이다. 자루캐스터네츠  는 한 손으로 손잡이를 잡고 다른 손의 쫙 편 손바닥 위를 친다. 또는 아래로 향하게 하여 흔든다. 자루의 양끝에 캐스터네츠가 달려 있는 경우는 수직으로 유지하여 잡고 단숨에 흔든다. 콘서트캐스터네츠  는 나무판 위에 2개의 캐스터네츠가 고정되어 있어 그 위를 가볍게 두드려 연주할 수 있다.

③ 우드블럭 

나무토막북이라고도 하며 한 손의 손바닥을 펴고 그 위에 악기를 올려놓고, 홈이 파인 부분의 위를 나무봉의 채로 두드린다. 물론 특수한 음향효과를 기대할 때에는 다양한 부위를 다양한 채로 시도한다. 어려운 리듬을 연주할 때는 2개의 채로 연주하는데 이때 악기를 올려놓을 수 있는 부드러운 천을 준비한다.

④ 나무관북 

한 손의 엄지와 검지로 가운데 가는 부분을 잡는다. 손잡이가 있는 경우에는 그곳을 잡는다. 이때 낮은 소리가 나는 쪽은 왼쪽으로 오게 하고 가늘고 길쭉하게 터져 있는 부분이 수평으로 유지되도록 유의한다. 보통은 나무봉의 채를 사용하나, 조용하고 어두운 소리를 위해서는 고무봉 채를 사용하기도 한다.

⑤ 귀로 

남아메리카에서 유래되었고 여러 가지 모양이 있다. 드르륵거리는 소리와 문두드리는 소리를 내는데, 나무 타악기 그룹에서 빠질 수 없는 악기이다. 밑의 두 구멍에 엄지와 검지를 넣어 잡고, 딸려 있는 가는 나무 채로 톱니꼴 위를 리드미컬하게 문지른다. 악기의 앞쪽 부분을 두드린다.

⑥ 템플블럭 

아시아에서 유래한 악기로 고무봉 채나 나무봉 채 등 다양한 채로 연주한다. 이 악기는 대개 다양한 크기로 많은 수의 악기가 한 세트로 되도록 연주하여 서로 다른 음높이의 소리가 나도록 사용한다.

⑦ 레코레코 

브라질에서 유래한 악기이다. 얇은 나무채로 톱니부분을 긁어 연주하는 것이 귀로와 흡사하다.

⑧ 라체트 

유럽에서 새해를 맞이하기 직전 액운을 몰아내기 위해 동네 아이들이 손에 들고 돌리면서 집집마다 다닌 것에서 유래한다. 그만큼 매우 큰 소리를 내는 악기이니 꼭 필요한 경우에 사용한다.

⑨ 우드아고고 

아고고벨의 모양과 비슷한데, 차이가 있다면 나무로 된 2개의 나팔형 관 부분을 긁거나 두드려 연주한다는 점이다.

⏮ 금속으로 된 타악기

① 트라이앵글 

고리 부분을 가볍게 잡으면 된다. 끈으로 된 경우는 끈 안쪽으로 검지를 넣고 엄지와 장지로 끈의 끝을 잡으면 악기가 잘 매달려 있다. 센소리는 아랫변을 두드리고, 여린 소리는 끈이 가까운 윗변을 연주하고 트레몰로 연주는 위 삼각의 안쪽을 좌우로 빠르게 연주한다. 아주 작은 트라이앵글은 바깥쪽에서 두드리는 것이 더 적절하다. 트라이앵글의 끈이나 줄을 지름이 가느다란 볼펜 정도의 플라스틱 관에 통과시켜 만들면, 작은 어린이들이 악기를 잡기가 훨씬 수월하다. 소리의 울림을 멈춰야 하는 경우 앵글을 손으로 꼭 붙잡는다.

② 매달린 심벌즈(징)  **, 심벌즈**  **, 손가락 심벌즈** 

받침대에 매달린 심벌즈는 다양한 채로 가장자리를 친다. 지름이 크고 작은 심벌즈는 가죽 끈으로 된 손잡이를 잡고, 넓게 손을 쳐들어 아래로부터 위로 원을 그리듯 서로 맞부딪친다. 소리를 멈출 때에면, 몸 부위에 짧게 대며 누른다. 연주할 때에는 손가락 심벌즈 하나의 아래 반쪽과 다른 하나의 위 반쪽을 서로 맞댄 채 스치며 친다. 가장자리 부분만 위, 아래 교대로 살짝 침으로써 건조한 듯한 소리를 낼 수도 있다. 손가락 심벌즈는 트라이앵글 채로 치거나, 부드럽게 마주치게 연주한다. 고무줄에 양손의 엄지와 검지를 끼워 넣고 연주하는 기법은 움직임의 동작을 창작하는 활동에 필수적이다.

③ 카우벨 **, 아고고벨** 

금속판을 나무채나 트라이앵글 채로 두드린다. 카우벨은 본래 방목하는 소의 목에 달던 방울로, 소가 움직일 때마다 소리 나는 것에서 유래했고, 아고고 벨의 아고고라는 이름은 길이가 서로 다른 2개의 나팔 형태가 나란히 있는 모양에서 나왔다. 필요에 따라 다양한 채를 사용하여 연주한다.

④ 카바사 

울퉁불퉁한 금속판에 쇠구슬이 맞대어져 한 손바닥 위에 쇠구슬 면을 올려 놓고, 다른 한 손으로 손잡이를 잡고 좌우로 돌리면 소리가 난다.

⑤ 콘서트벨스 

방울이 아래로 향하도록 손잡이를 잡고 그 손의 손목 부분을 다른 손으로 가볍게 두드린다.

⑥ 메탈쉐이커 

원통 몸체 안에 들어 있은 물체가 몸체에 잘 부딪쳐 소리 날 수 있도록 악기를 가로로 하여 가운데 부분을 엄지와 가운데 손가락으로 잡고 손목의 스냅을 이용하여 위아래로 흔들어 연주한다.

⑦ 윈드차임 

길이가 서로 다른 금속파이프가 나란히 엮어 있다. 채나 손가락으로 낮은 음에서 높은 음 방향, 혹은 반대 방향으로 글리산도 기법으로 연주한다.

(5) 현악기

원초적인 의미에서의 오르프 현악기는 줄을 뜯거나 활로 문질러서 연주할 수 있는 다양한 문화권의 많은 악기들이 포함될 수 있다. 예를 들어 터키의 자스, 러시아의 발라라이카, 하와이의 우크렐레(작은 기타 모양으로 4줄: 4-g', 3-c', 2-e', 1-a'), 중국의 비파 및 바이올린, 비올라, 첼로, 더블베이스 및 기타와 하프 등을 들 수 있다. 초보자인 경우 특별히 기능적인 면에서 맹훈련을 요구하는 악기라는 부담감 대신 소리를 실험적으로 내보는 시도를 해 본다. 교육용으로 나온 오토(크로마)하프, 슈트라이히프잘터(streichpsalter)  도 경험해 봄직한 현악기이다. 바이올린, 비올라, 첼로, 더블베이스 및 기타와 하프 등도 오르프 슐베르크에서 사용되었다.

(6) 관악기

관악기는 우리의 호흡을 통해 소리가 난다. 그러므로 사실상 그 소리는 제 2의 목소리이다. 2~3세의 유아들도 나름대로 힘차게 불기를 좋아하나 호흡조절이 제대로 되지 않아 때로 혀를 길게 내밀곤 한다. 오르프 악기에서 다루는 관악기는 주로 리코더인데, 항상 '아름답고 정확한 음' 만을 연주하고자 하는 것이 아니라 '너의' 음, '나의' 음을 연주하는 데 비중을 두어야 한다.

① 리코더

알토리코더는 어린이의 맑은 목소리와 가장 흡사하다. 학생들이 스스로 연주를 할 수 없을 때는 교사가 수업 시간 동안 가능한 다양한 음역의 리코더로 연주해 준다. 이로써 학생들은 리코더 종류에 대해 알고 어떤 음역의 리코더를 연주할지를 스스로 결정할 수 있다. 리코더는 운지법에 따라 바로크식(영국식)과 저먼식(독일식) 두 종류로 나뉜다. 바로크식 리코더 운지의 어려움을 개량하고자 독일에서 개량된 저먼식은 음정의 불안을 초래할 수 있으므로 바로크식 리코더의 사용을 권장한다. 리코더를 불기 전에는 반드시 윗 관을 따뜻하게 한다. 차가워진 리코더를 불면 취구와 관의 내부에 물방울이 생겨 음색이 나쁘고 음이 나오지 않게 된다. 양손으로 감싸 주거나 겨드랑이에 끼우거나 주머니에 넣어 악기를 적당히 따뜻하게 하여 튜닝을 정확히 하도록 한다. 리코더의 연주법으로는 호흡법(재빨리 숨쉬는 연습, 숨을 들이쉬고 내쉬는 연습, 횡격막 운동)과 혀의 움직임(텅잉) 및 아티큘레이션(논 레가토, 포르타토, 스타카토, 레가토)을 들 수 있다. 리코더를 이용한 활동의 예는 다음과 같다.

- 리코더의 각 부분을 아는 과정에서, 특히 윗부분만 가지고 호흡과 텅잉 연습을 놀이를 통하여 하기
- 취구에 입김을 넣지 않는 상태에서 이름대기, 동시나 노랫말을 말하면서, 운지법을 충분히 익힌다.
- 한 음(b)만 가지고 리듬 오스티나토 모방하기, 점차 두 음(b-g), 세 음(b-a-g) 등으로 음역을 확대하기.
- 앞의 3개의 음을 가지고 〈비행기〉 노래곡 부르기, 다함께 노래곡 연주 후 각자 자유로 즉흥연주 하다가 다시 다함께 노래곡 연주하기(예: A+즉흥연주+A).
- 다장조의 곡을 연습한 후에 f와 b가 나오는 곡을 연습한 후, 돌림, 론도, 데스칸트 선율을 만들어 본다.

② 로토스플루트 

리코더보다 작은 몸체로 되어 있고 아래 부분에 굵은 철사가 피스톤처럼 관속을 움직이며 선율을 연주한다. 대부분의 어린이는 처음 대하는 순간부터 이 악기가 말을 한다는 것을 알 수 있을 것이다.

③ 팬플루트

대나무를 길이 순서대로 엮어 빈병을 불듯이 연주한다.

④ 파이프오르겔관

나무 혹은 금속으로 되어 있다. 우리나라에서는 구하기 어려우나 기회가 된다면 부드러우면서도 깊은 파이프 오르겔의 음색을 체험하기를 바란다. 안개 낀

날의 선박의 사이렌, 증류기관차와 부엉이소리 등의 표현을 해야 하는 때나 다양한 연주놀이에 활용될 수 있다.

⑤ **카주**

머리를 빗는 빗에 입을 대고 노래를 하면 진동이 되어 울리는 원리처럼 소리가 나는 악기이다.

(7) 기타: 유리잔 악기 

여러 개의 유리잔은 글로켄슈필 그룹에 포함시킬 수 있다. 소리가 뚜렷하고 하나의 일정한 음높이를 내는 다양한 크기의 '유리잔' 이나 '크리스탈컵' 을 이용할 수 있는데, 음판악기를 기준으로 잔을 배열하고 연주할 수 있다. 물(액체)량을 조절하여 음높이를 '반음' 까지 준비하여 배치시키면 좋다. 최소한 5음계는 필수적으로 구비되어야 한다. 유리잔 악기는 글로켄슈필을 연주하는 채(나무 혹은 고무봉)로 연주되며, 서있는 상태로 연주하는 사람은 3개의 손가락으로 채를 붙잡고 유리잔의 가장자리를 두드린다. 이때 유의할 점은 채 고유의 무게를 이용하여서만 두드려야 한다는 것이다.

(8) 악기 배치

악기 배정은 합창단의 배열 순서와 같다. 그러므로 지휘자의 오른쪽에는 낮은 음을, 왼쪽에는 높은 음을 내는 악기를 배정한다. 악기 편성의 예는 기본적으로는 알토와 베이스의 음판악기가 베이스를 맡고 소프라노 및 글로켄슈필로 주선율 및 데스칸트 선율을 연주한다. 리듬악기는 최소의 배치로 최대의 효과를 누리도록 적재적소에 배치해야 한다. 이 중에서 처음부터 끝까지 사용되는 리듬악기와 효과를 살리기 위한 일명 '액세서리' 악기로서의 역할이 구분되어야 한다. 지나치게 많거나 큰 소리는 자재해야 한다. 함께 연주하는 악기 하나하나마다 그 역할이 분명히 드러날 수 있어야 한다. 이때 유사하거나 근접하는 악기 종류를 가급적 나란히 위치하도록 배정하는 것이 좋다. 각 악기 연주자 및 무용수에게 필요한 최소한의 공간을 고려하여 위치 및 영역을 설정해 주어야 한다. 음판악기의 경우 연주자가 스스로 마지막까지 정리하는 것을 책임질 수 있도록 한다. 이는 악기의 모든 부분에 대해 신뢰할 수 있도록 하기 위해서 필요하다. 이는 음명이 적힌 음판들의 올바른 배열에 대해서도 신속하게 파악할 수 있고, 교사의 별다른 지도 없이도 전체 음계의 음명을 익힐 수 있는 좋은 기회가 된다.

3) 신체의 움직임과 춤

모든 신체의 움직임과 춤 연습은 놀이와 공연을 통하여 분명히 표현되도록 수업 시간에 보다 적극적인 활동을 할 필요가 있다. 움직임 연습은 행위를 나타내는 단어들, 어휘, 이야기, 산문의 내용과 연결되거나, 노래로 불리거나 악기로 연주된 선율에 의해 반주될 수 있다. 또한 교사는 노래, 글, 연주와 관련된 움직임 및 신체 표현 동작들을 직접 즉석에서 만들어 낼 수 있어야 하며 동작의 조절을 위해 시작, 그만, 피하기, 착지 등의 용어를 사용할 수 있다.

(1) 신체의 자각 및 감각 활동

각 신체 부위를 사용하는 것은 일상생활에서 대부분 의식하지 않지만, 춤을 위한 동작이나 움직이는 수단을 위해서는 의도적인 선택이 필수적이다. 혼자 또는 사회적 범주에서 여럿이 표현하는 것에 반응하며 느낄 수 있는 신체의 각 부분을 의도적으로 구분하고, 그 부분들의 접촉을 통하여 목표된 의식과 움직임의 기본 경험을 심화시키는 것은 여러 감각기관과 관련하여 움직임의 감지를 도와줄 수 있다.

① 시각(예: 움직임의 관찰과 인식을 통하여, 공간의 방향을 통하여)
② 청각(예: 음향적 상황에 따라, 무엇보다 음악을 통한 울림에 고무되어)
③ 촉각(예: 접촉을 통하여)

④ 균형감각(예: 무게 중심 조절과 공간 방향 조절을 통하여)

⑤ 움직임감각(예: 몸의 자세에 대한 조절과 근육의 긴장 조절을 통하여)

(2) 원초적 움직임의 기본 형태

원초적인 신체 표현 교육을 지도하는 교사들의 가장 기본적인 임무는 학생들이 그때마다 바른 몸자세를 유지하고 있는지 살피는 일이다. 여기서 바른 몸자세란 평행으로 어깨 넓이만큼 벌린 두 발바닥 한가운데에 무게가 실려 있고 전체 몸이 반듯해야 하는데, 발목, 무릎, 엉덩이, 어깨, 목에서 머리까지 이르는 모든 관절이 수직으로 펴져 있는 상태를 말한다. 어린이들에게는 특히 척추, 골반의 위치, 발의 하중에 대한 자세를 세밀히 지도할 필요가 있다. 이렇듯 바른 몸가짐에서 춤 이론가 라반(R. v. Laban, 1981[영어본 1949/1975])이 제시한 다섯 가지 기본 동작을 체계적으로 학습하는 것이 유익할 것이다.

① 이동 동작

공간의 한쪽에서 다른 쪽으로 몸이 움직이는 형태(예: 걷기, 달리기, 기어가기, 홉, 점프, 스킵, 갤럽, 슬라이드, 턴, 특별한 춤의 스텝 등)이다.

② 제스처와 마임(비이동 동작)

제스처는 무게 중심이 변화하지 않는 가운데 신체 일부가 움직임을 취하는 경우(예: 어깨를 꿈틀하기, 찡그리는 얼굴, 구부리기/뻗기, 밀기/당기기, 추처럼 반복 움직임, 중심축 위로 움직임/중심축 아래로 움직임, 다양한 신체 부위로 공중에서 표기하기, 한 다리를 이리저리 흔들기 등)이다.

③ 뜀

상승하는 동작이나 중력의 반대쪽으로 향하게 하며 몸을 펴는 동작(예: 제자리에서 한 발로 뛰기, 쪼그려 앉아 있다가 몸을 쭉 펴 서기 등)이다.

④ 회전

다양한 부위 및 위치에서 돌기(예: 바닥에 앉은 채, 배, 무릎 등으로 돌기, 한 다리에 힘을 주며 자리에서 빙 돌기, 좁은 보폭으로 아주 길게 돌기 등)이다.

⑤ 정지(쉼)

겉으로 볼 때 정지 혹은 조용히 쉬고 있는 모든 자세(예: 발을 붙이고 팔을 펴고 높이 들어 올려 마치 화살처럼 길고 가느다랗게 서 있기, 공처럼 둥글고 작게 쪼그려 있기, 긴장 풀고 바닥에 누워 있기 등)이다.

(3) 움직임과 춤을 이해시키는 개념들

① 속도 개념

호흡프레이즈, 맥박, 느리게/빠르게, 슬로우 모션, 점점 빠르게/점점 느리게, 지속적으로 끊어지지 않는 움직임, 불균형/균형의 움직임, 리듬화, 동시에/차례로 등.

② 무게 개념

도약의 무게감, 긴장한 - 힘이 넘치게/ 가볍게 - 풀어진, 악센트 등.

③ 공간과 방향 개념

직선/곡선, 방향, 공간의 평면(예: 높은, 중간, 낮은), 신체의 평면(예: 수평으로, 정면으로, 화살모양), 공간의 넓이, 평행과 반대의 움직임, 대칭/비대칭, 바닥 패턴과 공중 패턴 등.

(4) 움직임과 춤의 기보

걷는 방향의 표기를 위해 그래프 형태의 기호 외에도 음악에서 쓰인 리듬의 음표표기법으로 사용될 수 있으며 임시기호를 통해 좀 더 근접하게 나타낼 수 있다. 처음부터 학생들에게 간단한 표기를 보여 주고 익숙해지도록 할 수 있다. 학생들이 기보된 리듬꼴을 보고 손뼉으로 치고, 발을 구르며, 말하는 등으로 연주하는 것처럼, 표기된 춤동작을 보고 손가락, 손 또는 발로 춤을 출 수 있다. 예를 들면 다음과 같다.

① ◁ ▷ 혹은 △: 춤추는 사람의 시선방향, 사람이 어느 곳을 쳐다볼 때 항상 얼굴에서 제일 뾰족한 코의 위치를 나타냄

② ∩ ∧: 여자와 남자

③ ← → ↔ ↕ ∽ ꟾ ⥀ : 직선 혹은 곡선의 춤추는 방향

④ ♩: 음표의 기둥이 위로 되어 있으면 오른발, 기둥이 아래로 되어 있으면 왼발이 바닥에 닿음. 음표의 머리 바로 위 혹은 아래에 ×또는 ·을 표시하면서 발 앞으로, 발 뒤로 다른 발이 교차하는 동작 등의 표기를 할 수 있다 (Haselbach, 1975/1979).

(5) 춤의 걸음걸이, 대형, 형태

수업 시간에 어떤 형태를 이루며 움직임과 춤을 표현할 것인지에 대해 언급할 경우에는, 즉 이를 구성하는 요소들로서 크게 걸음걸이의 종류(예: 뛰는 걸음, 옆 갤럽, 걸음걸이 바꾸기, 교차걸음, 뛰는 걸음, 양발로 뛰며 마치는 걸음 등), 춤의 공간적 모양새(예: 혼자/둘씩/작은 그룹 등으로 자유로이 공간에 흩어지기, 시선을 원 안쪽/원 측면으로 한 원형으로, 열린 원형에서 점차 선으로, 긴 대열, 짝과 함께, 4각의, 좁은 골목길 등), 춤의 형태(예: 4명이 원형, 4명이 물레방아, 2쌍의 짝이 서로 앞/뒤로, 돌기, 등을 맞대고, 손을 돌리며, 산책하듯, 달팽이처럼, 골목길을 갤럽하기 등) 및 손잡는 유형들(예: 팔을 길게 늘어뜨려 손을 잡는 형, 자신의 양팔을 교차시킨 형, 옆 사람과 양팔을 교차시킨 형, 손가마 형, 짝과 두 손/팔을 마주 잡는 형, 옆 사람과 어깨동무 형 등)이 속한다.

4) 음악극

오르프 자신의 음악관은 바로 세계관이며, 음악극이야말로 음악, 미술, 춤, 조명, 연기 등 모든 예술 분야가 하나로 종합된 예술로서 음악성과 창의성 계발을 위해 아주 중요한 활동이다. 상황에 따른 몸짓 흉내, 가능한 현장에서 연주되는 음악이 학생들을 더욱 고무시킬 것이다. 이때 저마다의 몸짓 및 연주 동작은

창의적인 활동에 좋은 발판이 될 것이다. 그룹의 잠재적인 능력 여부에 따라 공연 규모와 그 내용을 미리 설정해 본다. 연주가 자유롭고 즉흥적일수록 연주 규칙에 더욱 엄격해야 한다는 점을 유념해야 한다. 그것을 통해서만 연주의 무질서함에서 벗어날 수 있다.

(1) 연출 준비

① 우선 명사와 동사를 선별해야 하는데, 이 단어들은 의인화시킬 수 있거나 상상할 수 있는 성격을 통해 몸짓이나 표정으로 흉내 내는 것과 음악적인 연주를 위해 적당한 것이어야 한다.

② 연주 내용, 즉 이미 알고 있는 노래 혹은 아직 배워야 할 노래, 스스로 발견한 동작 또는 즉흥 음악, 작은 연주 음악, 의상, 조명, 무대장치 설치를 위해 준비해야 할 것 등을 미리 기록해 둔다.

(2) 방법적 절차

① 대본에서 해설을 할 곳, 이야기의 주제(모티브)가 이어지는 곳 및 새로 시작되는 부분을 파악한다.

② 무언극, 또는 마임 형식으로 표정 연기를 할 부분과 행동으로 연기할 부분을 (학생들과) 공동으로 상의한다. 돌발적으로 발생될 극적 상황에 대하여 표정 연기와 음악은 늘 즉흥적으로 연주할 준비가 되어야 한다.

③ 전주, 반주, 배경음악, 음향효과 등의 음악적인 것을 공동으로 상의한다.

④ 조명, 소품과 무대의 공간 배치를 공동으로 상의한다.

(3) 연주의 실제

전체 진행 순서를 한눈에 알아볼 수 있도록 '연주 진행 순서'를 준비하여 충분한 리허설을 한다. 각자가 맡은 역할에 감정이입과 극적, 음악적 표현이 자연스럽게 되는 공연을 연출한다.

5) 지휘 훈련

앞서 오르프 슐베르크에 실려 있는 곡들은 오늘날 우리 손에 주어진 악보대로 두 번, 세 번 반복하여 실수 없이 연주를 잘 끝내는 것과는 거리가 있다고 하였다. 이는 연주자에게는 비록 덜 세련된 모습으로 마칠 위험 소지가 있을 수도 있지만, 나름대로 형식의 변화 및 발전을 시키도록 공공연히 허락된 '모델용' 곡들이다. 다시 말해 끊임없는 새로운 형태를 통해 음향에서 뿐만 아니라 건물을 구축하는 기술을 발전시키고자 하는 것처럼 즉흥연주가 강조되고 있다.

하나의 악곡을 가지고 여러 사람이 공동 작업을 한다는 것은, 함께 연주하며 변화 및 발전에 대한 것을 고안하고 시도해 보는 것이고, 여기에는 반드시 전체적 흐름을 이끌고 구성하는 역할을 담당해야 할 의지도 필요하다.

1930년대를 전후하여 귄터학교에서 했던 지휘 훈련은 오늘날의 지휘와는 분명 구분이 된다. 연주자와 지휘자의 손에 들려진 악보를 해석하여 전형적인 박자젓기와, 박자의 형태를 지시하는 것이 아닌 일종의 제스처였다. 각 박, 각 리듬, 셈여림 및 빠르기의 표현과 각 악기, 각 악기그룹이 제스처로 직접 언급되고 지시되었다. 오스티나토의 형식을 지속하거나, 마침을 위해서도 나름대로의 표시를 해 주었다. 어느 한 부분을 아주 자유롭게 연주해야 하는 부분 역시 또 다른 제스처 표시를 하였다. 따라서 이 연습의 과제로는 다음을 들 수 있다.

- 지휘자로서 악곡의 형식과 구조를 짜야 하는 것
- 연주자를 위해서는 앞서 표시된 형식의 어떤 부분만큼 지휘자 자신의 춤 즉흥연주를 통해 설명하고자 하는 바가 전달되도록 하는 것이었다.

오늘날 오르프 슐베르크의 지휘 훈련은 거의 음악을 춤으로 표현하는 것처럼, 상하좌우의 기본적인 지휘 동작과 악기의 연주 기법 및 신체 표현의 동작 및 구성을 지시하는, 즉흥적 제스처 표현 기법을 그 내용으로 하고 있다. 따라서 지휘 훈련은 타악기 곡을 연주하는 것으로 간주하면 된다. 왜냐하면 오케스트라 지휘자가 마치 하나의 중요한 타악기 주자로서, 전체 그룹을 리듬적으로 이끄는 기능을 담당하기 때문이다. 그럼으로 지휘 훈련은 손뼉 치기, 발구르기, 무릎치기 및 손가락 튕기기 훈련과 함께 연결하여 실시된다. 물론 지휘는 말하기 훈련 및 모든 음악적 활동을 리드미컬하게 이끌거나 반주한다. 지휘 훈련은 모든 학생들이 참여할 수 있고, 결과적으로 누구나 한 번은 지휘자의 과제를 맡는다(Keller, 1963; Orff, 1973).

4. 교수 · 학습의 적용

오르프 슐베르크의 음악교육은 이미 기존하는 음악을 향해 다가가기보다는 오히려 그 누구든 자신에게서 그리고 자신의 기쁜 활동으로서 음악이 탄생해야 한다는 정신을 바탕으로 되어야 한다고 하였다. 그래서 가장 먼저 우리 신체의 움직임을 관찰하고 그와 관련된 다양한 '소리'를 가지고 놀이하는 행위부터 시작한다. 그럼에도 단순한 놀이 본능에서부터 출발하여 자신뿐만 아니라 함께 하는 이들에게 기쁨을 주는 '소리(음악)'가 될 수 있도록 반복연습을 자연스럽게 유도한다. 이때 반복연습은 끈기와 인내심을 싹트게 하고 함께 하는 동료에 대한 배려와 협동심을 고무시키며 나아가 그러한 노력을 통해 얻어낸 결실을 맛보게 해 준다. 이는 비단 어린이들만이 아니라 자신이 음악적이지 못하다고 생각하는 사람들, 소위 음치 또는 몸치라고 간주하고는 아예 음악활동을 가까이 하지 않으려 하는 성인들에게도 똑같이 해당된다. 오르프 슐베르크의 교수 · 학습활동은 음악, 움직임, 말을 가지고 줄거리가 있는 진행을 통해 놀이하는 형식을 취하기에 외적인 강요나 심적 부담감을 덜어 준다. 더욱이 그렇듯 자발적으로 참여하도록 이끌기에 지루함을 느끼지 않고 수업 및 연습에 임할 수 있게 도와준다. 그로써 또한 피교육자로 하여금 한 번쯤 제대로 배우고 싶은 충동을 불러일으킬 것이다. 그와 같은 자극을 통해서 궁극적으로 추구하는 바는 누구나 자신에게 원초적으로 주어진 음악적 상상력 및 표현 능력을 기꺼이 누리고 또 더

욱더 계발할 수 있음을 경험하고 자각하도록 하는 것이다.

이때 교사들은 '원초적 음악'을 구성하고 있는 세 가지 커다란 (음악적, 신체적, 언어적) 활동 요소 가운데 과연 현장 수업에서는 처음 무엇을 가지고 시작해야 할까 하는 의문을 가질 수 있다. 이에 다음과 같이 답할 수 있을 것 같다. 앞선 세 가지 활동 요소는 그중 어느 하나가 위에 있거나 아래에 있지 않은 바, 모두 동등한 요소이며, 각 요소는 나머지 다른 요소들과 언제나 함께 고려될 때만 온전하다고 여겨지는 만큼 이들은 결국 하나의 활동을 지향한다고 말이다.

그렇다면 교사들은 이 세 가지 활동요소 및 영역을 억지로 연결시키려고 애쓰기보다는, 다시 말해 이해되지 않은 교육지침이나 그 평가를 의식해서 피교육자를 강요할 것이 아니라, 오히려 자연스럽게 연결고리를 찾아내어 유익하고 효과적인 수업을 설계하고 시도해야 한다. 피교육자의 연령과 발달상황에 적절한 음악활동을 살피고 준비함으로써 피교육자들이 자신의 음악적 역량을 발휘하거나 자신의 감정을 표현하는 데 어려워하지 않고 즐거움을 느끼도록 안배해야 할 것이다.

이제 다음에 소개하는 교수 · 학습활동 사례는 수업 모델이라는 측면에서 이해해야 한다. 이미 80년 전의 귄터학교와 60년 전의 『오르프 슐베르크, 어린이를 위한 음악』을 근거 삼아 오늘날에도 전(全) 세계적으로 수많은 오르프 교육자들이 그 교육이념을 변함없이 간직한 채 그때마다, 저마다의 시대와 문화에 알맞게, 또 하나의 독창적인 수업을 만들어가기 위해서 매번 교수 · 학습활동 사례를 곱씹어 생각하고 또 생각해 왔다.

오르프 슐베르크의 교육체계는 크게 신체 표현 중심의 활동과 음악표현 중심의 활동 두 가지로 나눌 수 있다. 이를 포괄적으로 지도하기에는 가르쳐야 할 내용이 복잡하고 방대한 까닭에 단위별 수업이 가능하도록 때로 다음과 같이 활동 영역을 구분한다. ① 노래하기와 말하기 영역, ② 악기연주 영역, ③ 움직임과 신체 표현 영역, ④ 주제별 통합 활동, ⑤ 음악극 영역으로 말이다. 어떤 영역의 어떤 활동을 우선적으로 수업해야 한다는 선입견을 갖기보다, 전 영역의 다양한 활동이 차시별로 주어진 시간 동안 충실히 연계되어 진행될 수 있도록 계획을 세우는 것이 중요하다.

1) 말하기와 노래하기 영역

말하기 훈련은 단순히 리듬 훈련을 위해서만이 아니라 발성 훈련을 위해서도 필요하다. 분명한 어조로 말하는 훈련은 곧 올바른 자세를 통해서 자신에게서 공명이 가장 효과적인 경우를 찾아내도록 하는 것이다. 모든 말하기 훈련은 다양한 목소리의 일상적인 상태 및 가성, 허밍, 속삭임, 비음 등의 변형과 목소리의 크기를 고려하여 지도할 수 있다. 우선 전체적인 문장을 자연스럽게 말해 보고, 점차 가능한 리듬 형식에 따라 말에 리듬을 실어 준다. 그런 다음 말-리듬은 신체악기와 함께 익혀지고, 다른 악기와 더불어 즉흥 선율을 짓는 활동으로 발전하게 된다. 피교육자에 따라 연령 및 능력에 맞는 소재 또는 제재곡을 적절히 선택한다.

(1) 리듬동기를 이용한 말-리듬 활동

- 제목: 내 이름을 소개할게요!
- 준비물: 콩주머니

처음 만난 경우 이름을 알고 싶을 때나 서로에게 다른 이름을 붙이고 싶을 때 시도할 수 있다. 여기서는 각자 한 가지씩 과일 이름을 스스로 정하여 다른 사람들에게 소개하고, 이를 소개받은 상대방은 잘 기억하여 콩주머니를 일정박에 맞추어 돌릴 때 말하는 활동이다.

① 원형으로 둘러앉는다. 교사는 학생들이 좋아하는 과일 이름 한 가지씩을 생각하도록 한다. 교사는 다음 예시의 말리듬을 여러 번 선창한다. 학생들은 각기 좋아하는 과일이름을 박자에 맞게 동시에 말한다.
교사는 하나, 둘 박자에 맞춰 오른쪽의 학생에게 콩주머니를 전달하며 a의 말리듬을 시작한다. 리듬의 흐름이 연결되도록 유의하면서 각자의 과일 이름을 순서대로 소개한다. 교사에게 순서가 돌아오면 역방향으로 돌아가며 방금 소개받은 b의 이름을 댄다.

악보 3-24 **말리듬 리듬동기 악보의 예**

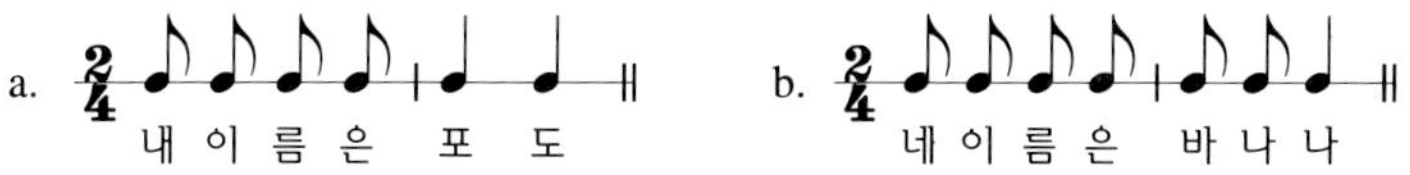

② 교사는 $\frac{2}{4}$ 박자로 된 4개의 리듬동기를 적당한 율동 동작(예: 오른손바닥을 가슴에 댔다가 양손으로 커다란 포도송이 모양)과 더불어 선창한다. 각 말-리듬은 낮고 굵직한 목소리로, 속삭이듯이, 높은 소리로, 큰소리로, 사투리를 사용하는 등의 다양한 방식으로 시도한다. 한 사람이 b 혹은 c를 선창하면 다른 사람들은 함께 a를 여러 번 반복한다.

악보 3-25 **말리듬 4성부 리듬동기 악보의 예**

③ 이 곡을 가지고 4성부 말-리듬 돌림 혹은 카논연주를 한다. 교사는 학생들을 네 그룹으로 나누어 순차적으로 a+b+c+d를 이어서 말리듬을 하도록 이끌고, 시작한 순서대로 끝내는 돌림연주를 하거나 4성부가 동시에 끝내도록 하는 카논연주를 하도록 지도한다.

④ 3의 돌림 혹은 카논 곡에 맞게 춤을 출 수 있다. 안쪽부터 d, a, b, c 순

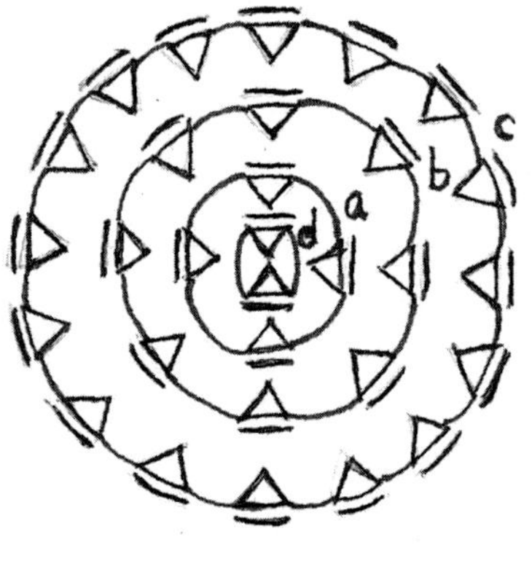

그림 3-1 4중 원형으로 춤추는 대형

서로 된 4중의 원형으로 양손을 잡고 가운데를 보고 서 있다([그림 3-1] 참조). 각 그룹은 각자의 리듬꼴을 오른쪽 발구르기로 시작하는데, 모든 사람이 동시에 제자리에서 연주를 한다. 이때 교사는 네 그룹의 빠르기가 일정하도록 유의시킨다. 다음에는 모두 상체가 오른쪽으로 향하게 한다. d 부분은 자신의 리듬꼴을 오른쪽 발구르기를 하면서 원을 따라 이동하기 시작한다. 다른 그룹은 두 마디 간격으로 뒤따라 연주한다. 돌림 형식의 춤을 출 경우는 순차적으로 시작하였다가 순서대로 멈추게 되고, 카논 형식의 경우엔 d의 리더가 동작을 멈추는 순간 다 같이 마친다.

⑤ 이러한 짧은 말-리듬을 이용하여 신체악기 및 다른 악기와 연주할 수 있는 순서로서, 전주 ⇒ 말-리듬 ⇒ 간주 ⇒ 단성부 말-리듬과 춤 tutti ⇒ 간주 ⇒ 말-리듬과 신체악기 ⇒ 자유롭게 청포도를 맛있게 먹는 흉내를 마임으로 표현 ⇒ 간주 ⇒ 말-리듬과 리듬악기 ⇒ 간주 ⇒ 말 없이 춤만 추기 ⇒ 간주 ⇒ 말-리듬 + 악기 + 춤으로 카논연주 ⇒ 후주 등을 생각해 볼 수 있다.

(2) 노래 부르기 활동

- 제목: 노래로 인사하고 이야기하기
- 준비물: 알토 실로폰의 G음(낱개) 음판

교사가 자신이 노래할 수 있는 능력과 관심에 준하여 지도할 수 있듯이 학생들 역시 각자의 능력에 준하여 노래할 수 있으며, 그에 따라 흥미유발도 좌우될 것이다. 누구나 강제로 노래하기는 원하지 않는다. 그러나 자신의 노래 실력이 부족하다고 이미 자각하더라도, 조금씩 마음이 들뜨게 된다면, 잘 부르고 못 부르고 상관없이, 누구나 즐겁게 노래할 수 있다. 그러므로 교사는 가능한 한 가르치는 학생의 심리 상태와 가창 능력을 정확히 감지하여야 한다. 이 과정에서 교사의 모범적인 선창이 제시되는 것도 필수이겠지만, 무엇보다도 학생 스스로가 자유롭게 표현할 수 있는 분위기를 조성하여 지도하는 일이 중요하다.

① 교사가 인사말을 노래로 하면 학생은 이를 따라 부른다. 〈악보 3-26〉의 예를 참조할 수 있다.

악보 3-26 **인사노래 악보의 예**

② 노래를 부르며 질문과 대답을 하는 대화 형식은 순간적으로 대답을 어떻게 노래로 표현할 수 있을까 하고 고민하게 할 것이다. 노래로 질문하고 대답하는 것은 처음에는 약간의 용기를 필요로 하지만, 자유스러운 분위기를 느끼는 순간 점차 부담 없이 저마다 다양한 음정을 떠올리고 그 음정을 따라 노래로 답변하게 될 것이다. 질문(A)과 대답(B)의 음절 수에 따라 강박과 약박을 정확히 따져 노래하는 것이 아니라, 박자를 따지지 않고 즐겁게 먼저 노래를 하고 난 후에 비로소 기보와 관련된 수업 활동 사례를 〈악보 3-27〉에서 참조할 수 있다.

악보 3-27 『오르프 슐베르크』, 제1권, 20쪽의 곡(조순이 개사)

③ "하나하고 둘을 더할 때는 셋하고 크게 외쳐라!"라는 문장을 다함께 큰 소리로 말한다. 악곡의 리듬에 따라 자연스럽게 읽다가, 교사의 선창을 듣고 계명창과 가사창으로 노래를 배운 후 4성부 돌림 또는 카논으로 연주한다. 교사 혹은 학생이 알토실로폰의 G음을 양손으로 전주+반주+후주한다.

악보 3-28 『오르프 슐베르크』, 제1권, 26쪽의 곡(조순이 개사)

가사의 '하, 둘, 더, 셋, 크, 외'에 해당하는 말리듬을 반복하다가 

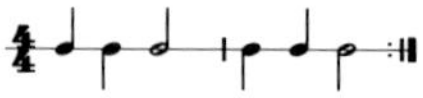 양발을 제자리에서, 점차 공간을 이리저리 다니면서 노래한다. 학생들을 처음부터 그룹으로 나누어 성부를 정하게 할 수도 있고, 자신이 하고 싶을 때 노래를 시작해도 된다. 그 다음은  혹은  등 원하는 계명으로 선율 오스티나토를 즉흥연주한다. 물론 단순 혹은 변주 보르둔을 이용하여 악기 혹은 목소리로 반주한다.

2) 악기 연주 영역

오르프 악기는 특히 신체 표현을 위해 사용되는 경우가 많다. 어떠한 악기를 연주하기 위해서는 음악 활동 활용을 위해 당장 악기 연습을 하기 전에 먼저 신체악기 활동이 충분하게 요구된다. 이 같은 활동은 실제 악기 연주 시 빠르고 정확하게 연주할 수 있기 위해 매우 필수적이다. 한 가지 악기를 가지고 천천히 학습할 수 있는 기회와 같은 악기군을 모아서 하는 경우를 번갈아 가며 지도한다. 가능한 한 수업 전에 필요한 악기를 학생들의 몸에 맞는 위치와 공간에 배치한다. 작은 리듬악기들을 다룰 때는 바닥에 부드러운 헝겊 등을 깔아 악기를 들었다 놓을 때 생기는 소음을 최소화한다. 음판악기는 앉아서 연주할 때는 무릎 높이로 하고 몸과 악기와의 거리가 가능한 가까이, 서서 연주할 때는 배꼽 높이로 하고 몸과 악기가 너무 가깝지 않도록 조절한다. 특히 악기를 연주하기 위해 한 시간 동안 연습만 하는 수업보다는 말과 몸, 노래와 악기 연주가 적절히 통합되는 활동을 하도록 한다.

(1) 신체악기와 북 연주하기

• 제목: 북과 함께 이야기하기
• 준비물: 준비된 각종 북

악기장이나 선반 위에 있던 손북, 봉고, 큰북 등 모든 북들을 모아 본다. 이른 아침 우리가 잠자리에서 깨어나듯 학생들도 이 북들을 정성스럽게 장에서 꺼내서 우리 몸 속의 혈액순환을 돕듯이 손바닥으로 악기의 이곳저곳 전체를 살살 쓰다듬어 주도록 한다. 특별히 많이 쳐야 하는 북면을 더욱 세심히 매만져 본다. 이는 우리 몸 속에 잠자고 있는 리듬을 깨우고 조금씩 자신의 마음과 악기가 밀접하게 연결되어 열정을 표현할 마음가짐을 갖도록 하는 작은 의식이다. 특별히 음악성 혹은 리듬감을 언급하지 않아도 편안한 마음으로 즐겁게 활동으로 악기와 대화해 보도록 시도한다. 마치 새로운 언어를 개발하고, 사람들이 모르는 단어를 말하고, 누구도 알아듣지 못하는 사투리를 표현하듯이 북과 친해질 수 있도록 지도하는 것에 유의한다.

① 다양한 손 부위(예: 손가락, 손바닥, 손톱, 손등 등)와 방법(예: 긁어내기, 문지르기, 두드리기, 총총 걸음걷기, 기어가기, 행진하기, 펄쩍 뛰기 등)으로 다양한 소리를 만들어 본다. 충분한 시간을 두고 각자 소리를 내도록 할 수 있으나, 많은 소리가 섞여 자칫 소음을 유발할 수 있으므로, 한 명씩 차례로 자신의 소리를 들려주면 나머지는 메아리 모방으로 따라한다.

② 한 명씩 무릎치기를 하는데 속도, 셈여림, 방법을 다양하게 하여 소리가 나도록 하여 메아리 모방으로 따라한다. 이어서 손을 사용하지 않아도 어떻게 하면 북소리가 날지 토의한다. 예를 들어 채의 끝이 나무, 털실, 고무 재질로 된 채, 작은 공, 벼이삭, 깃털, 동전, 구슬 등을 사용해도 됨을 알게한다. 구슬을 손북의 안쪽에 넣고 굴려 본다. 벼이삭을 다발로 묶어 북의 옆면과 북면을 쓸어 본다. 동전이나 그 밖의 다른 물체로는 어떠한 방법으로 어떤 소리를 낼지 다양하게 시도하여 새로운 것이 발견되면 소개한다. 자신이 제일 좋아하는 재료와 연주 방법으로  쉼  쉼 쉼  의 셈여림 순서로 연주한다.

③ 작은 크기나 중간 크기의 북을 돌려 뒷면이 위로 오게 하여 그 안에 대고 말을 해 본다. 옆 사람이 속삭이는 소리를 귀 기울여 듣기, 다양한 소리를 내면서 웃기, "우구르마쓰, 이야큐!" 등의 알아들을 수 없는 말이나 사투리를 차례로 돌아가며 소리 내고 이를 점차 문답형인 AA', AB 형식 등으로 연주한다.

④ 북소리를 의성어로 표현한다. 예를 들어, "덩, 궁, 공, 더, 쿵, 둥, 움, 파타, 다되, 디쿰, 차퉁, 부두둥" 등을 누군가 의성어로 말하면 북이나 신체악기로 연주하고, 신체악기나 북으로 연주하는 것을 의성어로 말한다. 이때 불규칙적이거나 규칙적인 리듬 모두를 표현할 수 있다. 쉼표의 길이를 늘 조금씩 달리해 보면 좀 더 긴장과 집중을 하게 된다.

⑤ 아는 노래의 리듬에 맞춰 의성어로 말한다. 예를 들어 "쿵짝짝, 쿵짝짝 주먹손으로" 의 리듬을 "움파파 움파파 움파움파파" 의 의성어로 말하고, 왼손은 "움", 오른손은 "파" 를 칠 수 있도록 악기를 선별한다. 주요 리듬을 연주할 악기가 정해진 것을 기준으로 베이스와 중간 성부 및 장식을 해 주는 북을 차례로 선정하여 소리가 어울리도록 한다. 모든 북을 동시에 연주하기보다, 각자의 소리를 혼자 들을 수 있는 기회가 있는 론도 형식과 〈어린 음악대〉 전곡을 A로 보고, B를 즉흥연주하고, 다시 A를 연주하는 ABA 형식으로 연주한다.

(2) 음판악기 앙상블

- 제목: 글리산도
- 준비물: 모든 음역의 음판악기(실로폰, 메탈로폰, 글로켄슈필)와 다양한 재료의 채, 스카프

음판악기는 수업의 초기 단계에 선율을 즉흥으로 연주하는 악기로 필수적이다. 처음에는 무릎치기를 통한 사전 활동을 충분히 한다. 이어 채를 가지고 속도 및 셈여림을 다양하게 표현하는 소리들을 직접 경험하도록 한다. 채를 들고 악기를 두드리는 동작은 일반적으로 수직으로 내리치되 깃털처럼 사뿐하게 하고 셈여림의 정도를 표현하고자 할 때는 팔 동작의 크기가 속도에 상응하도록 한다. 글리산도 기법은 채를 빠르게 미끄러지듯이 내리거나 올리는 중에 스치는 음들이 연결이 되는 주법으로 연주할 때 크게 어려움은 없으나, 너무 빠르게 지나쳐 음을 놓치지 않도록 주의한다. 교사의 오른쪽에서 왼쪽 순으로 점차 고음을 내는 악기가 오도록 음판악기들을 배치한다.

① 한 그룹의 학생들에게 스카프 한 장씩을 가지도록 하고 '레가토' 와 '스타카토' 를 표현하도록 한다. 제자리에서 하거나 이동하면서 한두 가지 동작을 반복하도록 한다. 다른 그룹의 학생들은 스카프와 함께 움직이는 동작을 잘 관찰하고 음판악기 채를 가지고 공중에 선이나 점을 표시하며

반주 패턴을 그려 본다(예:  ,└└└).

② ‘강나루 건너서 밀밭 길을 / 구름에 달 가듯이 가는 나그네 / 길은 외줄기 남도 삼백 리 / 술 익는 마을마다 타는 저녁놀 / 구름에 달 가듯이 가는 나그네’ 박목월의 시를 분위기를 살려 낭송하는데 스카프를 양손에 꼭 쥐어 보이지 않게 하다가 ‘구름에 달 가듯이 가는 나그네’ 부분에서는 스카프를 순간적으로 뿌리면서 위에서 아래로 하늘하늘 흔들어 준다. ‘구름에 달 가듯이 가는 나그네’는 솔로가 하고 싶은 리듬과 선율을 넣어 점차 노래를 하는데 이어서 음판악기로 연주한다. 나머지 시구 부분은 다 함께 낭송한다. 반주를 했을 때와 그렇지 않을 때의 느낌에 대하여 토론한다.

악보 3-29 **음판악기의 트레몰로, 글리산도 기법의 예**

③ 그래프 악보를 보고 음판악기 글리산도 앙상블을 연주한다. 모델로 예를 들면 〈악보 3-30〉과 같다.

악보 3-30 **음판악기의 그래프 악보모델의 예 1**

소프라노실로폰(SX)	● / / \ \ /
알토실로폰(AX)	● / / \ \ /
베이스실로폰(BX)	○ / / \ \ /

〈기호: ○ = 부드러운 채, ● = 딱딱한 채〉

또 다른 모델로는 〈악보 3-31〉도 있다.

악보 3-31 **음판악기의 그래프 악보모델의 예 2**

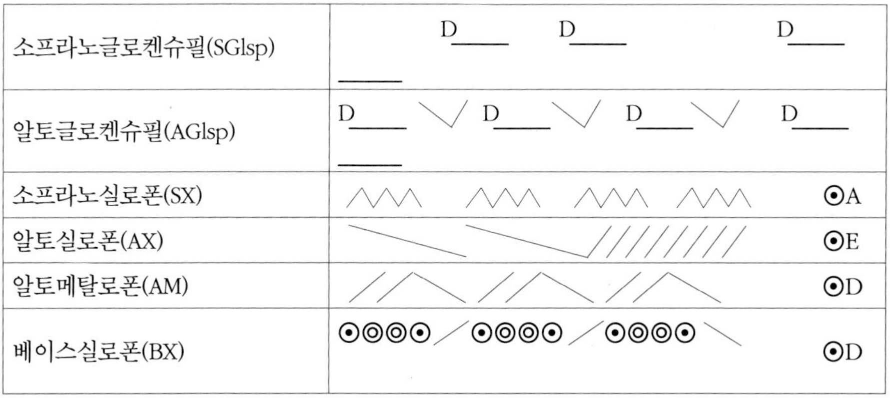

〈기호: ⊙ = 센 박, ◎ = 여린 박, ／ = 상행 글리산도, ＼ = 하행 글리산도, D ____ = D음판〉

이러한 방법으로 표기된 점, 선, 모양이나 기호 및 음명으로 표기된 악보를 먼저 그리고, 이것을 보면서 연주하거나, 한 사람이 시작하는 소리를 듣고 다음 사람이 자유롭게 연주를 이어서 하고 나중에 악보로 남겨도 된다.

3) 신체의 움직임과 춤 영역

예술적 춤을 추는 대부분의 사람들은 특별히 춤에 어울리는 음악을 선정할 때 무척 신중하다. 그러나 음악은 오르프 슐베르크 신체 표현 교육 영역에서 춤의 반주가 되기도 하지만, 때로 음악 없이 춤을 추기도 한다. 필요한 경우 교사 또는 그룹의 구성원들은 춤을 위해 스스로 음악을 찾고 움직임과 동시에 연주를 한다.

춤곡은 사람들로 하여금 신체적으로 움직이게 하거나 춤을 추도록 고무시킬 수 있어야 한다. 선정된 춤곡(음악)의 리듬, 빠르기, 음색, 가락, 화성, 셈여림 표현과 형식을 통하여 무용수의 동작이 시간적 흐름 속에서 뚜렷한 형태를 갖추고, 그러한 특징적인 움직임 및 표현이 관객들에게 영감을 주며 반향을 불러일으킨다. 춤곡은 실음으로 또는 음반으로 연주되도록 할 수 있다. 실제 연주는 교사 또는 반주하는 학생들의 음악적 · 악기연주 능력에 달려 있다. 반드시 전문적-기술적 설비를 필요로 하지는 않는다. 목소리와 신체악기로 시작해도 충분하다. 모든 사용 가능한 악기들이 더해져서 음향을 풍부하게 만들 수 있다. 춤은 동작과 함께 이루어지는데, 실제 연주를 할 때 빠르기에 변화를 주거나 학생들의 다양한 능력 및 상상력을 적용하여 매번 새롭게 시도하든가 반복할 수 있는 장점을 가지고 있다. 음반에 의한 재생연주로 전 세계의 춤곡을 교실에서 배울 수 있고 지난 세기의 음악도 경험할 수 있다. 제공되는 음악의 종류나 내용이 무척 다양한 만큼 제한된 수업 시간 및 수업 시수를 고려하여 선택에 신중을 기하여 학생들의 장래 음악활동에 큰 도움이 되도록 지도해야 할 것이다. 민속음악 음반이 춤곡의 고유한 악기와 연주방법으로 연주한 민속음악 앙상블의 정통 사운드 녹음자료라고 한다면 그야말로 달리 대체할 필요가 없는 좋은 자료라고 하겠다. 교사가 자신의 눈높이에서 이미 녹음된 춤곡을 선택할 경우, 음질이 다양한 녹음기를 통해 사전에 점검해야 한다. 음악의 속도가 맞는지, 전주가 적절한지, 악기편성이 너무 복잡하지 않은지 등을 미리 살피는 것은 매우 중요하다. 그로써 학생들이 음악을 제대로 듣고 느끼게 되어, 새로운 악기소리를 알게 되거나 반주를 올바로 이해하는 계기가 되기 때문이다. 춤곡은 그 소리의 양(볼륨)에 움직임이 가려져서는 안 된다. 춤곡은 즐겁게 뛰어오르며 춤추고 싶어하는 마음이 들도록 돕는 '반주'로 그 효과를 발휘해야 한다. 그렇게 적극적으로 음악을 들을 수 있는 분위기에서 이미 움직임과 춤은 시작된다.

(1) 공간과 몸의 움직임

⏮ 활동 1

- 제목 : 벽에 붙어요!
- 준비물: 동일한 의상, 임의의 악기 하나

공통된 공간 체험을 통해 호흡과 동작이 조화를 이루는 활동이다. 음악 없이도 무용수들의 움직임의 속도와 동작의 크기는 음악의 리듬과 선율 역할을 하여 마치 '소리 없는 음악' 을 연주하는 것이다. 이 활동에서 유의할 점은 누군가 움직이고 멈추는 것을 고개를 돌려 이리저리 확인하는 것이 아니고 자신만의 시선처리를 하면서 자신에 맞는 호흡과 감각으로 느껴서 표현하도록 지도하는 것이다.

① 학생들은 여러 가지 방법으로 벽면을 따라 움직인다. 손으로 더듬기, 벽에 등을 붙이고 벽 따라 가기, 넙죽 엎드려 기어가기 등
② 같은 의상을 입는다. 다함께 벽면을 따라 움직이다가 순간적으로 한 사람이 움직임을 멈추는 것 같으면 서서히 따라서 멈춘다.
③ 임의의 악기(트라이앵글, 라체트, 로토스플루트 등)로 상기 동작이 정지하는 동안만큼 연주를 하다가 어느 누군가가 다시 움직이기 시작하면 다른 사람도 따라 움직이고 음악은 사라진다. 이것을 반복한다. 동작과 음악이 어떤 악기와 어떻게 연주한 것이 아름다웠는지, 멋있었는지, 어울렸는지 평가한다. 좋은 것을 선택하여 다시 한 번 공연한다.

⏮ **활동 2**

• 제목: 어디서나 앉을 수 있는 곳
• 준비물: 손북, 4대의 음판악기, 칠판과 분필

공간인지와 더불어 움직임의 방향을 기억하여 그림이나 음악으로 표현하는 활동이다. 학습내용을 기억하여 독립적으로 표현하도록 유도한다.

① 교사는 손북을 이용하여 다양한 리듬을 연주하고 이에 적절한 발동작을 한다. 이를 모방하며 학생들은 공간을 자유로이 걸어다닌다. 갑자기 교사는 손북 연주를 멈추고 어느 한 자리에 앉는다. 다시 일어서서 연주를 계속하다가 소리를 멈추며 위치를 이리저리 바꾸면서 앉는다. 학생들은 매번 신속하게 교사의 주위에 무리를 이룬다.
② 학생 한 명은 앉았던 위치를 순서대로 칠판에 선과 점을 이용하여 그려본다.

③ 그리는 순서를 지켜보던 다른 한 명은 자신의 전후좌우에 이미 놓여진 4대의 음판악기를 이용하여 동시에 즉흥연주한다.

(2) 민속춤곡

- 제목: 마르코(슬로베니아/유고슬라비아 민속춤곡(MTK 2: 39–41)
- 준비물: 연주할 악기(리코더, 글로켄슈필, 실로폰, 베이스악기, 탬버린, 딸랑이, 큰북) 또는 CD

노래를 배우고 악기로 반주 연습한 후 녹음하여 춤을 추는 데 사용할 수도 있고, 학생을 두 그룹으로 나누어 악기, 춤을 교대로 연주하거나 출 수도 있다.

① 정식으로 민속춤을 추는 스텝 및 대형이 있겠지만 미리 재구성을 시도한다. 이 곡은 전주, A, B 부분으로 이루어졌다. 각 부분에 맞는 대형을 만들어 본다. 예를 들어, 각자 전주 부분에서는 제자리에서 걷기, A 부분에서는 앞걸음으로, B 부분에서는 뒷걸음으로 걷게 한다.

② 다른 방법으로는 한 명의 학생이 '마르코'가 되고 나머지 모두는 손을 잡고 원형으로 서 있다. A 부분에서는 모두 오른쪽 방향으로 일정박에 맞추어 걷고, '마르코'는 원 안으로 들어와 반대 방향으로 돌면서 가사의 '위에' 부분에서 한 명의 친구를 선택한 듯 그 앞에서 정지한다. B 부분에서 모두가 왼쪽으로 돌면, '마르코'와 그 친구는 원 한가운데서 두 손을 잡고 마음대로 춤을 춘다. B부분이 2번 반복 연주되다가 끝나는 가사의 '위에' 부분에서 맨 처음의 '마르코'는 선택했던 친구의 자리로 돌아가고, 친구는 이제 새로운 '마르코'가 되어 처음부터 이 과정을 반복한다.

악보 3-32 〈마르코〉

가락악기
글로켄슈필
실로폰
베이스악기
탬/딸/큰북
A
p
마르 코 폴 짝 마르 코 폴 짝 푸 른 초 원 위 에
B
(Fine)
아이 아이 아이 아이 아이 푸 른 초 원 위 에
Dal Segno al Fine

(3) 오르프 슐베르크의 춤곡

• 제목: 엑스타티쉬 탄쯔(Ekstatischer Tanz, 황홀한 춤)

• 준비물: 악기(흔들이 악기 2개, 테북, 매달린 심벌즈, 작은북(스네어드럼), 팀파니 3대, 손뼉그룹), 또는 CD(Musica Poetica CD 6-6).

오르프 슐베르크에 수록된 많은 춤곡들 중 〈엑스타티쉬 탄쯔〉는 귄터학교 무용단의 연주 레퍼토리였다. 오늘날 이 춤의 안무를 복원하여 그대로 해 보는 것도 교육적 가치가 있겠지만, 이전의 모델을 재창조하는 의미로 활동 내용을 재구성해 볼 수도 있다.

① 2 + 3, 또는 3 + 2음절의 단어(예: 힙합 + 발라드, 신나게 + 춤을 등) 3 + 3 + 2 + 2음절의 문장(예: 바람아 + 불어라 + 살랑 + 살랑, 오르프 + 탄쯔를 + 추어 + 보자 등) 4 + 1음절의 단어(예: 엑스타티쉬 + 춤 등)을 말한다. 즉, 음절의 합이 5 또는 10이 되는 단어나 문장을 동시에 말하는 말리듬 오스티나토를 최소 2성부에서 5성부 정도 연주한다.

② 다함께 5박자의 적절한 스텝을 공간을 다양한 방향으로 이동하면서 손동작과 시선 연습과 함께 시도한다. 오른발부터 시작하여 왼발, 오른발 왼발 순서로 할 경우 다음의 두 가지 형태로 시도한다.

 발동작과 말리듬을 함께 한다.

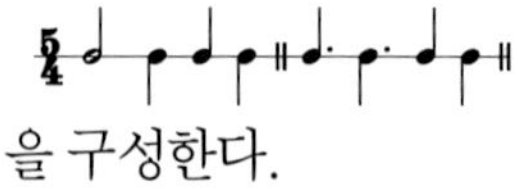 다함께 같은 발동작과 방향으로 추면서 춤의 대형을 구성한다.

③ 학생은 악기연주할 그룹과 춤을 추는 그룹 중에서 선택한다. 악기 그룹은 악곡에 제시된 $\frac{5}{4}$박자로 된 리듬 오스티나토 패턴을 추출하여 해당 악기로 연습한다.

악보 3-33 '엑스타티쉬 탄쯔' 주요 리듬꼴 악보

	주요 리듬꼴	즉흥연주 순서
①	마라카스 1 / 마라카스 2 	①×4 ①+③×4 ①+②+③×4 ①+②+③+⑤×4 ①+②+③+④×4 ①+②+③+④+⑥×4 ①+②+③+④+⑦+⑥×4 ①+②+③+④+⑦+⑥+⑤
②	테북 1 / 테북 2 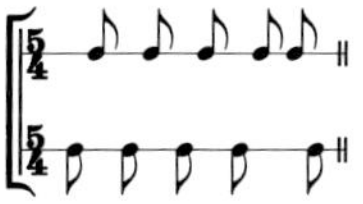	
③	손뼉치기 	
④	3대의 팀파니 	
⑤	매달린 심벌즈 	
⑥	스네어드럼 패턴 1 	
⑦	스네어드럼 패턴 2 	

④ 춤과 음악을 합친다. 여러 번 시도한다. 연주 길이와 클라이맥스 부분을 살려 표현하도록 한다.

(4) 지휘 연습하기

- 제목: '구-두!' 놀이
- 준비물: 신체악기, 리듬악기, 리코더 및 피아노

연주하는 것에 관심이 없는 학생이라도 한번쯤 지휘자의 역할을 맡겨 쉬운 지시 동작으로 지휘를 하게 한다. 그러면 남다른 입장에서 연주자들을 주시하고 자신의 지시 동작에 집중하면서 '소리'에 관심을 갖게 된다. 분명히 손과 팔로만 지휘하지 않아도 되며, 즉 고개만, 어깨만, 다리만 조금 움직여도 얼마든지 우리 모두를 이끌어 갈 수 있음을 확인시켜 주어 자신감을 가지고 지휘자 과제를 수행하도록 한다.

① 지휘자가 두 손을 아래로 하면 모두 "구-."를 낮은 음으로 길게 내다가, 두 손을 위로하면 짧고 높은 "두!" 소리를 낸다. 지휘자가 손을 뒤로 숨기면 아무 소리도 내지 않는다.

② 놀이의 유의사항은 신체악기 및 리듬 타악기를 즉흥연주하도록 신체를 이용하여 지휘하는 훈련이므로 시작과 끝 사인(표시)을 분명히 하도록 하는 것이다.

③ 신체악기를 포함한 다양한 악기연주와 목소리 앙상블연주도 이러한 지휘동작에 맞춰 시도한다.

④ 연주되어야 할 빠르기와 셈여림 표현에 변화를 주고 싶을 때에는 점차 이동 동작과 제자리 동작을 적절히 사용하여 지시를 한다.

(5) 그림을 보고 신체 표현 및 악기 연주하기

- 제목: 발자국
- 준비물: 발자국이 그려진 그림, 원하는 리듬 또는 선율 악기

주어진 그림을 관찰하고 점, 선, 모양이 음악적 요소와 어떤 연관성을 가지고 있는지 파악하도록 한다. 처음부터 음악이나 신체 표현을 강요하기 전에, 상황에 따라서 또 다른 예술적 표현과 통합하여 하고 싶은 욕구가 생기도록 유도하는 것도 중요한 교수전략에 속한다.

① 교사는 다음과 같은 그림을 보여 주고 등장하는 인물의 특성에 대해 살펴보도록 한다.

② 학생들은 원하는 그림속의 한 인물을 선택하여 그 걸음걸이 동작을 힘과 속도를 조절하여 나타낸다. 그림에서 보여 주듯이 이동 방향도 표현해 본다.

③ 바닥에 무대의 영역을 접착테이프로 표시하고 인물들이 특유의 걸음걸이로 등장하고 퇴장하기를 반복한다.

그림 3-2 다양한 발자국 그림

④ 악기 그룹은 움직이는 동작의 순간들을 잘 연결하여 악기로 연주한다.
⑤ 악기와 '발자국' 들은 역할을 교대한다. 활동 과정에서 느낀 것을 발표한다.

4) 주제에 따른 통합 활동 영역

- 활동 주제(사례): 바람, 낙엽, 가을(MTK 1: 167-172)
- 주제 및 목표
  - 자연을 관찰하고 경험했던 일을 통해, 바로 그것이 다양한 놀이(동작, 음악)를 위한 출발점이 되도록 지도한다.
  - 동시(童詩)를 가지고 교사와 학생이 함께 수업을 기획, 구성 및 진행되도록 지도한다.
  - 서로 다른 음악적 개념(음의 강약)과 활동 형태들이(목소리/ 악기, 한 명/ 모두) 실행되고 연습되도록 지도한다.
- 준비물: 낙엽, 다양한 크기의 가벼운 스카프, 음판악기, 간단히 다룰 수 있는 관악기

(1) 낙엽 놀이

① 교사는 낙엽 하나를 자신의 손등 위에 올려놓고 한 학생의 이름을 부르면서 그 쪽을 향하여 입으로 바람을 분다. 자기 이름이 불린 사람은 준비하고 있다가 낙엽을 주워 역시 손등에 올려놓고 다른 사람의 이름을 부른다. 이와 같이 계속한다.

② 교사는 아주 높은 곳에서 낙엽을 한 장씩 떨어뜨린다. 학생들 각자는 한 장씩 주워 들고, 가능하다면 손등 위, 팔꿈치 위에 낙엽 한 장씩을 올린다. 이 상태에서 교실 공간을 이동하는데, 움직일 때 바람이 일어나 떨어뜨리지 않도록 주의를 기울인다. 또는 의도적으로 떨어뜨리자마자 바닥에 닿기 전에 날쌔게 붙잡도록 한다. 교사는 트라이앵글, 혹은 글로켄슈필로 반주를 해 준다.

③ 많은 낙엽들이 이제 연주를 한다. 가능한 모두가 같은 시각에 낙엽을 공중에 날린다. 학생들은 낙엽들이 계속 공중에 있도록, 즉 바닥에 떨어지지 않도록 각자 입으로 바람을 일으키도록 노력한다(교실 공간을 돌아다니면서 바람을 계속 불어야 한다.). 숨이 딸리는 학생은 "쉬익쉬익" 또는 "후" 등 의성어로 반주한다.

④ 바람이 불 때 벌어질 수 있는 현상을 그림으로 나타낸다.

(2) 가을바람 음악 만들기

① 우리가 몸을 표현하여 될 수 있는 것은
- 종이, 신문지, 빨래, 깃발 등
- 풍차와 돛대: 2개의 상반되는 움직임의 모습이 연상된다. 풍차는 신체의 일부분이 "제자리"에 경직되고, 돛대는 온몸이 '공간 안에서' 부드럽게 흐르는 모양의 움직임을 취한다.

② "바람은 어떻게 소리를 낼까?"라는 질문에 학생들은 목소리를 가지고 바람소리를 흉내 낼 것이다. 또한 "바람 음악은 악기로 연주할 경우 과연 어떤 소리가 날까?"의 질문에 다양한 아이디어를 제시할 것이다. 이때 교사

는 다양한 악기를 제공한다. 그중 중심이 되는 것으로 음판악기(특히 글리산도 기법)와 더불어 쉽게 다룰 수 있는 관악기(리코더 윗관, 바람을 불어 소리 낼 수 있는 빈 병들)를 예로 들 수 있다.

(3) 동시 〈바람〉을 낭송하기

교사는 시에 대하여 설명하고, "이 시가 아직 완성되지 않았다" 고 강조한다. 이제 학생들은 자신이 생각한 내용을 빈칸에 채워 넣도록 한다. 교사가 "바람은 사나운 사람 같아! 마음에 드는 것은 무엇이든지 하고 마니까, 바람은 [ ]," 까지 낭송하면 학생들이 차례로 준비한 내용을 이어서 낭송한다.

바람

바람은 사나운 사람 같아!
마음에 드는 것은 무엇이든 하고 마니까,
바람은 [ ],
온 세상을 휘- 휘- 하며 소리 내며 다니니까.

바람은 부드러운 사람 같아!
마음에 드는 것은 무엇이든 하고 마니까,
바람은 [ ],
온 세상을 산들거리며 다니니까.

바람은 조용한 사람 같아!
마음에 드는 것은 무엇이든 하고 마니까,
바람은 [ ],
그리고는 공중에서 잠을 자니까.

(4) 동시 〈바람〉을 말리듬과 스카프를 이용하여 신체 표현하기

① 각자의 상상력에 의해 완성된 시를 신체로 표현해 보기로 한다. 스카프를 이용하여 선풍기가 돌고 부채를 부치는 동작을 표현한다. 동시 「바

람」 제1연을 낭송한 후, 모두 다함께 예를 들어 다음의 말리듬으로 따라 읽는다.

② 말리듬이 끝나면 이어서 사나운 바람을 신체로 표현한다. 교사와 학생은 함께 교실의 이곳저곳을 빠르게 돌아다니며 '휘- 휘' 소리를 낸다. 낭송자가 동시의 제2연을 낭송한 후, 모두 다함께 원하는 말리듬으로 읽는다.

③ 부드러운 바람을 표현하기 위해 작은 스카프를 가진 학생은 혼자서 헝겊을 이리저리 흔들면서 작은 신체동작을 표현한다. 예를 들어, 제자리를 중심으로 돌기 또는 머리, 어깨, 팔, 무릎을 이용한다. 비교적 커다란 스카프가 준비되었다면, 두 명 혹은 여럿이 헝겊을 나눠 잡고 산들바람의 흉내를 내는데, 이때 이들 가운데 리더 역할을 맡은 사람이 스카프의 방향과 동작의 형태를 결정하도록 하는 것이 중요하다. 목소리로는 "산–들–, 산–들–" 말하며 신체 표현을 한다. 낭송자가 동시의 제3연을 낭송한 후, 모두 다함께 원하는 말리듬으로 읽는다.

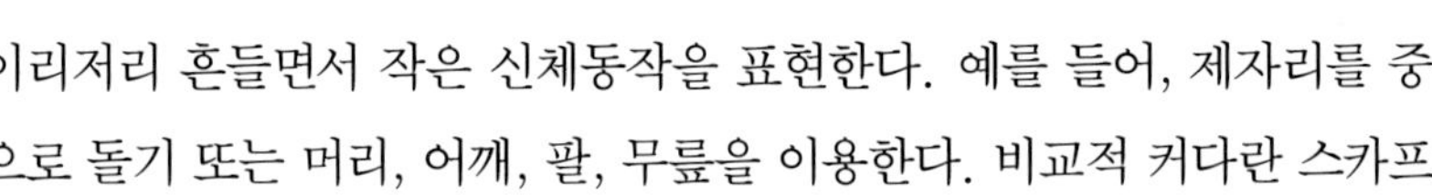

④ 조용한 바람이 공중에서 잠자는 것을 표현하는 것처럼 스카프를 머리 위나 어깨 위, 혹은 팔을 곧게 뻗어 그 위에 올려놓은 채로 제자리에 조용히 서 있도록 한다.

(5) 동시 〈바람〉을 노래 만들어 부르기

① E, G, A 음판만 끼워진 음판악기 중 원하는 악기를 선택하여 동시 〈바람〉의 제1～3연까지의 말리듬을 자유롭게 연주한다.

② 실제 학생들에 의해 지어진 선율을 실로폰으로 연주를 하다 보면 처음에는 불규칙한 리듬으로 시작되곤 하지만, 여러 번 반복하면 규칙적인 리듬에 점차 적응할 수 있게 된다. 이제 교사는 지금까지의 활동을 종합하여 노래로 만들어 다함께 부르도록 유도한다. 예를 들면 〈악보 3-34〉와 같다.

악보 3-34 〈바람〉

③ 교사와 학생은 실제 낙엽 혹은 낙엽 모형을 한가운데 모아둔다. 모두는 원형으로 바닥에 엎으려 교사의 신호에 따라 낙엽이 자기 쪽으로 오지 않게 열심히 바람을 분다.

5) 음악극 영역

- 음악극 〈달빛이야기〉(대본: 조순이)〉
- 등장 인물: 느티나무 1명(무용수), 둥근 달 1명(무용수), 마을 사람 1, 2, 3

'음악극' 은 어린이, 부모 및 교사 모두에게 호기심과 즐거움을 제공하는 학습 자료이다. 여기에는 '대사를 통한 말하기, 노래 부르기, 배역에 맞는 동작 및 춤을 통한 신체 표현' 이 모두 통합된 음악활동이라는 의미를 둘 수 있을 뿐만 아니라, 이에 적절한 극의 효과를 위하여 무대를 꾸미고 관객(부모)을 동원하면 어린이들의 정서 함양과 자신감을 고취시키는 데 유익한 기회가 될 것이다. 여기 그 줄거리에 맞추어 연출에 필요한 '대본' 의 일부를 간략히 소개해 본다.

〈제1막〉

해설자: (커튼이 오르지 않은 무대의 관객석 왼쪽에 위치, 부분 조명)

옛날 옛날에 특별히 신에게 부탁하여, 달빛을 한 마을에만 대달아 놓고 살던 시절에 있었답니다. 3년 동안이나 밤낮으로 달빛이 매달려 있던 어느 날 밤, 마을 사람들은 그 밝은 달을 더 이상 참을 수가 없었습니다.

(무대 커튼이 서서히 올라가면서 조명 켜짐)

무대 배경: 무대 오른쪽 뒤에 커다란 느티나무가 서 있고, 그 위에 둥근 달이 떠 있다.

배 역	대사 및 동선 활동	음악 및 음향효과 (악기담당 및 합창 연주자들: 무대 단상 밑 또는 무대 왼쪽 옆에 정렬 위치)	의상 및 소품 준비
느티나무와 둥근 달	두 배역을 맡은 무용수는 무대 배경 그림 앞에 서 있다가 무대 한가운데 쪽으로 서서히 움직이기 시작하여, 점차 듀엣으로 춤을 춘다.	느티나무: 캐스터네츠 둥근 달: 알토메탈로폰 A, C 음판으로 무용수의 움직임에 따라 자유롭게 연주	느티나무 의상 둥근 달 의상
	점점 느린 속도로 춤을 멈춘 후 정해진 자리로 되돌아가 정지 동작	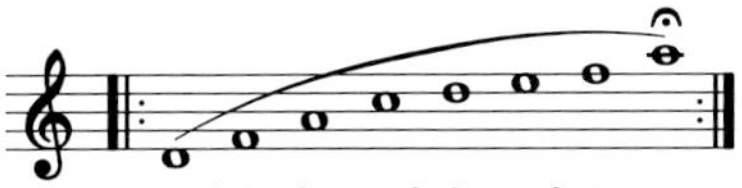 글로켄슈필: 글리산도 연주 동작이 끝나고 정지할 때까지 반복 연주	
합창단	 		
마을 사람 1, 2, 3	3명의 마을 사람들이 기지개를 펴거나 하품하면서 천천히 무대 위에 등장하여 한가운데에 서 있다.	등장 소리: 북을 손바닥으로 불규칙하게 쓸기	
마을 사람 1	"아 ~ 함(하품소리), 저 달빛은 너무 밝아, 정말이지 잠을 잘 수가 없어, 언제 잠을 충분히 잤는지도 기억이 안 나." (느티나무에 기대기 위해 이동, 바닥에 앉는다)	베이스실로폰: C, D, E, F, F, E, D, C 순서로 천천히 연주	초췌한 얼굴 모습 분장
마을 사람 2	(달을 가리키며) "맞아, 저 달빛이 우리 마을에만 있다고 처음에는 좋아했었는데 지금은 깜깜한 밤이 그리워."	솔로 노래: 〈밤이 그리워〉 – 즉흥연주 가사: '누구나 편히 쉬는 밤, 누구나 아름다운 꿈을 꾸는 밤, 우리에게도 그런 시절이 있었지. 지금은 너무나 밝은 밤, 아무도 잠 못 드는 밤, 우리에게도 깜깜한 밤은 다시 오겠지. 알토메탈로폰으로 Dm, A 화음반주	

(계속)

배 역	대사 및 동선 활동	음악 및 음향효과 (악기담당 및 합창 연주자들: 무대 단상 밑 또는 무대 왼쪽 옆에 정렬 위치)	의상 및 소품 준비
마을 사람 3	"우리, 저 달빛을 이웃마을에 팔아 볼까?"		
마을 사람 1, 2	(마을 사람 3 쪽으로 급히 모여들며) "그거 좋은 생각이야."		
마을 사람 1	(큰소리로) "달빛을 내리자!"		
마을 사람 2	(더 큰소리로) "달빛을 내리자고!"		
마을 사람 3	팔을 걷어붙이고 느티나무 쪽으로 가서 달빛을 내리는 시늉을 한다.	라체트: 리드미컬하게 바퀴 돌리기	
합창단			

5. 교수 · 학습의 실제

1) 초등학교 저학년의 음악수업안: 〈숲 속의 나라〉

• 활동 목표

– 〈숲 속의 나라〉 삽화를 보고 신체 표현할 수 있다.

– 〈숲 속의 나라〉 노래를 하고 음판악기로 반주할 수 있다.

- '숲 속의 동물들' 이야기를 짓고 소리모양으로 표기하고 악기로 연주할 수 있다.

• 준비물: 없음

① 교과서에 실린 삽화를 보고 나무, 바윗돌, 물, 동물, 꽃을 신체 표현하기 위해 역할을 맡는다. 우선 큰 나무는 3~4명이 하나의 나무가 되어 팔을 뻗어 가지를 표현한다. 나무의 반대쪽 바윗돌은 5명 정도 모여 앉아 있다. 시냇물은 7명 정도가 나무와 바윗돌 사이에 한 줄로 늘어서서 상체를 좌우로 흔들어 물이 흘러가는 모습을 표현한다. 원하는 동물을 선택한 학생은 해당 동물의 동작을 자유롭게 표현한다.

② 교사의 가사창을 따라 부른다. 교사의 계명창을 따라 부른다. 4분 음표는 발구르기, 8분 음표는 손뼉 치기를 하면서 가사로 노래부른다.

악보 3-35 〈숲 속의 나라〉

③ 계명 '솔' 음을 묵음으로, 다른 음은 소리 내어 계명창한다. 반대로 해 본다. 이어서 알토글로켄슈필의 G음판만을 치다가 점차 다음과 같이 반주한다.

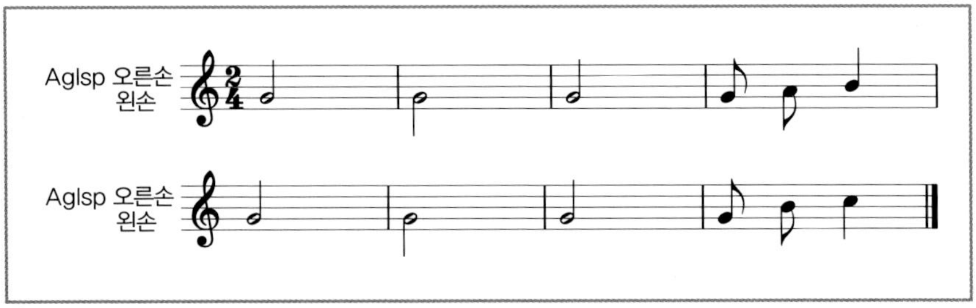

④ 알토실로폰과 트라이앵글로 반주를 한다.

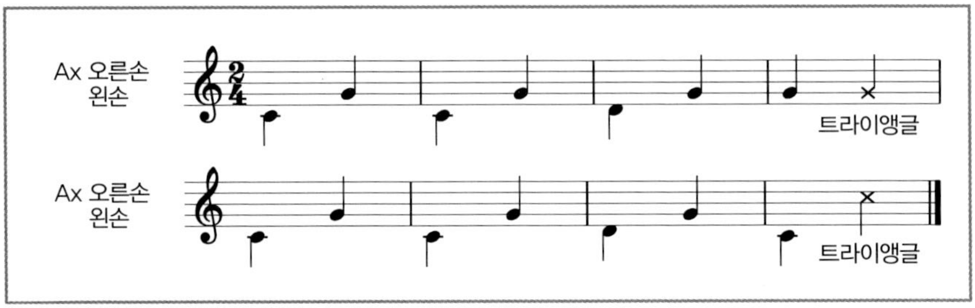

⑤ 교사는 숲 속에 사는 동물들과 관련한 이야기를 들려주거나 부분적으로 학생들이 이어짓는다. 교사가 이야기에 알맞은 소리를 기호로 표기하고 악기로 연주하도록 한다.

악보 3-36 **〈숲 속의 동물〉 음향효과를 표기한 그래프 악보의 예**

표 기	이야기(줄거리)	활용악기
··· ____ V V V V · V V V V ____ ··	숲 속에는 하루 종일 많은 일들이 벌어진대요.	리코더, 떠방울, 손북, 우드블럭
____ V V V V V V V V ____ ____ V V V V V V V V V V V V ●●●● · · · · · ∵∴∵∴∵∴	1. 온갖 새들은 아름다운 목소리로 노래를 부르고, 노루 한 마리가 숲 속 빈터에서 풀을 뜯어요. 큰 뿔사슴은 쓰러진 나뭇가지를 껑충껑충 뛰어 넘고, 작은 산토끼들도 숨바꼭질하듯 이리저리 뛰어 다니지요.	리코더(윗관 부분) 딸랑이 손북(채로 연주) 우드블럭, 여러 쌍의 리듬막대

(계속)

표 기	이야기(줄거리)	활용악기
▶ ▶ ▶ ▶		
—— ——— ∨∨∨∨∨∨	2. 어느 날, 숲 속에 산지기 아저씨가 찾아 왔어요.	큰 팀파니
… … ●●●●	동물들은 인기척에 깜짝 놀라서 우왕좌왕 뛰어다녀요.	리코더, 딸랑이, 손북, 리듬막대, 우드블럭
b a g f e d c	왜냐하면 동물들은 그 아저씨가 좋은 사람인지, 아니면 나쁜 사람인지 알아야 했기 때문이었어요.	글로켄슈필 (단, 이끔음 b까지만)

참고: 가능한 여러 모둠으로 나누어 역할을 분담한다면, 주제 표현에 있어서나 음향 변화에 있어서나 흥미롭고 다양한 음악활동이 전개될 수 있다고 본다. 이때 악기들의 연주에 있어 다양한 방법들을 실험하고 그때마다 기록해 둔다.

2) 초등학교 고학년의 음악수업안: 〈엘리제를 위하여〉

• 활동 목표
 -〈엘리제를 위하여〉 론도 형식에 따라 신체 표현할 수 있다
 -〈엘리제를 위하여〉 주선율에 가사를 지어 노래하고 음판악기로 반주할 수 있다.

• 준비물: 스카프, 음판악기, 리듬악기

① 교사는 제재곡의 A부분만을 음반으로 들려준다. 학생들은 상체와 머리를 가능한 움직이지 않도록 하면서 양손에 스카프를 하나씩 들고 배꼽부위에 가지런히 모은다. 3박자의 일정박에 맞추어 오른발, 왼발로 다음처럼 공간을 이동하며 걷는다.  의 식으로 스텝을 자연스럽게 한다.

이때 걷는 방향은 전, 후, 좌, 우, 회전 모두 가능한데 다른 사람의 몸과 부딪치지 않도록 잘 조절한다. 걷기가 잘되면 '사랑하는 엘리-' 부분에서는 스카프를 쥔 오른손을 머리 위쪽으로 흩뿌리듯 들었다가 다시 배에, '-제 영원토-' 부분에서는 왼손 스카프를 머리 위쪽으로 들었다가 다시 허리에, '-록 그리워라' 부분에서는 양손을 양어깨 쪽으로 향하게 하다가 다시 배에 갖다 댄다. 손동작은 천천히 한다. 이와 같이 스카프를 흔들었던 횟수가 총 몇 번인지 상기시킨다. 스텝이 꼬이는 학생들은 손동작만 표현하거나 발동작만 하도록 한다. 상황에 따라 A부분의 주제선율이 나올 때는 발과 손을 이용해 춤을 추고, 나머지 부분에서는 제자리에서 기다려도 된다.

② 모두가 원형으로 서 있고 3박자의 일정박을 제자리에서 걷는다. 교사는 A, B, C 주제선율에 즉석에서 가사를 지어 노래를 불러 준다. A의 '나의 사랑하는 엘리제' 를 반복하며 교사는 '나의 사랑하는 ○○○' 하고 학생의 이름을 부른다. 그러면 그 학생이 노래를 혼자 부르고 난 후 다른 학생의 이름을 댄다. B의 주제선율은 우선 바장조의 계명으로 부른다. "솔솔솔 솔 도' 시시라 파' 미' 미' 레' 도' 시라솔 파미" 를 발동작과 함께 반복하여 음정을 익힌 후에 가사를 붙여 노래한다. 이런 식으로 C 주제선율도 가사를 즉석으로 붙여 노래하도록 한다.

악보 3-37 〈엘리제를 위하여〉 주제선율에 가사 붙여 노래하는 악보의 예

③ 교사는 준비된 음판악기를 A 부분과 B 부분을 연주하는 그룹으로 나눈다. 음판악기 준비는 이 곡의 반주에 필요한 음판만 올려놓고(A 주제선율은 E와 A음판, B 주제선율은 F, A, B , C, D 음판) 학생들은 가능한 음표기둥의 방향에 따라 왼손과 오른손을 교대로 연주하도록 한다. 이와 같은 방법으로 C 주제선율도 즉흥연주한다. 실제 악곡에 없는 D, E 부분도 연주할 수 있는데 이 경우에도 학생들의 그룹을 정하고 우선 베이스 음판의 음을 상의하여 결정한다. 알토실로폰과 멜로디언은 베이스음과 어울리도록 리드미컬하게 연주하도록 한다.

악보 3-38 〈엘리제를 위하여〉 주제선율을 악기로 반주하는 악보의 예

④ 전체 학생을 악기그룹(각 부분 4~6명)과 춤추는 그룹으로 나눈다. 춤추는 그룹에 해당하는 학생들은 춤추는 대형과 방향에 대해 기호로 적는다. 구체적인 안무에 대해 서로 상의하고 음악과 춤을 동시에 표현한다. [그림 3-3]과 같이 시도할 수 있다.

연주 순서	춤 기보	설명
A	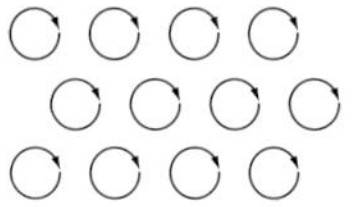	모든 무용수는 그림과 같이 위치하여 오른쪽 또는 왼쪽으로 제자리에서 3박자 일정박을 군무로 표현한다.
B	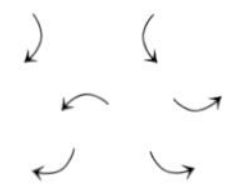	모든 무용수는 제자리에 서 있고, B부분의 무용수들만 그림과 같이 공간의 여기저기를 3박자 스텝으로 돌아다닌다.
A		동일
C		가까이에 있는 두 명이 짝을 이루어 앞뒤로 선다. 그림처럼 각을 그리며 걷다가 또 다른 두 명과 만나 X형을 만들어 춤을 춘다
A		동일

그림 3-3 〈엘리제를 위하여〉 론도 형식에 맞는 춤 안무의 예

3) 중등학교의 음악수업안: 〈카르미나 부라나〉

- 활동 목표
  - 말리듬과 신체악기 앙상블을 할 수 있다.
  - 라틴어 가사의 뜻을 이해하고 노래하며 음판악기로 반주할 수 있다.
  - 음악의 분위기에 맞는 신체 표현을 할 수 있다.
- 준비물: 베이스 메탈로폰/실로폰, 팀파니, 매달린 심벌즈, 트라이앵글, 피아노, 무지개 연

① 교사와 학생은 칸타타 〈카르미나 부라나〉와 관련된 단어를 제시하는데, 3, 5, 7, 9음절 수에 맞는 단어 한 가지씩 제시한다. 예를 들면, 다음과 같다.

3음절: 오르프
5음절: 극적 칸타타
7음절: 카르미타 부라나
9음절: 운명의 여신 세계 여인

학생들은 네 그룹으로 나뉘어 3, 5, 7, 9 음절 수 말리듬 4성부를 연주한다. 한 명의 지휘자가 몸짓, 표정, 걸음걸이 등을 이용하여 셈여림 표현을 유도한다.

악보 3-39 **칸타타 〈카르미나 부라나〉와 관련된 말리듬 악보의 예**

1성부	오	르	프	오	르	프	오	르	프	오	르	프	오	르	프	오	르	프
2성부	극	적	칸	타	타	극	적	칸	타	타	극	적	칸	타	타	극	적	칸
3성부	카	르	미	나	부	라	나	카	르	미	나	부	라	나	카	르	미	나
4성부	운	명	의	여	신	세	계	여	인	운	명	의	여	신	세	계	여	인

이런 식으로 반복하면 '오, 극, 카, 운'의 음절이 만나게 되는데 그 부분에서 악곡이 끝나도록 집중한다. 이어 말리듬의 음절 수를 박자로 이용하여 신체악기 앙상블을 연주한다.

악보 3-40 3+5+7+9박을 혼합한 신체악기 앙상블 악보의 예

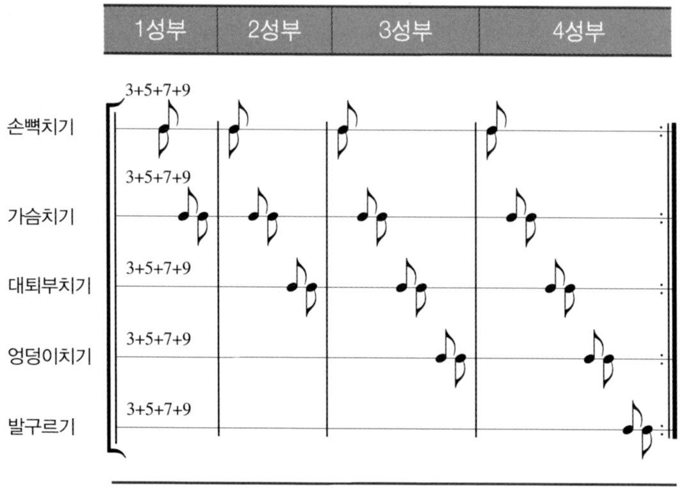

말리듬 앙상블처럼, 4성부 모두가 순간적으로 만나는 '손뼉 치기' 박에서 종지한다.

② 칸타타 〈카르미나 부라나〉 제1곡의 주요 리듬과 음정을 악기로 연주한다. 우선 음표는 손뼉을 치고 쉼표는 발을 구르는 활동으로 리듬을 익힌다. 다음에 발구르기 부분에 베이스 메탈로폰/실로폰, 팀파니, 매달린 심벌즈, 트라이앵글을 이용하여 부드럽게 연주한다.

교사는 운명이 여신이 돌리는 인생의 '희, 노, 애, 락' 에 대해 학생들끼리 토론하게 하고, 말리듬과 악기로 연주하도록 한다.

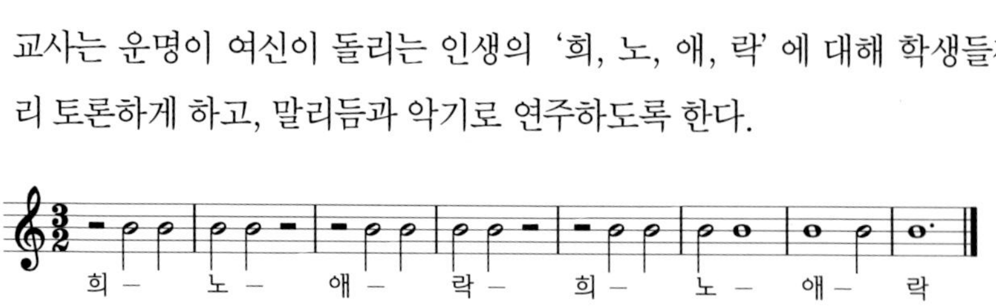

③ 교사는 라틴어 가사로 된 선율을 프레이즈별로 선창하고 학생들은 이를 잘 듣고 따라한다.

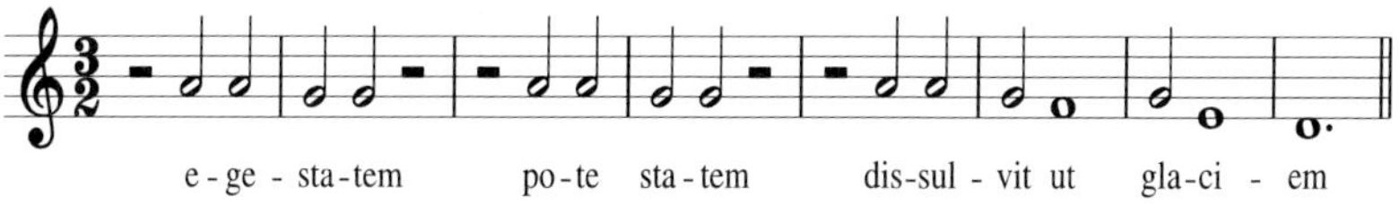

교사는 라틴어 가사의 뜻을 알려 준다.

O fortuna velut luna statu variabilis
오 포르투나, 너는 우뚝 변화무쌍한 달처럼,
Semper crescis aut decrescis, vita detestabilis
항상 커지다가 작아지듯, 가증스러운 인생은
nunc obdurat et tunc curat ludo mentis aciem
예리한 통찰력도 한때의 놀이로 굳혔다가 녹이나니
egestatem potestatem dissulvit ut glaciem.
가난과 부귀를 얼음처럼 녹이소서.

노래의 반주를 위해 베이스 음판악기로 아래와 같이 오스티나토로 연주한다.

④ 학생들은 인생의 목표라든지, 어떤 사랑을 원하는지를 카드에 적어 무지개 연 위에 옷핀을 이용하여 매단다. 가능한 많은 인원이 무지개 연을 오른손 혹은 왼손으로 들고 칸타타 〈카르미나 부라나〉 제1곡의 셈여림과 리듬 및 분위기에 따라 춤을 추는데, 한 명씩 순서대로 동작을 취하면 다 같이 이를 따라한다.

참고문헌

조순이(1999). 오르프 교수법에 의한 음악과 신체 표현. 시사음악신문 1999년 9월~2001년 12월.

조순이(2001). 칼 오르프의 음악교육, 그 발상 연구를 위한 그의 초기논문 소개, 음악교육연구, 20, 201-232.

교육인적자원부(2004). 초등학교 음악 5. 교육인적자원부.

교육인적자원부(2005). 초등학교 즐거운 생활 2-1. 교육인적자원부.

윤경미 · 문진(2001). 고등학교 음악. 현대음악출판사.

이홍수 · 황병훈 · 이성훈 · 김향정(2001). 고등학교 음악. 두산.

Berzheim, N. (1980). *Darstellendes Spiel im Kindergarten.* Donauwörth.

Binkowski, B. (Hg.)(1986). *Musik um uns 7.-10. Schuljahr.* Metzler.

Daub, M. (2005). Rezention: Gunild Keetman-ein Leben für Musik und Bewegung. In: *Orff Schulwerk Informationen,* 74(2005/Sommer), 69-70.

Fischer, W., Hansen, E., Jacobsen, J., & Schulz M.(Hrsg.)(1991). *Musikunterricht Grundschule.* Schülerband I 1./2. Schuljahr. Mainz.

Gschwendtner, H. (1989). *Kinder spielen mit Orff-Instrumenten.* München.

Haselbach, B., Nykrin, R., & Regner, H. (Hrsg.)(1985). *Musik und Tanz für Kinder.* Unterrichtswerk zur Früherziehung, Lehrerkommentar Teil I (1. und 2. Halbjahr) [약어표기 MTK 1], Mainz: Schott.

Haselbach, B., Nykrin, R., & Regner, H.(Hrsg.)(1986). *Musik und Tanz für Kinder* Unterrichtswerk zur Früherziehung, Lehrerkommentar Teil II (3. und 4. Halbjahr) [약어표기 MTK 2], Mainz: Schott.

Haselbach, B., Nykrin, R., & Regner, H. (Hrsg.)(1990). *Musik und Tanz für Kinder.* Unterrichtswerk zur Früherziehung, Lehrekommentar [약어표기 MTK], Mainz: Schott.

Holzmayer, R. (1980). *Praxishilfen zur Musik- und Bewegungserziehung für Kindergarten und Grundschule.* Donauwörth.

Jungmair, U. E. (1992). *Das Elementare.* Zur Musik- und Bewegungserziehung im

Sinne Carl Orffs (Theorie und Praxis), Schott.

Karl-Heinz, Z. (1985). *Musikalische Früherziehung.* Mainz.

Keetman, G. (1981, 3rd ed.). *Elementaria.* Erster Umgang mit dem Orff-Schulwerk. Stuttgart. 조순이 역(2002). 오르프 음악교육의 원리와 적용. 도서출판 태성.

Keller, W. (1954). *Einfürung in "Musik für Kinder"*. Methodik-Spieltechnik der Instrumente-Lehrpraxis, Mainz.

Keller, W. (1972). *Ludi Musici 1.* Spiellieder, Fidula.

Kemmelmeyer, K.-J., & Nykrin, R. (Hrsg.)(1998). *Spielpläne Musik 7/8, 9/10,* Stuttgart-Düsseldorf-Berlin-Leipzig: Klett.

Kugler, M. (2002). *Elementarer Tanz - Elementare Musik.* Die Günter-Schule München 1924 bis 1944, Schott.

Küntzel-Hansen, M. (1994). *Musik in Krippe und Kindergarten.* Darmstadt.

Laban, R. v. (1981). *Der moderne Ausdruckstanz.* Eine Einfürung in die kreative tänzerische Bewegung als Mittel zur Entfaltung der Persönlichkeit, [engl. 1949/1975] Wilhelmshaven (Heinrichshofen).

Noll, G., & Rauhe H.(Hrsg.)(1979). *Musikunterricht.* Unterrichtswerk für allgemeinbildende Schulen Sekundarstufe I, Bd. 1, Schott.

Orff, C. (1964). *Jahrbuch des Orff-Instituts,* Mainz.

Orff, C. (1964). Das Schulwerk - Rückblick und Ausblick. In W. Thomas, & W. Götze [Hrsg.], *Orff-Institut Jahrbuch 1963,* Mainz.

Orff, C., & Keetman, G. (1950-1954). *Orff-Schulwerk, Musik für Kinder* [Bde. I-V], Mainz.

Regner, H., & Ronnefeld, M. (Hrsg.)(2004). *Gunild Keetman - ein Leben für Musik und Bewegung: A Life Given to Music and Movement* (dt.-engl.), Mainz-London-New York-Paris-Prag-Tokyo-Toronto: Schott.

Thomas, W. (1977). *Musica Poetica.* Gestalt und Funktion des Orff-Schulwerks, Tutzing.

제4장
고든의 음악학습이론

1. 에드윈 고든
2. 기초 개념
   1) 음악적성　　2) 오디에이션
3. 음악학습이론
   1) 기술 학습의 위계　　2) 음악학습내용의 위계
4. 교수방법
   1) 학습순차활동　　2) 일반수업활동
5. 교수 · 학습의 실제
   1) 초등학교의 음악수업안: 〈잠자리〉
   2) 중등학교의 음악수업안: 〈어머니〉

제4장
고든의 음악학습이론

1980년 에드윈 고든(Edwin E. Gordon)의 음악학습이론(Music Learning Theory)이 발표되었다. 이 이론은 사람이 음악을 언제, 어떻게, 어떤 순서로 배우는가를 설명한 것이다. 이 학습이론은 학생에 초점을 맞추어 음악학습 과정에서 일어나는 학생들의 마음(mind)의 변화에 대한 이론이라는 점에서 일반 교수이론과 다르다. 일반 교수 이론은 보통 교사에게 초점을 맞추어 가르치는 기술이나 원리를 주로 다룬다. 고든의 음악학습이론의 핵심 단어는 '음악적성' '오디에이션' '음악학습위계' 세 가지이다. 고든의 학습이론을 이해하기 위해서는 이 세 가지의 개념을 알아야 한다.

첫째, 고든은 학생들의 '음악적성' 에 기초하여 모든 음악수업을 진행한다. 교사는 학기 초에 반드시 맡은 학생들의 음악적성을 검사하여 그 결과에 따라 모든 수업을 진행해야 한다. 이러한 필요 때문에 고든은 나이별 음악적성검사를 개발하였다.

둘째, '오디에이션' 은 음악활동을 하는 데 가장 중요한 기초적 능력을 일컫는 말로, 음악을 생각하고 이미지화하는 능력에 대해 고든이 만든 말이다. 고든은 학생들이 '음악을 이해하고 감상하는 능력(music appreciation)을 기르는 것' 을 음악교육의 기본 목표로 전제하였다. ‘이해’ 가 없이는 즐기는 것에 한계가 생긴다는 것이다. 그는 학생들이 진정으로 음악을 이해하고 즐기기 위해서는 반드시 음악을 오디에이션할 수 있어야 하며, 오디에이션할 수 있는 능력만큼 음악을 즐길 수 있다고 보았다. 그러므로 고든의 모든 음악수업의 목적은 이 ‘오디에이션’ 능력을 키우는 데 있다.

셋째, ‘음악학습위계’ 는 고든이 음악을 배우는 과정과 순서 그리고 가르쳐야 할 내용을 이론으로 체계화시켜 놓은 것이다. 오디에이션 능력의 신장을 위하여 구체적으로 언제, 어떻게, 무엇을, 어떤 순서로 학생들을 가르칠 것인지가 고든 음악학습이론의 주요 골자이다.

이 장에서는 에드윈 고든의 삶을 알아보는 것을 시작으로 음악학습이론의 기초 개념, 음악학습이론, 교수방법, 교수 · 학습 방법의 실제를 차례로 살펴보고자 한다.

1. 에드윈 고든

에드윈 고든(Edwin E. Gordon)은 미국에서 태어나 현재까지 활동하고 있는 저명한 학자이며 교사, 저술가이다. 그는 1979년부터 1997년까지 미국의 템플대학교에서 시쇼어(Carl E. Seashore) 연구 교수로 재직했으며 그곳에서 린드백(Lindback)상과 우수 교수상을 받았다. 그의 업적은 미국은 물론 유럽과 아시아에서 출판을 통해 세계적으로 널리 알려졌다.

고든은 이스트만음악학교에서 더블 베이스로 학사학위와 석사학위를 받았으며, 졸업 후 박사학위를 하기 전까지 진 크루파(Gene Krupa) 밴드에서 연주자로 활동하였다. 1958년에 아이오와대학교에서 음악교육학으로 박사학위를 받은 후에는 뉴욕주립대학교에서 가르쳤다. 고든은 자신만의 음악학습이론을 정립하였으며 나이에 따른 여러 가지 음악적성검사를 개발하였다.

최근에는 1개월~3세 나이의 영유아들의 음악발달에 대해 집중적으로 연구하고 있으며, 유아들의 음악학습이론 위계와 오디에이션 단계, 유형, 음악적성, 움직임과 음악의 리듬에 대해서도 활발하게 연구하고 있다.

2. 기초 개념

1) 음악적성

고든은 음악수업이 반드시 학생들의 음악적인 차이를 고려하여 이루어져야 한다고 주장하였다. 그는 교사가 반드시 수업 전에 학생들의 음악적성을 측정해서 그 결과를 수업 시간에 활용해야 한다고 생각하였다. 고든의 음악수업은·크게 학습순차활동과 일반수업활동으로 나누어진다. 고든 수업의 중심인 학습순차활동은 학생들의 음악적성을 모르면 적용하기가 불가능하다. 교사는 음악학습의 단계별로 음악적성에 따라 학생들을 상, 중, 하로 나누어 수준별로 수업을 하게 된다.

(1) 음악적성의 개념

음악적성이란 '음악의 IQ' 라고 할 수 있다. 음악재능, 소질, 음악성 등 다양한 말로 표현하기도 한다. 고든은 '음악적성' 이란 '음악을 배울 수 있는 잠재력(potential to learn music)' 이라고 정의하였다(Gordon, 1993: 2). 즉, '어떤 사람이 음악을 얼마나 잘 배울 수 있는지를 나타내는 잠재적인 가능성' 을 말한다.

개인별로 차이는 있지만 누구나 악기를 배울 수 있는 능력을 가지고 있다. 그러나 어떤 학생은 빨리 배우고 어떤 학생은 더디게 배운다. 집중력의 차이, 연습시간의 차이 등 그 이유에는 다른 여러 가지가 있을 수 있지만 학생의 음악적성 차이가 큰 부분을 차지한다.

(2) 음악적성의 특징

음악적성의 특징은 무엇인가? 음악적성은 선천적인가, 후천적인가? 유전은 어느 정도 중요한 것인가? 유감스럽게도 이 같은 질문에 대해 아직 확실한 답은 나오지 않고 있다. 하지만 대부분의 학자들이 인정하고 있는 음악적성의 특징에는 다음과 같은 것이 있다(현경실, 2004: 23-24).

첫째, 모든 사람은 정상인이라면 누구나 어느 정도의 음악적성, 즉 음악을 배울 수 있는 능력을 타고난다. 누구나 언어를 배울 수 있는 능력과 어느 정도의 지능(IQ)을 가지고 태어나는 것과 같은 이치이다.

둘째, 대부분의 사람들은 평균 수준의 음악적성을 갖고 있으며 소수의 사람들만이 아주 낮거나 높은 음악적성을 가지고 있다.

셋째, 타고나는 음악적성은 사람마다 각각 다르다.

넷째, 음악적성에는 타고나는 것 이상으로 환경적인 요소가 큰 영향을 미친다. 특정 개인의 어린 시절의 음악 환경은 그 사람의 음악적성을 개발하는 데 매우 중요하다. 어떤 사람이 타고난 음악적성이 높다고 하더라도 음악을 접할 기회가 적었다면 그 적성은 잘 나타나지 못할 것이며, 제한된 적성밖에 갖고 태어나지 못했다 하더라도, 음악을 자주 접하면 음악적성이 계발될 확률이 높아질 것이다.

다섯째, 음악적성은 9세 무렵까지 형성된다. 고든(Gordon, 1987: 2)은 "모든 사람은 특정 수준의 음악적성을 가지고 태어난다. 이 음악적성은 9세 정도가 될 때까지 공식 또는 비공식적인 음악적 환경에 따라 변하며 그 후에는 고정된다."라고 말하였다. 9세 때까지는 주위 환경과 교육적 영향에 의하여 음악적성이 변화한다. 일반 지능(IQ)이 어릴 때에는 계속 높아지다가 나이가 들면 고정되는 것과 같은 이치이다.

(3) 고든의 음악적성검사

고든의 음악수업에서 없어서는 안 되는 자료가 학생들의 음악적성이므로 고든은 오랜 연구를 통해 연령별 음악적성검사를 개발하여 표준화하였다. 고든이 개발한 음악적성검사에는 음악적성프로파일, 초급, 중급 및 고급 오디에이션 능력 검사, 오디 등이 있다. 다음은 고든이 개발한 음악적성검사이다. 이 음악적성검사 중 학생의 나이와 수준에 맞는 검사를 선택하여 이용하면 된다.

① 음악적성 프로파일(The Musical Aptitude Profile: MAP, 1965/1988)

MAP은 초등학교 4학년에서 고등학교 3학년의 학생을 위한 음악적성검사이다. MAP은 비선호 검사와 선호 검사로 구성되어 있다. 이 MAP은 처음부터 끝까지 고든이 작곡한 곡으로 구성되어 있으며 전문음악인에 의해 연주 · 녹음되었다. 사용된 악기는 바이올린과 첼로이다.

MAP은 음감(tonal), 리듬감(rhythm), 음악적 감수성(musical sensitivity)의 하위 영역으로 되어 있다. 이 세 영역은 다시 7개의 하위검사로 이루어져 있다. 음감에는 선율과 화성 하위검사, 리듬감에는 템포와 박자 하위검사, 음악적 감수성에는 악절, 균형, 스타일 하위검사가 각각 포함되어 있다.

② 초급 오디에이션 능력 검사(Primary Measures of Music: Audiation: PMMAL 1976/1986)와 중급 오디에이션 능력 검사(Intermediate Measures of Music Audiation: IMMA, 1976/1986)

PMMA는 유치원생부터 초등학교 3학년 학생들을 위한 검사이고, IMMA는 초등학교 1학년부터 4학년을 위해 만들어진 검사이다. 이 두 검사는 검사방식에서 매우 비슷한 형식을 취하고 있다. 이 두 검사는 각각 리듬감과 음감 2개의 하위검사로 이루어져 있다. 각 하위검사는 40문항으로 되어 있다. IMMA는 PMMA보다 다소 난이도가 높다.

③ 고급 오디에이션 능력 검사(Advanced Measures of Music Audiation: AMMA, 1989)

AMMA는 음악전공자들을 위해 만들어진 검사이다. AMMA는 PMMA나 IMMA과 같이 한 쌍의 멜로디를 듣고 그 두 멜로디가 같은지 다른지를 답하도록 되어 있는데, AMMA가 PMMA, IMMA와 다른 점은 음 부분이 다른지 리듬 부분이 다른지를 구별하여 답하여야 한다는 점이다. 추측을 배제하기 위해 잘 모르겠으면 '?' 부분에 답하도록 되어 있다. 음감이나 리듬감 하위검사로 나뉘어 있진 않지만 점수는 음감과 리듬감, 종합점수로 나온다. 그리고 이 검사는 원래 음악 전공자들을 위해 만들어졌으나, 현재는 음악 비전공자에게도 실시한다. MAP에 비해 전체 실시 시간이 짧아서 편리하기 때문이다. 고든은 최근 중학교와 고등학교의 일반 학생을 위한 표준점수 기준도 발표하였다.

④ 오디(Audi, 1989)

고든은 3, 4세의 어린이들을 위해 놀이형 음악적성 검사인 오디를 개발하였다. 이 검사는 음과 리듬 영역으로 나누어져 있다. 이 검사는 '오디' 라는 이름의 멜로디와 리듬패턴이 있는데, 이 패턴을 기억하여 다른 패턴과 다른지 같은지를 구별하는 형식으로 되어 있다. 어린아이들이기 때문에 답안지 체크는 부모나 교사가 하도록 되어 있으며 아이가 원하는 만큼 놀면서 반복할 수 있도록 디자인되어 있다.

표 4-1 고든의 음악적성검사 비교

검사명	하위검사	대 상	음 원	실시 시간
MAP (1965/1988)	• 음감: 멜로디 화성 • 리듬감: 빠르기 박자 • 선호도: 악절감 균형 스타일	10세～성인	바이올린 첼로	3시간
PMMA(1979)/ IMMA(1982)	• 음감 • 리듬감	5～10세	전자악기	20분
AMMA (1988)	• 음감 • 리듬감	음악전공자와 13세 이상	전자악기	20분
Audi(1989)	• 멜로디 • 리듬	3～4세	전자악기 오르간	10분

고든의 각 검사를 종합적으로 비교하면 〈표 4-1〉과 같다.

2) 오디에이션

고든의 음악학습이론에서 오디에이션의 이해는 중요하다. 음악적 능력의 기초는 오디에이션할 수 있는 능력이다. 고든의 실제적 음악교육의 목표는 학생들의 오디에이션 능력을 키워 주는 것이다.

(1) 오디에이션의 개념

'audiation' 은 '소리를 상상하다' 라는 뜻으로, 고든이 시각적으로 '그림이나 영상을 상상하다' 라는 단어인 'Imagination' 과 대응되는 말로 만든 단어이다. 사람이 언어로 말하고 듣고 읽고 쓰기 위해서는 그 언어로 생각할 수 있는 능력이 있어야 하듯이, 음악을 듣고 연주하고 읽고 쓰기 위해서는 음악적으로 '생각할 수 있는 능력' 이 있어야 한다. 음악적으로 '생각할 수 있는 능력' 은 음악을 학습하는 데 매우 중요한 기초 능력이다. 이 '음악적으로 생각하는 능력' 이 오디에이션이다.

오디에이션에 대한 고든의 정의는 '실제로 들리지 않는 음악을 마음속으로 듣고 (상상으로) 이해하는 능력' 이다(Gordon, 1993: 13). 음악을 잘 이해하려면 음악을 많이 듣고 연주하는 등 음악 경험이 많아야 한다. 그것은 어떤 언어를 많이 듣고 사용할 기회가 많아야 그 언어를 잘 이해하게 되는 것과 같다. 언어를 이해한다는 것은 그 언어로 자유롭게 생각하고 대화하는 것이다. 같은 원리로, 음악을 이해한다는 것 역시 음악을 자유롭게 사용하고 즐기며, 음악으로 생각하고 의사표시를 하는 것이다. 말을 잘하려면 생각하는 능력을 키워야 하듯이 음악을 잘하려면 오디에이션하는 능력을 키워야 한다. 즉, 오디에이션 능력이 크면 클수록 음악을 잘 이해하게 된다(Gordon, 1990: 37). 언어를 사용하고 생각할 수 있는 능력이 사람마다 다른 것과 마찬가지로 오디에이션을 할 수 있는 능력 또한 사람마다 각각 다르다.

예를 들면, 마음속으로 〈고향의 봄〉 노래를 상상해 보자. 대부분의 사람들은 그 노래를 마음속으로 상상할 수 있을 것이다. 실제로 들리지 않는 음악을 듣고 있는 것이다. 그것이 오디에이션이다. 개인에 따라 오디에이션 능력은 다르다. 어떤 사람은 단순히 멜로디만을 상상할 수 있지만 어떤 사람은 〈고향의 봄〉이 장조의 곡이고 2박자 계통의 곡이라는 것 등도 마음속으로 듣고 알 수 있을 것이다. 더 나아가서 피아노나 기타로 반주를 한다면 무슨 코드를 써야 할지 등을 알 수도 있다. 이와 같이 개인의 음악적 능력에 따라 낮은 수준의 오디에이션을 할 수도 있고 더 높은 차원의 오디에이션을 할 수도 있다.

악보를 읽고 쓰는 데도 오디에이션의 과정이 일어난다. 그러나 악보를 읽고 쓰는 능력이 오디에이션하는 데 반드시 필요한 것은 아니다. 언어로 생각하는 데 글을 쓰는 능력이 반드시 필요하지는 않은 것과 같다. 또 오디에이션은 짧은 시간 안에 배울 수 있는 기술이나 능력이 아니고, 오랜 시간에 걸쳐 형성되는 기술이다. 어떤 언어로 생각하는 능력이 단시간에 생기지 않는 것과 마찬가지이다.

오디에이션은 전적으로 새로운 개념의 말은 아니다. 음악교육학에서는 오래전부터 여러 가지의 다른 용어로 사용되어 왔다. '듣는 감각(aural perception)' '듣는 상상(aural imagery)' '내청(inner hearing)' '모방(imitation)' '암기(memorization)' '듣는 기술(aural skill)' 등으로 불려 왔다. 그러나 이 용어들은 그 개념을 잘 표현하기에는 여러 가지 문제점이 있다. '듣는 감각' 이라는 말은 음을 듣고 감지한다는 뜻인데, 이 단어에는 들려오는 음을 감지한다는 뜻이 강하기 때문에 오디에이션과 다르다. 또 '듣는 상상' 이라는 말은 음악을 듣거나 연주할 때 악보를 상상한다는 것과 혼동되기 쉬우며, '내청' '모방' '암기' 등도 오디에이션과는 그 의미가 조금 다르다. 특정 외국어를 전혀 이해하지 못해도 소리를 흉내 낼 수 있듯이 오디에이션 없이도 곡을 단순히 흉내(모방) 내거나 외워서 노래 부르고 악기로 연주할 수 있기 때문이다.

오디에이션은 음악의 모든 활동에서 어떤 유형으로든 반드시 일어난다. 음악을 듣거나 연주하기, 또는 음악을 읽거나 쓰기 등 모든 활동에 오디에이션이 동반된다. 오디에이션이 실제로 소리가 없는데 마음속으로 음악을 듣고 이해하는 것이기 때문에, 음악을 들으면서는 오디에이션이 불가능할 것이라고 생각할지 모르나 그렇지 않다. 사람이 다른 사람의 말을 듣거나 자기 의견을 이야기하면서도 끊임없이 생각하듯이, 음악을 듣거나 연주를 하면서도 끊임없이 오디에이션할 수 있다. 그러므로 음악의 모든 활동은 '음악적 생각' 인 오디에이션 과정이 없이는 불가능하다. 말을 할 때, 글을 읽을 때, 글을 쓸 때 등 모든 과정에서 생각이 필요한 것과 같은 이치이다. 오디에이션을 할 기회가 많을수록 오디에이션하는 능력이 키워지게 된다.

(2) 오디에이션의 위계

고든의 오디에이션에는 두 가지 위계가 있다. 예비 오디에이션과 본 오디에이션이 그것이다.

① 예비 오디에이션(Preparatory Audiation)

예비 오디에이션은 음악적 옹알이 단계라고 볼 수 있다. 이 옹알이 단계의 어린아이는 음악에 관심을 보이고 직접 음악적인 활동을 하기도 한다. 그러나 이 단계의 어린아이들은 일반적인 음악적인 용어(예: 음계, 박자)를 사용하지 못하고 본인만의 용어로 음악을 표현한다. 예비 오디에이션 단계에 있는 어린아이가 노래를 부른다면, 그 노래는 조도 분명치 않고 박자도 일정하지 않은 노래들이다. 어린아이는 보통 자기만의 박자나 음으로 된 패턴이나 노래를 똑같이 계속적으로 반복하기도 한다.

아이마다 차이가 있지만 일반적으로 공교육이 시작되는 만 6세가 되면 대부분의 아이들이 이 옹알이 단계를 벗어난다. 고든은 옹알이 단계인 예비 오디에이션 위계를 세 가지 유형으로 나누었으며, 그것을 다시 일곱 가지 단계로 나누었다. 〈표 4-2〉는 고든이 분류한 예비 오디에이션 단계이다. 물론 모든 단계가 반드시 차례대로 진행되는 것은 아니며, 한 단계가 완전히 끝나고 다음 단계로 넘어가는 것도 아니다. 두 단계 이상의 특징이 동시에 나타나는 경우도 많고 단계를 뛰어넘는 경우도 있다. 또 개인에 따라 이 과정을 거치는 나이나 기간도 다르다. 이

표 4-2 예비 오디에이션의 위계와 단계

유형	나이	단계	특징
문화화 (accultura-tion)	출생에서 만 2~4세	1 단계: 흡수 (absorption)	주위의 음악 소리를 흡수한다. 단순히 음악을 듣는 단계이다.
		2 단계: 무작위적 반응 (random response)	주위의 음악 소리에 반응하여 움직이거나 옹알이를 한다. 그러나 들리는 음악과는 별로 상관이 없다. 예를 들면, 익숙한 음악소리가 들리면 고개를 돌리거나 팔을 흔드는 등의 반응을 하게 된다. 그러나 팔을 흔드는 동작이 들리는 음악의 박자와는 상관이 없는 경우가 많다.
		3 단계: 의도적 반응 (purposeful response)	주위의 음악소리에 대응되는 동작이나 옹알이를 하기 시작한다. 빠른 음악이 들리면 몸을 빨리 움직이기 시작한다. 그러나 아직도 박자는 맞추지 못한다.
모방 (imitation)	만 2~4세에서 만 3~5세	4 단계: 자기 중심 탈피 (shedding egocentricity)	자신이 하는 움직임이나 옹알이가 주위의 음악 소리와 다르다는 것을 인식하게 된다.
		5 단계: 암호 해독 (breaking the code)	주위의 음악소리, 특히 음이나 리듬패턴을 어느 정도의 정확성을 가지고 모방한다.
동화 (assimila-tion)	만 3~5세에서 만 4~6세	6 단계: 자기성찰 (introspection)	노래와 호흡, 말리듬(chant)과 움직임 그리고 호흡 등이 조화되지 않는다는 것을 알아챈다.
		7 단계: 조화 (coordination)	노래나 말리듬을 호흡, 움직임 등과 조화시킨다.

예비 오디에이션 단계의 어린이가 음악의 기본박을 분명하게 연주할 수 있게 되면 이 음악의 옹알이 단계를 벗어나서 본 오디에이션으로 올라가게 된다.

② 본 오디에이션

음악의 옹알이 단계인 예비 오디에이션을 지나면 본 오디에이션으로 들어가게 된다. 고든은 본 오디에이션이 일어나는 상황을 여덟 가지의 유형(type)으로 나누어 분류하였다. 이 유형들은 반드시 순서대로 지나게 되는 것이 아니고 건너뛰거나 여러 개의 유형을 동시에 거치게 되는 경우도 있다. 오디에이션의 유형은 다음과 같다.

- 제1유형: 음악을 들을 때(Listening to Music)

음악을 들을 때 일반적으로 가장 많이 일어나는 오디에이션의 유형이다. 알고 있는 친근한 음악이나 새로운 음악을 들을 때 음패턴과 리듬패턴을 듣고 음악을 이해하기 위해 분석적인 의미를 부여하는 과정에 진행되는 오디에이션의 유형을 말한다.

- 제2유형: 음악을 읽을 때(Reading Music)

두 번째 오디에이션의 유형은 음악을 읽을 때 일어난다. 친근한 음악이나 새로운 음악의 악보를 읽을 때 일어나는 오디에이션을 말한다. 속으로 악보를 읽는다든지, 악보를 보며 노래를 부르거나 악기를 연주할 때 하는 오디에이션의 유형이다. 뿐만 아니라 지휘를 하거나 다른 사람이 연주하는 음악의 악보를 보고 있을 때도 이 유형의 오디에이션을 하게 된다. 이런 것을 기보 오디에이션(notational audiation)이라 한다. 진정으로 악보를 읽는다는 것은 악보의 소리가 들리지 않아도 악보의 소리를 정확히 상상할 수 있는 것이다.

- 제3유형: 음악을 들으면서 적을 때(Writing Music That is Being Heard)

음악을 들으면서 들은 음악을 악보로 받아 적을 때 일어나는 오디에이션의 유형이다. 이미 알고 있는 음악이나 새로운 음악을 들으면서 악보를 적을 때 일어난다. 이것도 역시 기보 오디에이션이다.

- 제4유형: 외우는 음악을 기억할 때(Recalling Music from Memory)

외우는 음악을 기억해서 노래를 부르거나 연주를 하거나 지휘를 할 때 일어나는 유형이다. 오디에이션의 네 번째 유형이다. 이 과정은 음악을 단순히 기억하는 것과는 다르다. 음악을 기억하는 과정에 음악을 조직하고 분석하는 것이 포함된다.

- 제5유형: 외워서 음악을 적을 때(Writing Music from Memory)

외우고 있는 음악을 악보로 적을 때 일어나는 오디에이션의 유형이다. 제4유형의 오디에이션과 다른 점은 기억하고 있는 음악을 악보로 적는다는 것이다. 그러므로 이것도 기보 오디에이션의 한 유형이다.

- 제6유형: 음악을 창작할 때와 즉흥연주 할 때(Creating or Improvising Music)

음악을 창작할 때와 즉흥연주할 때 일어나는 오디에이션의 유형이다. 창작이나 즉흥연주를 노래나 악기로 연주하거나 혹은 속으로 생각할 때 모두 오디에이션을 하게 된다.

- 제7유형: 악보를 읽으면서 창작이나 즉흥연주할 때(Reading and Creating or Improvising Music)

악보를 읽으면서 창작이나 즉흥연주할 때 일어나는 오디에이션이다. 악보를 보고 악보대로 연주할 때 하게 되는 오디에이션은 제2유형의 오디에이션이며 제7유형은 악보의 코드나 숫자저음(figured bass)을 보고 즉흥연주나 창작을 하는 것이다(예: 재즈, 바로크 음악).

- 제8유형: 음악을 창작하거나 즉흥연주한 음악을 악보로 적을 때(Writing and Creating or Improvising Music)

표 4-3 오디에이션의 유형 및 특징

유형	이름	특징
제1유형	음악을 들을 때	이미 아는 음악(familiar music) / 새로운 음악 (unfamiliar music)
제2유형	음악을 읽을 때	이미 아는 음악 / 새로운 음악
제3유형	음악을 들으면서 음악 적을 때	이미 아는 음악 / 새로운 음악 받아쓰기(dictation)
제4유형	외우는 음악을 기억할 때(recalling)	외우고 있는 음악
제5유형	외워서 음악을 쓸 때	외우고 있는 음악
제6유형	음악을 창작할 때와 즉흥연주할 때	새로운 음악
제7유형	악보를 읽으면서 창작이나 즉흥연주할 때	새로운 음악
제8유형	창작이나 즉흥연주한 음악을 악보로 적을 때	새로운 음악

우리가 창작이나 즉흥연주한 음악을 악보로 적을 때 일어나는 오디에이션의 유형이다. 이것도 기보 오디에이션의 한 유형이다. 우리는 만든 음악이나 즉흥연주한 음악을 적기 전에 한동안 기억한다. 즉, 제6유형의 오디에이션을 악보로 적는 것이다.

오디에이션의 모든 유형은 다시 여섯 단계(stage)로 나누어진다. 즉, 여덟 가지의 유형은 각각 다시 여섯 단계로 나누어진다. 이 여섯 단계는 대부분 순서대로 일어난다. 그러나 모든 단계가 반드시 순서대로 가는 것은 아니다. 어떤 경우에는 한꺼번에 일어나기도 하고 뛰어 넘기도 한다. 〈표 4-3〉은 오디에이션의 6단계이다.

(3) 오디에이션의 6단계

① 제1단계-순간 보유(Momentary Retention)

방금 전에 들은 음악을 짧은 시간동안 기억하는 단계이다. 음악을 들은 후에 들은 음악이 몇 초간 남아 있게 되는데 이것을 순간 보유 현상이라고 일컫는다. 이 단계는 진정한 의미의 오디에이션이 일어나는 단계라고는 볼 수 없다. 이 단계는 오디에이션의 준비 과정이다.

② 제2단계-음패턴, 리듬패턴 모방과 오디에이트하기/으뜸음(중심음)과 기본박 알아내기(Imitating and Audiating Tonal Patterns and Rhythm Patterns and Recognizing and Identifying a Tonal Center and Macrobeats)

우리는 방금 들은 음악을 계속 기억한다. 그리고 오디에이션을 통해서 들은 음악을 체계화하고 중요한 음들을 알아낸다. 결과적으로 친근한 음악과 새로운 음악을 구별하고 계속적으로 기본박과 으뜸음을 알아낸다.

③ 제3단계-주관적 또는 객관적으로 조성과 박자 결정하기(Establishing Objective or Subjective Tonality and Meter)

으뜸음과 기본박을 확인하는 동시에 계속적으로 음악을 분석하면서 조와 박자를 알아내려는 오디에이션을 하게 된다. 그리하여 음악의 조와 박자를 알아내는 단계이다. 1, 2, 3단계는 너무 짧은 시간에 일어나기 때문에 동시에 일어나는 듯이 보이기도 한다.

④ 제4단계-이미 체계화 된 리듬과 음패턴을 오디에이션하면서 의식적으로 유지하기 (Consciously Retaining in Audiation Tonal Patterns and Rhythm Patterns That We Have Organized)

1, 2, 3 단계에서 이미 체계화한 음과 리듬패턴을 계속적으로 오디에이트하게 된다. 그리하여 좀 더 분명하게 조와 박자를 확신하게 된다. 그뿐만 아니라 키(key), 빠르기, 양식(style), 음색, 박자의 강약(dynamic), 형식 등 음악의 의미를 주는 요소들을 오디에이트하게 된다. 예를 들어 들은 음악이 돌림노래인 것을 아는 것은 제4단계에서 가능하게 된다.

⑤ 제5단계-다른 음악에서 이미 체계화되고 오디에이트된 패턴들을 의식적으로 찾아내기(Consciously Recalling Patterns Organized and Audiation in Other Pieces of Music)

이미 체계화되고 오디에이트된 패턴들을 다른 음악에서도 계속적으로 찾아내어 비교 분석하면서 같은 점과 다른 점을 지속적으로 찾아낸다. 이미 들은 음악은 하루 전의 것일 수도 있고 여러 달 전의 것일 수도 있다. 제1단계에서 제5단계까지는 계속 반복된다.

⑥ 제6단계-계속적인 패턴에 대한 예측하기(Conscious Prediction of Patterns)

1단계에서 5단계까지 오디에이션이 계속되면서, 제6단계에서는 앞으로 나올 패턴에 대해 계속적으로 예측하게 된다. 정확한 예측을 하면 할수록 좀 더 음악을 이해하게 된다. 만약 잘못 예측된 부분이 있다면 계속적으로 1단계에서 5단계의 오디에이션을 반복하여 정확한 예측을 하도록 노력하게 된다.

〈표 4-4〉는 오디에이션의 6단계를 간단히 나타낸 것이다.

표 4-4 오디에이션의 6단계

단계	내용
제1단계	순간 보유
제2단계	음패턴, 리듬패턴 모방하기와 오디에이트하기/ 으뜸음과 기본박 알아내기
제3단계	주관적 또는 객관적인 조와 박자 결정하기
제4단계	이미 체계화 한 리듬/음패턴을 오디에이트하면서 계속적으로 유지하기
제5단계	다른 음악에서도 이미 체계화하고 오디에이트된 패턴들을 계속적으로 찾아내기
제6단계	계속적인 패턴에 대해 예측하기

3. 음악학습이론

"사람들은 음악을 어떻게 배우는 것일까?" "음악학습은 어떤 과정을 거쳐서 일어나는 것일까?" "어떻게 해야 효과적으로 음악을 배울 수 있을까?" 고든은 이 과정을 음악심리학적 관점에서 설명한 음악학습이론을 발표하였다. 이 이론은 교수이론이 아닌 학습이론이다. 음악학습은 누구에게나 일어난다. 물론 음악학습은 어떤 한 순간에 끝나는 것이 아닌 계속되는 과정이다.

그가 발표한 음악학습이론은 크게 두 가지 영역으로 되어 있다. 첫째는 기술학습의 위계(skill learning sequence), 둘째는 음악학습내용 위계(music contents learning sequence)이다. 기술 학습의 위계는 학생이 음악을 배우는 과정을 심리학적으로 설명해 놓은 것이며, 음악학습내용 위계와 리듬학습내용 위계는 음과 리듬의 학습 내용을 기술 학습 위계에 따라 순서를 정해 체계화 시켜 놓은 것이다. 그러므로 기술 학습의 위계는 반드시 음과 리듬학습내용에 따라 진행되어야 한다.

1) 기술 학습의 위계

고든의 기술 학습의 위계는 학생이 음악학습하는 과정을 순서대로 위계화해 놓은 것이다. 음악을 학습하는 과정은 크게 둘로 나눌 수 있다. 첫 번째 위계는 변별학습(discrimination learning)의 단계이고 두 번째는 추론학습(inference learning)의 단계이다. 변별학습은 학습의 기초 단계이며, 추론학습의 준비 과정이다. 변별학습은 첫 번째 단계의 학습 과정으로서 단순히 배운 것을 받아들이는 암기 모방의 과정이며 추론학습은 개념학습으로, 변별학습에서 배운 것을 추론하고 응용하는 과정이다. 이 두 위계는 다시 여덟 단계로 나누어진다. 〈표 4-5〉는 고든의 기술 학습 위계를 간단히 표로 나타낸 것이다.

표 4-5 고든의 기술 학습 위계

위계	단계
변별학습 (discrimination learning)	듣기/부르기(aural/oral)
	언어 연합(verbal association)
	부분적 통합(partial synthesis)
	상징적 연합(symbolic association) 읽기(reading)/쓰기(writing)
	전체적 통합(composite synthesis) 읽기(reading)/쓰기(writing)
추론학습 (inference learning)	일반화(generalization) 듣기/부르기(aural/oral)-언어(verbal)-악보(symbolic): 읽기(reading)/쓰기(writing)
	창작/즉흥연주(creativity/improvisation) 듣기/부르기(aural/oral)-악보(symbolic): 읽기(reading)/쓰기(writing)
	이론적 이해(theoretical understanding) 듣기/부르기(aural/oral)-언어(verbal)-악보(symbolic): 읽기(reading)/쓰기(writing)

(1) 변별학습(Discrimination Learning)

변별학습은 모든 학습에 맨 처음 일어나는 학습 단계이다. 변별학습에는 듣기/부르기, 언어 연합, 부분적 통합, 악보 배우기, 전체적 통합의 5단계가 있다.

① 듣기/부르기(Aural/Oral)

변별학습에서 듣기/부르기는 가장 기초적이고 중요한 단계이다. 여기서 부르기란 음악적으로 부르고 연주하고 움직이는 모든 행동을 포함한다. 이 단계에서 음패턴은 '밤밤밤…' 으로 리듬패턴은 '빠빠빠…' 등의 의미 없는 한 가지 음절(neutral syllable)을 정하여 부른다. 왜냐하면 일단 의미를 모르더라도 많이 듣고 따라 불러야 음악패턴의 체계(syntax)가 습득되기 때문이다. 이 단계에서는 장조, 단조뿐만 아니라 다양한 조의 음패턴을 학습해야 한다. 마찬가지로 2박자와 3박자 계통의 리듬뿐만 아니라 다양한 박자의 리듬패턴을 학습해야 하며 다양한 패턴을 학습할수록 그 효과가 크다. 학생들은 듣기와 부르기를 반복하면서 오디에이트하는 능력을 키우게 된다.

② 언어 연합(Verbal Association)

이 단계에서는 듣기/부르기에서 이미 배운 패턴들을 계이름과 리듬음절(rhythm solfege)로 부른다. 음패턴은 계이름을 이동도법으로 부르며, 리듬패턴은 고든 자신이 만든 리듬음절로 부른다. 리듬음절의 예는 〈악보 4-1〉에 나타나 있다. 이 단계에서도 교사가 패턴을 계이름이나 리듬음절로 부르면 학생들은 듣고 따라 부른다. 여기서는 또 전 단계에서 배운 패턴의 장조와 단조 혹은 2박자계와 3박자계, 으뜸화음, 딸림화음 등의 이름도 배우는데, 음악이론을 배우는 것이 아니고 단지 이름만 배운다.

악보 4-1 고든의 리듬음절(Gordon, 1993: 284-285)

③ **부분적 통합**(Partial Synthesis)

부분적 통합 단계란 위의 두 단계를 통합하는 단계이다. 학습에서 두 단계를 합하는 단계는 부분적 통합 단계와 전체적 통합 단계가 있다. 부분적 통합 단계는 듣기/부르기 단계와 언어 연합 단계를 합한 것이고, 전체적 통합 단계는 부분적 통합 단계와 상징적 연합 단계를 합한 것이다.

부분적 통합 단계에서 학생들은 위의 단계에서 배운 패턴들을 비교하고 그 패턴들의 이름을 배우게 된다. 그리하여 학생들이 패턴들의 계이름이나 리듬음절의 체계(syntax)를 알게 된다. 즉, 이 단계에서는 학생들이 전 단계에서 이미 배운 음이나 리듬패턴들을 여러 개 듣고 종합하게 된다. 학생들은 이미 배운 패턴들을 그룹으로 듣고 그 성질과 체계를 구별한다. 예를 들면, 2개 이상의 음패턴들을 그룹으로 듣고 그 패턴들이 장조인지 단조인지를 구분하는 것이다. 또, 2개 이상의 리듬패턴들을 그룹으로 듣고 그 패턴들이 2박자계인지 3박자계 인지를 구분하는 것이다. 이때 교사는 의미 없는 한 가지 음절로 패턴을 들려준다.

④ **상징적 연합**(Symbolic Association)

패턴들을 읽고 쓰는 단계이다. 학생들이 패턴들을 듣고 장조인지 단조인지, 2박자계인지 또는 3박자계인지를 알 수 있을 때에야 비로소 소리의 상징인 악보를 가르치기 시작한다. 악보를 가르칠 때에도 교사는 이미 전 단계에서 학생들이 배운 패턴의 악보를 보여 주며 그 패턴을 계이름으로 부름으로써 학생들이 알고 있는 패턴과 악보 읽기를 연결시킨다. 그 후 학생들은 같은 패턴을 쓰는 것도 배운다. 학생들이 패턴을 읽고 쓰는 활동에는 반드시 오디에이션이 동반되어야 한다. 악보를 읽고 쓴다는 것은 악보에 의미를 부여할 수 있게 됨을 말한다. 학생들이 배운 패턴들의 악보를 보고 오디에이트할 수 없다면 아직 읽고 쓰는 단계라고 할 수 없다. 학생들이 알고 있는 패턴을 읽고 쓸 수 있게 되면 다음 단계로 넘어가게 된다.

⑤ **전체적 통합**(Composite Synthesis)

음악적 이해(musical comprehension)를 통한 읽기와 쓰기의 단계이다. 상징적 연합 단계는 알고 있는 각각의 패턴을 단순히 읽고 쓸 수 있는 단계이고, 전체적 통합 단계는 읽고 쓰는 것은 물론 여러 개의 패턴들을 종합하여 조나 박자 등도 오디에이트할 수 있는 단계를 말한다. 즉, 음악적 이해를 동반한 읽기와 쓰기의 단계이다. 각 학습 단계의 특징은 [그림 4-1]과 같다.

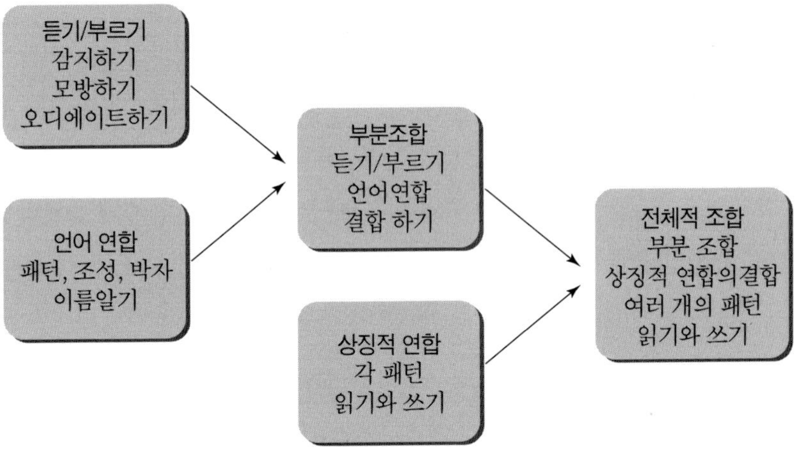

그림 4-1 학습 단계의 특징

(2) 추론학습(Inference Learning)

변별학습 단계에서 학생들이 배운 패턴을 읽고 쓰게 되면 추론학습 단계로 넘어간다. 변별학습과 추론학습의 다른 점은 변별학습에서는 거의 모든 단계에서 배운 패턴을 다루고, 추론학습에서는 거의 새로운 패턴을 다룬다는 것이다. 추론학습은 일반화, 창작/즉흥연주, 이론의 이해 세 단계로 나누어진다.

① **일반화(Generalization)**

이 단계는 다시 듣기/부르기, 언어 연합, 악보 배우기의 세 단계로 세분된다. 악보 배우기는 다시 읽기와 쓰기의 단계가 있다. 일반화 단계에서는 배운 패턴 외에도 새로운 패턴을 듣고 다른 점을 배우게 된다. 즉, 학생들은 교사가 부르는 패턴들을 듣고 같은지 다른지 구별하게 된다. 새로운 음패턴을 들었을 때 이미 배운 패턴과 비교하여 새로운 패턴의 체계를 파악하여 새로운 패턴이 장조인지 단조인지 아는 것은 물론, 그 패턴의 계이름까지도 오디에이트할 수 있어야 이 단계에 속한다. 읽거나 쓰는 과정에서도 똑같은 현상들이 반복된다.

예를 들면, 교사가 계이름이 아닌 의미 없는 음절로 다른 2개로 된 한 세트의 패턴을 불렀을 때, 학생은 그 패턴의 성질을 파악하여 그 두 패턴의 성질이 같은지 다른지를 말한다. 이것이 일반화의 다시 듣기/부르기 단계이다. 교사가 의미 없는 음절로 부르는 패턴을 듣고 그 패턴을 계이름으로 부른다면 일반화 단계의 언어 연합 단계가 된다. 새로운 패턴을 읽고 쓰는 시창과 청음을 할 수 있다면 일반화의 악보 읽기와 쓰기 단계이다. 물론 이 모든 단계에서 그 패턴의 성질을 파악할 수 있어야 한다.

② 창작/즉흥연주(Creativity/Improvisation)

이 단계는 학생들이 배운 패턴과 새로운 패턴을 이용하여 창작하거나 즉흥연주하는 것을 말한다. 예를 들어 교사가 한 음패턴을 부르면 학생은 들은 패턴의 성질을 오디에이트하여 장조이면 장조 패턴을 창작하고, 단조이면 단조 패턴을 창작한다. 읽기와 쓰기도 똑같은 과정이 요구된다.

③ 이론적 이해(Theoretical Understanding)

이 단계는 고든학습이론의 마지막 단계이다. 이 단계도 다시 듣기/부르기, 언어 연합, 악보 배우기 세 단계로 세분된다. 이 단계에서 학생들은 음의 이름이라든지 음표의 길이 화음 등 일반적인 음악이론들을 배운다. 이전 단계에서 주로 '무엇을' '어떻게' 등을 위주로 배웠다면 이 단계에서는 '왜' 를 배운다.

(3) 도약 학습(Spiral Learning)

이 단계는 고든학습이론의 순차적인 단계는 아니다. 앞에서 설명한 단계들을 순차적으로 진행하다가 필요가 있을 때 잠시 더 높은 단계로 도약하는 것을 말한다. 물론 반드시 제자리로 돌아와야 한다. 예를 들면, 첫 번째 단계인 듣기/부르기에서 배운 패턴만을 가지고 학생들에게 잠시 창작/즉흥연주를 시켜볼 수 있다. 도약 학습은 본래 학습 단계를 더욱 견고히 해 주는 역할을 하며 학생들의 지루함을 덜어 주기도 한다.

2) 음악학습내용의 위계

고든은 어떤 내용을 어떤 순서로 가르쳐야 하는지를 그의 학습 위계에 따라 밝혔다(Gordon, 1993). 그는 학생들이 패턴을 이용해 어떤 순서로 음악을 이해하는지를 설명하고 있으며 내용은 크게 음 부분과 리듬 부분이다. 그는 학생들이 다양한 음악을 경험하는 것이 매우 중요하다고 생각했기 때문에 학습 과정에 평소 많이 사용되지 않는 조나 박자가 여러 가지 포함되어 있다. 각 음이나 리듬패턴은 난이도에 따라 분류되어 있다. 다음은 고든의 학습 과정 위계의 요약이다.

(1) 음학습내용의 위계(Tonal Content Learning Sequence)

고든은 음에 관련된 부분의 학습 순서를 내용별로 위계를 세워 〈표 4-6〉과 같이 제시하였다. 아래의 학습 과정에서 첫 단계인 장조를 배운다고 하는 것은 단순히 장조의 스케일이나 화음 등을 이론으로 배우는 것이 아니다. 장조의 음악과 패턴을 듣기부터 시작하여 귀로 먼저 장조를 익히고 난 다음 읽기, 쓰기, 창작하기 등의 순서로 하기 때문에 단시간에 장조를 모두 배우기는 어렵다. 장조 하나만 완전히 배우려 해도 보통 몇 년이 걸리기 때문이다. 고든이 제안하는 학습 순서는 장조와 단조를 완전히 다 가르친 후 믹솔리디안과 도리안을 가르친다는 것이 아니라 첫 단계인 장조와 단조를 어느 정도 한 다음 단계로 넘어 간다는 뜻이다. 물론 두 번째 단계에 넘어가서도 첫 단계가 완전해 질 때까지 계속 학습하도록 되어 있다. 그 다음 단계도 같은 방법으로 가르친다. 리듬학습 과정도 같은 학습 방법으로 가르친다. 학습내용 위계에서 조성(Tonality)이라 함은 장조와 단조는 물론 선법(mode)과 무조(atonal)가 모두 포함된다. 음학습은 다음의 순서로 이루어진다.

표 4-6 음학습내용의 위계

1. 장조(major)와 화성단음계(harmonic minor)	6. 에올리안(aeolian)
2. 믹솔리디안(mixolydian)	7. 로크리안(locrian)
3. 도리안(dorian)	8. 멀티토널(multitional)/ 멀티키얼(multikeyal)
4. 리디안(lydian)	9. 폴리토널(polytonal)/폴리키얼(polykeyal)
5. 프리지안(phrygian)	

멀티토널과 멀티키얼의 '멀티' 란 한 성부에서 여러 가지 조성이나 키를 포함할 때 지칭하는 말이다. 멀티토널이란 키(keyality)는 변하지 않은 상태에서 한 멜로디가 2개 이상의 조성(tonality)을 포함하고 있는 것을 말한다. 멀티키얼이란 조성은 변하지 않은 상태에서 한 멜로디가 2개 이상의 키를 포함하고 있는 것을 말한다. 물론 이 두 가지 현상이 동시에 나타나는 경우도 있다. 〈악보 4-2〉와 〈악보 4-3〉은 멀티토널과 멀티키얼의 예를 각각 나타낸 것이다.

악보 4-2 **멀티토널(다장조-다단조)**(Gordon, 1993: 125)

악보 4-3 **멀티키얼(다장조-마장조)**(Gordon, 1993: 125)

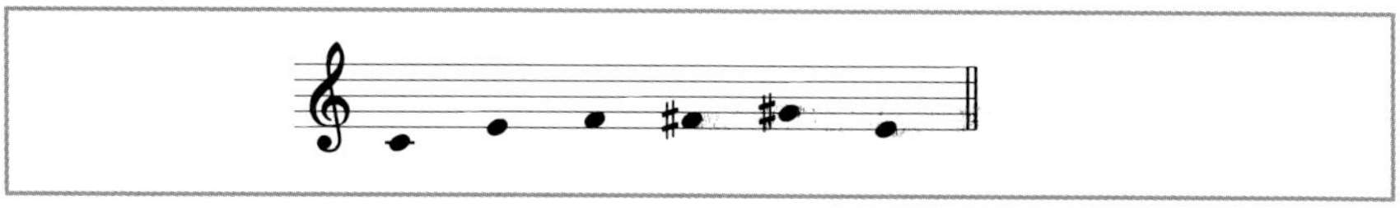

멀티(multi)와 유니(uni)라는 용어는 성부가 하나일 때 붙이는데 반해 모노(mono)와 폴리(poly)는 성부의 개수에 따라 붙이는 말이다. 폴리토널이란 두 성부 이상의 멜로디가 키는 같은데 조성이 서로 다른 것을 말한다. 폴리키얼이란 두 성부 이상의 멜로디가 조성은 같은데 키가 서로 다른 것을 말한다. 〈악보 4-4〉와 〈악보 4-5〉는 각각 폴리토널과 폴리키얼의 예를 나타낸 것이다.

악보 4-4 폴리토널(**다단조와 다장조**)(Gordon, 1993: 126)

악보 4-5 폴리키얼(**다장조와 내림나장조**)(Gordon, 1993: 126)

(2) 리듬학습내용의 위계(Rhythm Content Learning Sequence)

리듬학습 위계도 음학습 위계와 같은 원리로 적용된다. 첫 단계로 2박자계와 3박자계를 가르치지만 이 박자를 완벽하게 할 수는 없다. 웬만큼 학습이 되면 다음 단계로 넘어가며, 다음 단계로 넘어가도 이전 단계의 학습을 병행한다. 리듬 학습은 다음의 순서로 하는 것이 좋다고 제안한다. 〈표 4-7〉은 고든이 제안한 리듬학습내용의 위계이다.

표 4-7 리듬학습내용의 위계

1. 2박자계(usual duple)와 3박자계(usual triple) 2. 결합박자(usual combined meter) 3. 혼합박자(unusual meter)	4. 멀티메트릭(multimetric)/멀티템포럴(multitemporal) 5. 폴리메트릭(polymetric)/폴리템포럴(polytemporal)

① **2박자계(Usual Duple)와 3박자계(Usual Triple)**

고든이 말하는 2박자계란 기본박이 둘로 나누어지는 박자로서 $\frac{2}{4}$, $\frac{4}{4}$, $\frac{2}{2}$, $\frac{4}{2}$ 등이 있다. 3박자계란 기본박이 셋으로 나누어지는 박자로서 $\frac{3}{4}$, $\frac{6}{4}$, $\frac{3}{8}$,[1] $\frac{6}{8}$, $\frac{3}{2}$ 등이 있다. 고든이 정의하는 기본박(macro beats)이란 어떤 박자의 가장 기초가 되는 박으로서 $\frac{2}{4}$ 박자에서는 보통 4분 음표, $\frac{6}{8}$ 박자에서는 보통 점4분 음표, $\frac{2}{2}$ 박자에서는 경우 2분 음표, $\frac{3}{4}$ 박자에서는 점2분 음표가 기본박이 되는 경우가 많다. 기본박의 예는 〈악보 4-6〉에 제시되어 있다.

악보 4-6 **기본박의 예**(Gordon, 1993: 142)

또한 고든은 기본박이 둘이나 셋으로 나누어졌을 때 그 작은 단위의 박을 분할박(micro beat)이라 하였다. 예를 들어 $\frac{2}{4}$ 박자의 분할박은 8분 음표가 되며, $\frac{6}{8}$ 박자의 분할박은 8분 음표가 된다. 분할박의 예는 〈악보 4-7〉과 같다. 기본박이 둘로 나누어졌을 때는 2박자계로, 기본박이 셋으로 나누어졌을 때는 3박자계로 분류한다. 이 2박자계와 3박자계에 속하는 박자에서는 매 기본박의 길이와 분할박의 길이가 항상 일정하다.

악보 4-7 **분할박의 예**(Gordon, 1993: 142)

1) 많은 학자들이 $\frac{6}{8}$ 박자를 2박자 계통으로 분류한다. 그러나 고든은 $\frac{6}{8}$ 박자가 기본박이 점4분 음표이고, 그 점4분 음표는 3개의 분할박이 되기 때문에 3박자 계통으로 분류하였다.

② **결합박자**(Usual Combined Meter)

결합박자는 기본박의 길이가 항상 일정하다. 그러나 같은 길이의 기본박이 둘이나 셋 중 하나로 일정하게 나누어지는 것이 아니라 어떤 때에는 둘, 어떤 때에는 셋으로 나누어지는 박자를 말한다. 즉, 기본박의 길이는 항상 일정하나 분할박의 길이는 일정하지 않다. 결합박자의 예는 〈악보 4-8〉에 제시하였다.

악보 4-8 **결합박자의 예**(Gordon, 1993: 142)

③ **혼합박자**(Unusual Meter)

혼합박자란 분할박의 길이는 항상 일정하지만 기본박의 길이는 일정하지 않은 박자를 말한다. 2개나 3개의 분할박이 모여 하나의 기본박을 만든다. 불규칙한 악센트가 추가되는 경우도 있다. $\frac{5}{4}$ 박자, $\frac{5}{8}$ 박자, $\frac{7}{8}$ 박자 등이 여기에 속한다.

④ **멀티메트릭**(Multimetric)/**멀티템포럴**(Multitemporal)

멀티메트릭이란 한 멜로디 안에서 빠르기는 일정한데 박자가 바뀌는 음악을 말하며, 멀티템포럴이란 한 멜로디 안에서 박자는 같은데, 빠르기가 바뀌는 음악을 말한다. 물론 이 두 가지가 함께 나타나는 음악도 있다. 〈악보 4-9〉와 〈악보 4-10〉은 각각 멀티메트릭과 멀티템포럴의 예이다.

악보 4-9 **멀티메트릭**(Gordon, 1993: 169)

악보 4-10 멀티템포럴(Gordon, 1993: 169)

⑤ 폴리메트릭(Polymetric)/폴리템포럴(Polytemporal)

폴리메트릭이란 두 성부 이상의 음악이 각 성부의 박자가 서로 다른 음악을 지칭하는 말이고, 폴리템포럴이란 두 성부 이상의 음악이 각 성부의 템포가 서로 다른 음악을 지칭하는 말이다. 이 두 가지가 함께 나타나는 음악도 있다. 〈악보 4-11〉과 〈악보 4-12〉는 각각 폴리메트릭과 폴리템포럴의 예이다.

악보 4-11

악보 4-12 폴리템포럴(Gordon, 1993: 169)

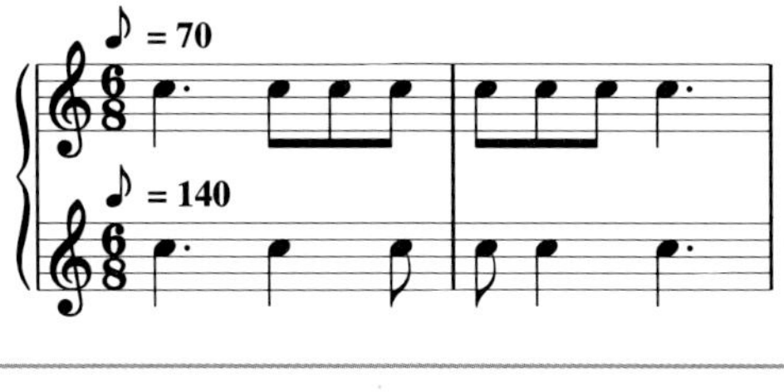

4. 교수방법

고든학습이론을 실제 수업 적용하기 위해 고든과 우즈(Gordon & Woods, 1986)는 학습이론에 따라 유치원 과정부터 고등학교 과정까지의 교과서인 『점프 라이트 인(*Jump Right In: The Music Curriculum*)』을 출판하였다. 『점프 라이트 인』 전집은 교사용 지도서와 학생용 교과서, 리듬 음패턴 카드, 노래 모음집 등으로 구성되어 있다. 사용법이 자세히 소개되어 있으므로 순서에 따라 지도하면 된다.

고든학습이론에 의한 수업은 크게 두 부분으로 이루어진다. 학습순차활동(Learning Sequence Activities: LSA)과 일반수업활동(classroom activities)이다. LSA이란 학생들의 합리적이고 순차적인 학습을 위해 매 수업 처음에 10분 동안 리듬패턴과 음패턴을 고든학습이론을 통해 가르치는 활동을 말한다. 일반수업활동은 가창, 연주, 감상, 창작, 신체 표현 등 보통 음악 시간에 하는 수업활동을 하게 된다. 모든 활동은 학생들의 오디에이션 능력을 키우는 데 중점을 두어야 한다.

1) 학습순차활동

LSA는 고든학습방법의 중요한 특징 중 하나이다. 이 LSA활동은 음과 리듬 시간으로 나누어 진행되는데 매 음악수업에 실시하는 활동이다. 이 활동은 다른 교수법에서는 찾아볼 수 없는 독특한 방법이다.

(1) 일반적인 교수방법

고든의 LSA 활동의 일반적인 진행 방법과 특징을 기술하면 다음과 같다.

① LSA 활동 시에는 패턴을 이용하여 학습한다. 언어에서 의미를 가진 기초

단위가 '단어' 인 것과 마찬가지로 음악에서는 의미를 가진 기초 단위는 '패턴' 이다. 어떤 특정한 언어를 배울 때 많은 단어를 배울수록 그 언어를 더 잘 할 수 있는 것과 마찬가지로 많은 음과 리듬패턴을 듣고 연주하고 읽고 쓰는 활동을 통해 음악을 더 잘 할 수 있다. 즉, 패턴을 통해 학습을 하면 더 효과적으로 음악을 오디에이트하는 능력을 향상시킬 수 있다. 단계가 올라가면 음과 리듬패턴의 계이름과 리듬음절을 사용하게 되는데 음의 계이름은 이동도법을 사용한다.

② 고든의 기술 위계에 따라 학습이 이루어져야 한다. 나이와 상관없이 맨 처음에는 변별학습의 첫 단계인 듣기/부르기 단계부터 한다.

③ 학습의 내용도 고든이 세워 놓은 위계에 따라 순서대로 이루어져야 한다. 음 학습에서는 장조, 단조부터 가르쳐야 하며 리듬학습에서는 2박자계부터 가르쳐야 한다.

④ 음과 리듬학습을 같은 시간에 해서는 안 된다. 음학습을 하는 날은 음만을, 리듬학습을 하는 날은 리듬만을 학습하게 된다.

⑤ 학생들은 '음' 을 학습할 것인지 '리듬' 을 학습할 것인지에 따라 좌석을 지정받게 된다. 좌석은 학생들의 음악적성에 따라 배치되며 교사만이 그것을 안다. 한 번 좌석을 지정받으면 다음 시간부터는 학생들 스스로가 '음자리' '리듬자리' 를 기억하였다가 앉게 된다.

⑥ LSA 활동은 하루에 10분을 넘겨서는 안 된다. 주로 수업의 처음 10분을 할애하여 활동한다.

⑦ LSA 활동 시에는 말로 설명하는 것은 최소한으로 줄여야 하며 패턴만을 가지고 계속 진행하는 것을 원칙으로 한다.

⑧ LSA에 소개될 패턴들은 LSA에 정식으로 소개되기 전에 일반수업활동에서 가창곡이나 기악곡 등을 통해 학생들에게 경험된 것이어야 한다. 그러므로 LSA 활동을 본격적으로 하기 전에 어떤 형태로든 학생들은 많은 음악을 경험할 기회를 가져야 한다. 그리고 LSA 활동에서 소개되고 난 후에도 지속적으로 일반수업활동에서 학생들은 그 패턴들을 경험할 수 있어야 한다.

(2) 패턴 교수방법

LSA 활동에는 반드시 음패턴과 리듬패턴만을 사용하여 수업하게 된다. 패턴에 대한 자세한 특징은 다음과 같다.

① 패턴의 특징과 종류

고든학습 시에 쓰이는 패턴의 특징과 종류는 다음과 같다.

첫째, 패턴은 음악적 의미를 가지는 가장 작은 기초 단위로서 음패턴은 리듬을 배제한 음만으로 이루어지며, 리듬패턴은 음을 배제한 리듬만으로 이루어진다.

둘째, 음과 리듬패턴은 각각 준비패턴, 학급패턴, 개인패턴의 세 가지 종류가 있다.

- 음 준비패턴과 리듬 준비패턴

이 패턴은 교사가 패턴을 부르기 전 학생들의 조감이나 박자감을 형성시키기 위해 준비 단계에서 부르는 패턴이다. 교사는 이 준비패턴을 부름으로써 본 패턴을 학습할 때 학생들이 그 패턴을 오디에이트할 수 있도록 돕는다. 물론 준비패턴은 각 조나 박자마다 다르다. 다음 〈악보 4-13〉과 〈악보 4-14〉는 준비패턴의 한 예이다. 장조, 단조 등 여러 가지 조(모드)의 준비패턴은 각 조의 특징을 대표할 수 있도록 만들어졌으며, 리듬 준비패턴도 박자에 따라 그 박자를 잘 나타낼 수 있도록 만들어졌다.

악보 4-13 **장조 준비패턴의 예**(Gordon & Woods, 1990: 1)

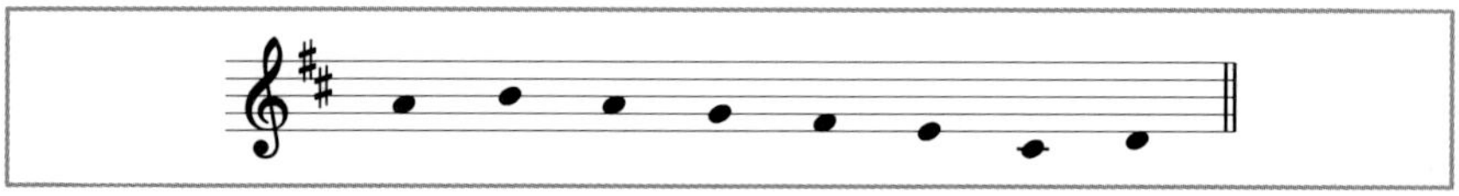

악보 4-14 **2박자계 준비패턴의 예**(Gordon & Woods, 1990: 3)

– 학급패턴(Class Patterns)

이 패턴은 학급의 학생 전체가 함께 부르는 패턴이다. 학급패턴은 조성감과 박자감의 형성을 돕고 개인패턴을 부를 때 생기는 긴장감을 완화시켜 준다. 학급패턴은 그 날 학습될 내용이나 학생들의 단계에 따라 선택되어야 한다. 예를 들면, 단조를 학습하는 날은 학급패턴도 당연히 단조 패턴들을 불러야 한다. 학급패턴은 그 날 학생들의 상태에 따라 좀 더 많이 할 수도 있고 적게 할 수도 있다. 학급패턴의 예는 〈악보 4-15〉 〈악보 4-16〉과 같다.

악보 4-15 **음 학급패턴**(Mark, 1986: 168)

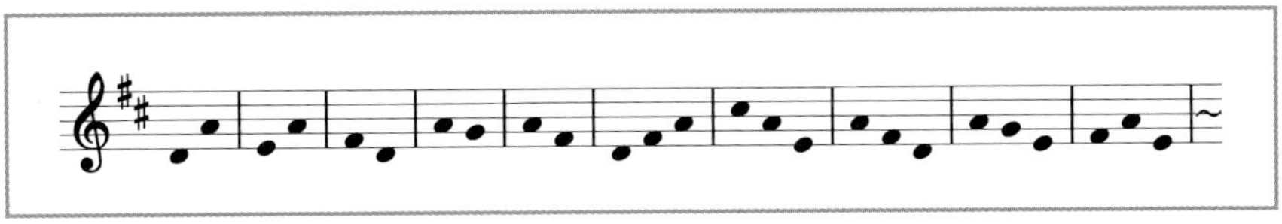

악보 4-16 **리듬 학급패턴**(Mark, 1986: 170)

– 개인패턴(Individual Patterns)

이 패턴은 학생 개인이 혼자 부르는 패턴이다. 학생들은 교사의 선창을 듣고 지시에 따라 혼자서 부르게 된다. 개인패턴은 '쉬운(E: easy) 패턴, 보통(M: moderate) 패턴, 어려운(D: difficult) 패턴' 의 세 가지 난이도로 되어 있다. 학생들은 음악적성에 따라 상, 중, 하[2] 그룹으로 나누어 목표를 달리하여 수업에 임하게 된다. 상위 그룹 학생들은 난이도 '어려운 패턴, 보통 패턴, 쉬운 패턴' 의 3개의 패턴을 모두 정확히 부르는 것이 목표이며, 중위 그룹의 학생들은 난이도 '보통 패턴, 쉬운 패턴' 의 2개의 패턴을, 하위 그룹의 학생은 난이도 '쉬운 패턴' 의 패턴만 정확히 부르는 것이 목표이다. 〈악보 4-17〉과 〈악보 4-18〉은 개인패턴의 예이다.

악보 4-17 **음 개인 패턴의 예**(Gordon & Woods, 1990: 2)

악보 4-18 **리듬 개인 패턴의 예**(Gordon & Woods, 1990: 3)

② 패턴을 가르치는 법

- 교사는 패턴을 가르치기 전에 준비패턴을 불러 학생들의 조감이나 박자감 형성을 돕도록 한다. 음 준비패턴은 각 조별로 조감을 느낄 수 있도록 만들어졌으며, 리듬 준비패턴은 각 박자별로 박자감을 느낄 수 있도록 만들어졌다. 이 준비패턴은 학생들의 조감이나 박자감 형성을 도와줄 뿐만 아니라 다음에 나올 음이나 리듬패턴을 오디에이트하는 데도 도움을 준다. 준비패턴에서 음패턴은 '밤(bum)', 리듬패턴은 '빠(bah)' 를 이용하여 두세 차례 부른다. 음 준비패턴은 리듬 없이 불러야 하며 리듬 준비패턴은 음고(pitch) 없이 불러야 한다.

2) 학생들의 음악적성검사 결과에 따라 상위 20%는 상위 그룹, 하위 그룹 20%는 하, 나머지 60%의 학생들은 중위 그룹으로 분류하여 수업한다.

- 대부분의 모든 패턴은 교사가 부르고 학생들이 따라 하도록 되어 있다. 그러나 학습 단계에 따라 교사가 부르는 패턴을 듣고 학생들이 그 특징을 알아맞히거나 새로운 패턴을 창작할 수도 있다. 학생이 패턴을 정확히 부를 수 있다고 해서 반드시 그 학생이 그 패턴을 오디에이트하고 있다고 볼 수는 없음에 유의한다.
- 처음 단계에서 음패턴은 '밤(bum)' 리듬패턴은 '빠(bah)' 등 의미 없는 한 가지 음절(neutral syllable)을 이용하여 가르친다. 단계가 올라가면 계이름과 리듬음절을 사용하게 된다.
- 10분간 진행되는 LSA 시간에는 반드시 학급패턴과 개인패턴을 적당히 섞어 사용하여야 한다. 교사는 준비패턴을 여러 번 부른 후 학급패턴을 1, 2분간 부른다. 학생들이 개인패턴을 부를 준비가 충분히 되었다고 생각되면 개인패턴을 부르기 시작한다. 2~3개의 개인패턴 후에는 반드시 2~3개의 학급패턴이 불려져야 하며 학생들이 편안한 마음으로 패턴을 부를 수 있는 분위기가 조성되어야 한다. 학급패턴은 개인패턴만 제외하고 다양하게 사용할 수 있다.
- 교사는 음패턴을 부른 후 학생들이 따라 부르기 전 반드시 1, 2초 정도 쉰(pause) 후 큰 숨을 쉬어 학생들이 패턴을 오디에이트할 시간을 반드시 주어야 한다. 그리고 리듬패턴을 부를 때는 기본박의 흐름을 깨지 않고 계속하는 것이 매우 중요하다. 이 시간에는 교사도 일반 언어로 하는 설명은 될 수 있으면 줄여야 한다.
- 학생들이 각자의 음악적성에 따라 개인패턴을 80% 이상 정확하게 부를 수 있게 되면 다음 단계로 넘어간다.
- 변별학습에서는 배운 패턴만 사용하고 추론학습에서는 새로운 패턴을 사용한다.
- 편안하고 즐거운 시간이 되도록 해야 한다. 개인패턴 시 틀리는 학생이 있더라도 개의치 않고 계속 패턴을 부른다. 개인패턴을 정확히 못 부른 학생은 1, 2회의 기회를 더 주어 부를 수 있도록 한다.

- 교사는 매시간 학생들을 평가하여 평가표에 기록한다. 학생들은 개인의 음악적성에 따라 그 성취 목표가 다르다. 음악적성이 높은 학생은 E(Easy, 쉬움), M(Moderate, 보통), D(Difficult, 어려움) 세 레벨 모두 할 수 있어야 하고, 보통인 학생은 E, M, 두 레벨만, 낮은 학생은 E, 한 레벨만 할 수 있으면 된다.

[그림 4-2]는 수업 1회분 평가표의 예이다. 표의 각 셀의 맨 처음에 등장하는

TONAL UNIT 1 SECTION A CRITERION 1

Grade 1 Teacher Ms. Malane Date 9/90 Test PMMA

Sing tonal sequence in D major using "bum."
Sing class patterns in D major using "bum."

Teacher sings pattern using "bum."
Students sing only first pitch using "bum."

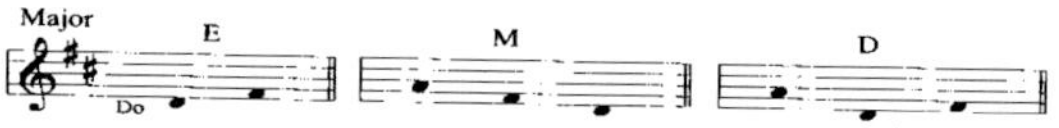

Seating/Evaluation Chart

Rachel G 10 1	Karen W. 77 ++	Teddy K. 50 ++	Sean G. 22 +	Yvonne M. 43 +1			
Alec B. 64 ++	Sam T. 88 ++	Jessica H. 43 +1	Lisa G. 26 1	Ann M. 50 ++			
Fernando B. 50 +1	Ben T. 57 +1	Marilyn M. 96 ++1	Robbie G. 18 +	Kirin M. 92 +++			
Jenny C. 31 +	Jason J. 64 +1	William M. 83 ++1	Brian B. 50 ++	James G. 7 1			
Chris C. 57 ++	Helen P. 5 1	Robert G. 50 +1	Alexis S. 37 +1	Eleanor H. 99 +++			
Jon C. 22 1	Meg M. 43 +	Tameka H. 3 1	Bobby M. 71 ++	Susan J. 57 ++			

Illustration 6

13

출처: Gordon, & Woods, 1990: 13.

그림 4-2 학생평가표 및 좌석표

것은 학생들의 이름이다. 이름 위에 줄이 있으면 음악적성이 상위 그룹에 속하는 학생이며, 이름 밑에 줄이 있으면 음악적성이 하위 그룹에 속하는 학생, 줄이 없으면 음악적성이 보통 그룹에 속하는 학생이다. 학생이름 다음은 음악적성을 나타내는 백분위수이다. 맨 밑은 개인패턴을 어떻게 수행했는지를 나타내는 표시이다. '+' 는 개인패턴을 잘 불렀다는 의미이며 'l' 는 시도했으나 학생이 개인패턴을 정확히 부르지 못하였다는 의미이다. '+' 면 쉬운 패턴을 정확히 불렀다는 뜻이고 '+ +' 이면 보통 패턴까지, '+ + +' 이면 어려운 패턴까지 정확히 불렀다는 뜻이다.

(3) 학습 단계별 LSA 교수방법

특별한 지시가 없는 모든 단계에서의 패턴학습 순서는 일반적으로 다음과 같다.

① 교사가 준비패턴을 2, 3회 불러 학생들이 조성감이나 리듬감을 형성하도록 한다.
② 교사와 학생이 학급패턴 여러 개를 계속해서 불러 학생들이 개인패턴을 부담 없이 부를 수 있도록 한다.
③ 교사와 학생이 1대 1로 개인패턴을 부른다.

〈표 4-8〉과 〈표 4-9〉는 고든이 제시한 학습 순서의 예이다. 각 단계별로 LSA가 어떻게 진행되는지 간단하게 보여 주고 있다.

표 4-8 음패턴 학습방법

단계		교사	학생	비고
변별학습	듣기/부르기	패턴을 '밤' 으로 부른다.	패턴의 첫 음만을 '밤' 으로 부른다.	
			패턴의 으뜸음만을 '밤' 으로 부른다.	패턴을 부르기 전에 교사는 으뜸음을 먼저 불러 준다.
			패턴을 모두 따라 부른다.	
	언어 연합	패턴을 계이름으로 부른다.	듣기만 하고 교사가 물으면 그 패턴의 이름을 말한다(예: 장조의 으뜸화음).	학생들에게 계이름을 익숙하게 하고 조성과 특징의 이름을 가르치는 것이 목적이다.
			패턴의 첫 음만을 계이름으로 부른다.	
			패턴의 으뜸음만을 계이름으로 부른다.	패턴을 부르기 전에 교사는 으뜸음을 먼저 계이름으로 불러 준다.
			패턴을 계이름으로 따라 부른다.	
	부분적 통합	같은 조의 패턴 3개를 한 세트로 묶어 두 세트를 계속해서 부른다.	각 세트 패턴의 조성을 맞춘다. 예를 들면, '첫 번째는 장조, 두 번째는 단조'와 같이 대답한다.	• 교사는 준비패턴을 부르지 않는다. • 난이도에 따른 수준구별 없이 전체적으로 진행한다.
	상징적 연합 읽기 - 쓰기	패턴을 계이름으로 부른다.	개인패턴의 악보를 보고 계이름으로 부른다(읽기).	교사는 개인패턴을 부르지 않는다(읽기).
			교사의 패턴을 듣고 악보에 받아 적는다(쓰기).	학생들에게 빈 오선지가 주어져야 한다.
	전체적 통합 읽기 - 쓰기	패턴을 계이름으로 부른다.	개인패턴 악보를 여러 개 보며 계이름으로 부른다(읽기).	교사는 개인패턴을 부르지 않는다(읽기).
			교사의 패턴 여러 개를 듣고 악보에 받아 적는다(쓰기).	학생들에게 빈 오선지를 준다.

(계속)

단계		교사	학생	비고
추론학습	일반화	패턴을 '밤'으로 부른다.	패턴의 이름을 말한다(언어).	
			패턴을 계이름으로 생각해서 부른다(언어).	단순히 따라 부르는 단계가 아니다.
			악보를 보고 '밤' 혹은 계이름으로 패턴을 부른다(상징-읽기).	교사는 패턴을 부르지 않는다.
			들은 패턴을 악보에 적는다(상징-쓰기).	
	창작/즉흥연주	패턴을 '밤' 또는 계이름으로 부른다.	패턴을 만들어서 부른다.	교사와 다른 패턴을 만들게 하는 것이 포인트이다.
			패턴을 즉흥연주한다.	교사와 같은 성질의 패턴을 즉흥연주해야 한다. 예를 들어 교사가 장조 으뜸화음패턴을 만들었다면 학생도 교사와 다른 장조 으뜸화음패턴을 즉흥연주해야 한다.

표 4-9 리듬패턴 학습방법

단계		교사	학생	비고
변별학습	듣기/부르기	패턴을 '빠'로 부른다.	패턴을 모두 따라 부른다.	
	언어연합	패턴을 리듬음절로 부른다.	듣기만 하고 교사가 물으면 그 패턴의 이름을 말한다(예: 2박자계의 큰박/작은박패턴).	학생들에게 리듬음절을 익숙하게 하고 박자와 패턴의 이름을 가르치는 것이 목적이다.
			패턴을 리듬음절로 따라 부른다.	
	부분적 통합	같은 박의 패턴 3개를 한 세트로 묶어 두 세트를 계속해서 부른다.	각 세트 패턴의 박자 맞춘다. 예를 들면, '첫 번째는 2박자계, 두 번째는 3박자계' 와 같이 대답한다.	• 교사는 준비패턴을 부르지 않는다. • 개인패턴의 난이도 없이 전체적으로 진행한다.
	상징적 연합 읽기-쓰기	패턴을 리듬음절로 부른다.	개인패턴의 악보를 보고 리듬음절로 부른다(읽기).	교사는 개인패턴을 부르지 않는다(읽기).
			교사의 패턴을 듣고 악보에 받아 적는다(쓰기).	학생들에게 빈 오선지가 주어져야 한다.
	전체적 통합 읽기-쓰기	패턴을 리듬음절로 부른다.	개인패턴 악보를 여러 개 보며 리듬음절로 부른다(읽기).	교사는 개인패턴을 부르지 않는다(읽기).
			교사의 패턴 여러 개를 듣고 악보에 받아 적는다(쓰기).	학생들에게 빈 오선지가 주어져야 한다.
추론학습	일반화	패턴을 '빠'로 부른다.	패턴의 이름을 말한다(언어).	
			패턴을 리듬음절로 생각해서 부른다(언어).	단순히 따라 부르는 단계가 아니다.
			악보를 보고 '빠' 혹은 리듬음절로 패턴을 부른다(상징-읽기).	교사는 패턴을 부르지 않는다.
			들은 패턴을 악보에 적는다(상징-쓰기).	
	창작/즉흥연주	패턴을 '빠' 또는 리듬음절로 부른다.	패턴을 만들어서 부른다.	교사와 다른 패턴을 만들게 하는 것이 핵심이다.
			패턴을 즉흥연주한다.	교사와 같은 성질의 패턴을 즉흥연주해야 한다. 예를 들어 교사가 2박자계 큰박/작은박 패턴을 만들었다면 학생도 교사와 다른 2박자계 큰박/작은박 패턴을 즉흥연주해야 한다.

2) 일반수업활동

LSA 활동 시에는 반드시 패턴들을 사용하여 가르치지만 일반 수업에서 반드시 패턴을 가르쳐야 되는 것은 아니다. 그러나 효과적인 수업을 위해서 일반수업활동에서도 패턴을 쓰는 것은 좋은 방법이다. 고든의 음악학습이론에 기초한 일반수업활동의 가창 수업방법과 교수·학습방법을 기술 위계별로 살펴보면 다음과 같다.

(1) 가창수업 - 듣고 배워 부르기(Rote Song)

고든의 수업에서 가창은 대부분 듣고 부르기로 실시된다. 학생들의 학습 단계가 '상징적 연합-읽기'가 되기 전까지는 노래는 듣고 부르기로 배우게 된다. 다음은 고든의 가창 수업의 특징이다.

① 가사 없이 부른다

듣고 부르기로 노래를 가르칠 때, 처음에는 가사를 부르지 않는다. '밤' '라' 등 한 가지 음절을 사용하여 불러 준다. 또한 '언어 연합' 단계가 될 때까지는 계이름이나 리듬음절도 사용하지 않는다. 가사를 사용하면 학생들이 음악에 있는 음이나 리듬 자체에 집중하기보다 가사에 집중하기 때문이다. 학생들이 한 가지 음절을 사용하여 노래를 음악적으로 부를 수 있게 되고 난 후에 원하면 가사를 붙여 부를 수 있으나 권장 사항은 아니다. 일반 수업에서처럼 처음부터 악보를 펴서 읽게 하면 안 된다. 악보는 '상징적 연합-읽기' 단계에 와서야 비로소 읽게 된다.

② 처음에 곡의 조성과 키(Key)를 알 수 있도록 준비시킨다

노래를 가르치기 전에 반드시 이 학생들에게 조성감을 형성할 수 있도록 도와주어야 한다. 예를 들어 가르칠 노래가 장조라면 노래 전에 곡과 같은 키의 '솔, 미, 도' 계이름을 불러 줌으로써 학생들이 조에 대한 감각을 느낄 수 있도록 해주어야 한다.

③ 첫 음과 박자감도 준비시킨다

조성감을 형성하는 패턴을 부른 후에는 그 곡의 첫 음으로 '다같이(ready sing)' 를 부른다. '다같이' 의 리듬은 그 박자에 따라 달라진다. 즉, 2박자 계통이면 2박으로 3박자 계통이면 3박으로 부른다. 예를 들어, 다장조의 G로 시작하는 곡이고 $\frac{4}{4}$ 박자라면 교사는 다음과 같이 준비패턴을 부르게 된다. 이 준비패턴으로 학생들이 노래 부르기 전에 조성감, 박자감을 오디에이트하는 것을 도와줄 수 있다. 〈악보 4-19〉는 곡을 준비하는 패턴 예이다.

악보 4-19 곡의 준비패턴 예

(2) 기술 위계별 음 교수 · 학습방법

⏮ 음 변별학습 단계

① 듣기/부르기

- 교사는 가르치고자 하는 노래를 듣고 부르기(rote song)로 가르친다. 교사는 가르칠 노래나 패턴의 '첫 음' 을 '밤' 으로 부른다. 교사는 가르치고 있는 노래를 부르거나 듣는 중간에 멈추어서 학생들에게 '첫 음' 을 부르게 한다. 학생들은 오디에이트하지 않으면 '첫 음' 을 부르기 어렵다. 학생들이 '첫 음' 을 부를 때는 다같이 부르게도 하고 혼자서 부르게도 한다. 학생들이 노래를 부를 때 '첫 음' 을 정확하게 부르는 것은 중요하다. '첫 음' 을 정확하게 부르는 것은 '으뜸음(중심음, resting tone)' 이나 패턴 전부를 부르는 것보다 중요한 일이다. 왜냐하면 첫 음만 부르려면 단순히 따라해서는(imitate) 안 되고 들은 것을 분리해서 오디에이트하는 작업이 필요하기 때문이다.
- 다음에는 노래의 '으뜸음' 을 처음에 부르거나 듣는 중간 중간에 부르게 한

다. 노래를 부르면서 으뜸음을 항상 생각(오디에이트)하는 것은 매우 중요하기 때문이다.

- 노래에서 뽑은 음패턴을 '밤' 으로 부른다. 음패턴은 반드시 리듬을 배제한 음만의 요소로 불러야 한다. 여기서 부르는 패턴은 LSA 활동 시에 다루는 패턴과는 다른 것이어야 한다.
- 악기로 어떤 곡이나 패턴을 연주할 때도 위와 같은 방법으로 한다. 하지만 반드시 노래로 먼저 배우고 악기로 연주해야 한다.

② 언어 연합

- 듣기/부르기의 단계와 같은 방법으로 배우고 있는 노래나 패턴의 '첫 음' 과 '으뜸음' 을 부른다. 그러나 이번에는 계이름으로 부르게 된다.
- 배운 노래에서 뽑은 패턴을 계이름으로 부른다.
- 패턴을 계이름으로 부르고 그 패턴의 조나 성질의 이름을 배운다(장조, 단조, I도[tonic], V도[dominant] 등)

③ 부분적 통합

배우는 노래의 조성(tonality), 형식(form)을 가르친다. 학생들은 몇 개의 성질이 다른 패턴을 듣고 그것의 조를 말할 수 있다. 예를 들면 '첫 번째는 장조 패턴 두 번째는 단조 패턴' 이라고 답할 수 있다.

④ 상징적 연합-읽기

배우는 노래 중 악보를 읽기 어려운 패턴을 뽑는다. 그 패턴을 하나씩 리듬 없이 계이름으로 부른다. 그리고 그 패턴을 하나씩 악보로 보고 리듬을 빼고 계이름으로 시창한다. 결국에는 노래 전체를 가사나 '밤' 으로 리듬을 넣어 시창하게 된다.

⑤ 상징적 연합-쓰기

배우는 노래 중 악보로 쓰기 어려운 패턴을 뽑는다. 뽑은 패턴을 하나씩 리듬을 빼고 계이름으로 부른다. 그리고 그 패턴을 하나씩 계이름으로 오디에이트하며 악보로 쓴다. 그리고 결국에는 노래 전체를 리듬을 넣어 악보로 쓰게 된다.

⑥ 전체적 통합-읽기

배우는 노래 중 악보 읽기가 어려운 패턴 여러 개(series)를 뽑는다. 그 여러 개의 패턴들을 한꺼번에 리듬 없이 계이름으로 부른다. 그리고 그 여러 개의 패턴들을 한꺼번에 악보로 보면서 리듬을 빼고 계이름으로 시창한다. 결국에는 노래 전체를 가사나 '밤' 으로 리듬을 넣어 시창하게 된다.

⑦ 전체적 통합-쓰기

배우는 노래 중 악보로 쓰기 어려운 패턴을 여러 개 뽑는다. 뽑은 여러 개의 패턴들을 한꺼번에 리듬을 빼고 계이름으로 부른다. 그리고 그 패턴들을 한꺼번에 계이름으로 오디에이트하며 악보로 쓴다. 그리고 최종적으로 노래 전체를 리듬을 넣어 악보로 쓰게 된다.

⏮ 음 추론학습 단계

① 일반화-듣기/부르기

교사는 '밤' 이나 가사를 이용하여 가르친 적이 없는 새로운 노래를 부른다. 그 노래 중의 2개의 패턴이나 여러 개의 패턴을 듣고 같은지 다른지 오디에이트하고 구별한다.

② 일반화-언어

- 교사가 새로운 노래의 패턴을 '밤' 이나 가사로 부른다. 학생들에게 리듬 없이 오디에이트하고 계이름으로 부르게 한다.
- 교사는 '밤' 이나 가사를 이용하여 새로운 노래를 부르고 학생들은 그 곡의

조와 패턴의 성질, 전조, 반복, 시퀀스 등을 알아맞힌다.
- 교사가 '밤' 이나 가사를 이용하여 부른 새로운 노래를 학생들은 다른 키나 다른 조로 부르고 그것이 무슨 조인지 말한다.
- 교사가 '밤' 이나 가사를 이용하여 부른 새로운 노래를 학생들은 같은 키의 다른 조로 바꾸어 부르고 그것이 무슨 조인지 말한다.

③ 일반화-상징
- 학생들이 새로운 노래 혹은 새로운 패턴들을 오디에이트하고 '밤' 이나 가사 혹은 계이름으로 읽는다. 음 혹은 리듬만 읽기도 하고 음과 리듬을 같이 읽기도 한다.
- 학생들이 새로운 노래 혹은 새로운 패턴들을 오디에이트하고 악보로 적는다. 음 혹은 리듬만 적기도 하고 음과 리듬을 같이 적기도 한다.

④ 창작/즉흥연주-듣기/부르기
- 배운 노래의 처음 부분이나 끝 부분을 바꿔서 '밤' 으로 부르게 한다.
- 배운 노래를 조를 바꾸어서 '밤' 으로 부르도록 한다.
- 배운 노래의 부분을 바꾸어서 만들어 원곡과 같이 '밤' 으로 부른다.
- 배운 노래의 오블리가토(obligato)나 대선율(countermelody)을 만들어 '밤' 으로 부른다.
- 배운 노래의 반주를 미리 만들어 연주하거나 즉흥연주한다.
- 배운 노래의 코드 진행을 이용하여 새로운 멜로디를 즉흥연주한다.

⑤ 창작/즉흥연주-상징
- 배운 노래의 처음 부분이나 끝 부분을 새로 만들어 악보로 적는다. 그리고 그것을 악보를 보고 '밤' 으로 부르게 한다.
- 배운 노래를 조를 바꾸어서 악보로 적고 '밤' 으로 부르도록 한다.
- 배운 노래의 부분을 바꾸어서 만들어 악보로 적고 원곡과 같이 '밤' 으로 부른다.

- 배운 노래의 오블리가토나 대선율을 만들어 악보로 적고 '밤' 으로 부른다.
- 배운 노래의 반주를 미리 만들어 악보로 적고 연주하거나 즉흥연주한다.
- 배운 노래의 코드 진행을 이용하여 새로운 멜로디를 즉흥연주하고 악보로 적는다.

⑥ 이론의 이해-듣기/부르기

교사는 배운 곡이나 새로운 곡의 두 곡을 가사나 '밤' 으로 부른다. 그리고 두 곡의 마침(cadence) 혹은 화성 진행이 같은지 다른지를 묻는다.

⑦ 이론의 이해-언어

교사는 배운 곡이나 새로운 곡의 두 곡을 가사나 '밤' 으로 부른다. 마침 부분과 조의 음계를 리듬 없이 계이름으로 부르게 한다. 그리고 왜 마침(cadence)이라 하는지, 왜 음계라고 하는지 그 이유를 묻는다.

⑧ 이론의 이해-상징

교사는 배운 곡이나 새로운 곡을 가사나 '밤' 으로 부른다. 학생들에게 종지, 음계, 곡의 악보 등을 리듬 없이 계이름만 혹은 리듬을 넣어서 계이름으로 읽고 쓰게 한다.

(3) 기술 위계별 리듬 교수 · 학습방법

⏮ 리듬 변별학습 단계

① 듣기/부르기

- 교사는 듣고 부르기로 배울 노래의 기본박과 분할박에 맞추어 움직이거나 '빠' 를 이용하여 노래한다. 반복해서 들려주면서 학생들에게도 오디에이트하고, 박에 맞추어 움직이고, 노래하도록 한다. 일정한 속도를 유지하는 것이 중요함을 알려 준다.
- 노래에서 뽑은 리듬패턴을 '빠' 로 부른다. 리듬패턴은 반드시 음을 배제한

음만의 요소로 불러야 한다. 패턴은 여럿이 함께 부르게도 하고 혼자 부르게도 한다. 여기서 부르는 패턴은 LSA 활동 시에 다루는 패턴과는 다른 것이어야 한다.

- 악기로 어떤 곡이나 패턴을 연주할 때도 이와 같은 방법으로 한다. 하지만 반드시 노래로 먼저 배우고 악기로 연주한다.

② 언어 연합

- 듣기/부르기의 단계와 같은 방법으로 배우고 있는 노래를 부르거나 박자에 맞추어 몸을 움직인다. 그러나 이번에는 리듬음절로 부르게 된다.
- 배운 노래에서 뽑은 패턴을 리듬음절로 부른다.
- 패턴을 리듬음절로 부르고 그 패턴의 이름이나 성질의 이름을 배운다(2박자계, 3박자계, 기본박, 분할박 등)

③ 부분적 통합

배우는 노래의 박자 이름을 가르친다. 학생들은 몇 개의 성질이 다른 패턴을 듣고 그것의 박자를 말할 수 있다. 예를 들면, '첫 번째는 2박자 패턴 두 번째는 3박자 패턴' 이라고 답할 수 있다.

④ 상징적 연합-읽기

배우는 노래 중 악보 읽기 어려운 패턴을 뽑는다. 그 패턴을 하나씩 음 없이 리듬음절로 부른다. 그리고 그 패턴을 악보로 보고 하나씩 음없이 리듬음절로 시창한다. 결국에는 노래 전체를 가사나 '빠' 로 음을 넣어 시창하게 된다.

⑤ 상징적 연합-쓰기

배우는 노래 중 악보로 쓰기가 어려운 패턴을 뽑는다. 뽑은 패턴을 음을 빼고 하나씩 리듬음절로 부른다. 그리고 그 패턴을 하나씩 리듬음절로 오디에이트하며 악보로 쓴다. 그리고 결국에는 노래 전체를 음을 넣어 악보로 적게 된다.

⑥ **전체적 통합-읽기**

배우는 노래 중 악보 읽기 어려운 패턴을 여러 개(series) 뽑는다. 그 여러 개의 패턴들을 한꺼번에 음 없이 리듬음절로 부른다. 그리고 그 여러 개의 패턴들을 악보로 보고 한꺼번에 음 없이 리듬음절로 시창한다. 결국에는 노래 전체를 가사나 '빠' 로 음을 넣어 시창하게 된다.

⑦ **전체적 통합-쓰기**

배우는 노래 중 악보로 쓰기 어려운 패턴을 여러 개 뽑는다. 여러 개의 뽑은 패턴들을 한꺼번에 음을 빼고 리듬음절로 부른다. 그리고 그 여러 개의 패턴들을 한꺼번에 리듬음절로 오디에이트하며 악보로 쓴다. 그리고 결국에는 노래 전체를 음을 넣어 악보로 적게 된다.

⏮ 리듬 추론학습 단계

① **일반화-듣기/부르기**

교사는 '빠' 나 가사를 이용하여 가르친 적이 없는 새로운 노래를 부른다. 그 노래 중의 2개의 패턴이나 여러 개의 패턴을 듣고 같은지 다른지 오디에이트하고 구별한다.

② **일반화-언어**

- 교사가 새로운 노래의 패턴을 '빠' 나 가사로 부른다. 학생들에게 음없이 리듬을 오디에이트하게 하고 리듬음절로 부르게 한다.
- 교사는 '빠' 나 가사를 이용하여 새로운 노래를 부르고 학생들은 그 곡의 박자를 알아맞힌다.
- 교사가 '빠' 나 가사를 이용하여 부른 새로운 노래를 학생들은 그 곡의 새로운 패턴의 성질을 알아맞힌다.
- 교사가 '빠' 나 가사를 이용하여 부른 새로운 노래를 듣고 학생들은 그 노래와 다른 스타일로 연주한다.

③ **일반화-상징**

- 학생들이 새로운 노래 혹은 새로운 패턴들을 오디에이트하고 '빠' 나 가사 혹은 리듬음절로 읽는다. 리듬만 읽기도 하고 음과 리듬을 같이 읽기도 한다.
- 학생들이 새로운 노래 혹은 새로운 패턴들을 오디에이트하고 악보로 적는다. 음 혹은 리듬만 적기도 하고 음과 리듬을 같이 적기도 한다.

④ **창작/즉흥연주-듣기/부르기**

- 배운 노래의 처음 부분이나 끝 부분을 바꿔서 '빠' 로 부르게 한다.
- 배운 노래를 박자를 바꾸어서 '빠' 로 부르도록 한다(예: 2박자계 3박자계).
- 배운 노래의 부분을 바꾸어서 만들어 원래의 노래와 같이 '빠' 로 부른다.
- 배운 노래의 리듬 오스티나토(ostinato)를 만들어 '빠' 로 부른다.
- 배운 노래와 어울리는 리듬파트나 반주를 미리 만들어 연주하거나 즉흥연주한다.

⑤ **창작/즉흥연주-상징**

- 배운 노래의 처음 부분이나 끝 부분의 리듬을 새로 만들어 악보로 적고, 그 악보를 보고 '빠' 로 부르게 한다.
- 배운 노래의 박자를 바꾸어서 악보로 적고 '빠' 로 부르도록 한다(예: 2박자계 3박자계).
- 배운 노래의 리듬의 부분을 바꾸어서 만들어 악보로 적고 원래의 노래와 같이 '빠' 로 부른다.
- 배운 노래의 리듬 오스티나토를 만들어 악보로 적고 '빠' 로 부른다.
- 배운 노래의 리듬파트나 반주를 미리 만들어 악보로 적고 연주하거나 즉흥연주한다.

⑥ **이론의 이해-듣기/부르기**

교사는 배운 곡이나 새로운 곡 2곡을 가사나 '빠' 로 부른다. 그리고 2곡의 박자가 같은지 다른지 묻는다.

⑦ 이론의 이해-언어

교사는 배운 곡이나 새로운 곡 2곡을 가사나 '빠'로 부른다. 학생들에게 가락 없이 리듬패턴만을 오디에이트하게 해서 그 패턴을 리듬음절로 부르게 하고 그 패턴은 무엇인지, 왜 그렇게 부르는지 그 이유를 묻는다.

⑧ 이론의 이해-상징

교사는 배운 곡이나 새로운 곡 두 곡을 가사나 '빠'로 부른다. 학생들에게 가락 없이 리듬패턴만을 오디에이트하게 해서 그 패턴을 악보로 쓰게 한다. 혹은 원래 곡과 다른 박자로 써 보게 한다.

5. 교수 · 학습의 실제

1) 초등학교의 음악수업안: 〈잠자리〉

고든학습이론에 의하여 우리나라 학교에서 음악수업을 하려면 어떻게 적용할 수 있을지 그 예를 학습지도안으로 보여 주고자 한다. 다음은 초등학교 4학년 수준의 음악수업의 예이다. 학생들이 변별학습 단계의 듣기/부르기에 단계 있다고 가정하였다.

(1) 학습순차활동(10분간)

수업의 처음 10분간 LSA 활동을 한다. 교사는 순서에 따라 음패턴이나 리듬패턴 카드를 가지고 수업을 진행한다. 여기서는 음패턴의 예를 보여 준다. 〈악보 4-20〉은 교사용 음패턴 카드의 예(Tonal Unit 1, Section A)이다. 모든 패턴은 라장조로 부른다. 음을 정확히 부르는 것이 매우 중요하므로 교사는 피치파이프나 조율이 잘 된 피아노를 이용하여 음을 잡아 정확하게 패턴을 불러야 한다. 모든 패턴은 반드시 반주 없이 교사의 목소리로만 부른다. 학생이 따라부르는 데는 교사의 목소리가 가장 효과적이기 때문이다. 또 매시간 같은 음높이로 부르는 것이 학생들의 음 오디에이션 능력을 기르는 데 도움을 준다.

⏮ **음패턴**(Tonal Unit 1, Section A)[3)]

- 변별학습 듣기/부르기 단계

악보 4-20 **교사용 음패턴 카드의 예**(Mark, 1986: 168)

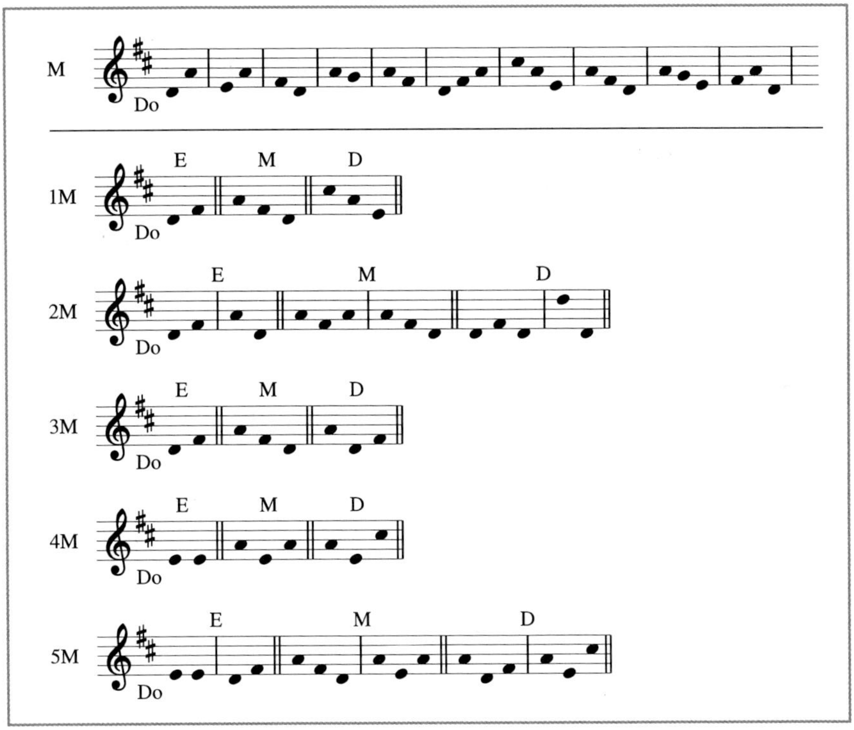

3) 첫째 줄 악보 밑의 줄을 중심으로 해서 그 위는 학급패턴이고 그 아래는 개인패턴이다.
- M: Major(장조)
- Do: 으뜸음 '도' 의 표시
- 1M, 2M, 3M, 4M, 5M: 개인 장조(Major)패턴 1, 2, 3, 4, 5.
- E: Easy Pattern(쉬운 패턴)
- M: Moderate Pattern(보통 패턴)
- D: Difficult Pattern(어려운 패턴)

표 4-10 듣기/부르기 단계 학습순차활동안

영역	순서	교사	학생	비고
학습순차활동	1	라장조 준비패턴(〈악보 4-13〉 참조)을 3~4번 부른다.	준비패턴을 잘 들으면서 오디에이트한다.	
	2	학급패턴을 약 1분간 계속하여 부른다.	조용히 학급패턴을 들으며 오디에이트한다.	
	3	학급패턴을 부른다. 학생들 수준에 따라 다른 패턴들로 혹은 반복해서 1, 2분 정도 반복한다.	교사의 학급패턴을 듣고, 학급패턴 중 첫 음만 부른다.	여기서부터는 교사와 학생이 번갈아 한 패턴씩 부른다. 패턴을 전부 따라부르기보다 패턴의 첫 음만 부를 때가 더 어렵기 때문에 학생들은 더욱 주의 깊은 오디에이션을 요구받으며, 그래서 더 학습 효과가 높다.
	4	개인패턴을 부르면서 한 학생을 지적한다.	지적당한 학생은 개인패턴의 첫 음만 부른다.	개인패턴을 부를 때는 개인패턴만 너무 여러 번 하면 학생들이 긴장하므로 교사는 개인패턴과 학급패턴을 적당히 섞어서 진행한다.
	5	다시 학급패턴을 부른다.	으뜸음만 부른다.	패턴이 전부 라장조이므로 'D' 음만을 '밤' 으로 부른다.
	6	개인패턴을 부르면서 차례대로 한 학생씩 지적한다.	지적당한 학생은 개인패턴의 으뜸음만 부른다.	개인패턴을 교사의 계획에 따라 차례대로 학생을 지적하여 부르게 한다. 교사는 개인패턴과 학급패턴을 적당히 섞어서 진행한다.
	7	학급패턴을 부른다.	이번에는 학급패턴을 전부 따라부른다.	여기서부터 교사의 패턴 선창과 학생들의 패턴 전부 따라 부르기가 계속된다.
	8	개인패턴을 부르면서 차례대로 한 학생씩 지적한다.	지적당한 학생은 개인패턴을 전부 따라 부른다.	교사는 개인패턴과 학급패턴을 적당히 섞어서 진행한다.

이 단계는 듣기/부르기 단계이기 때문에 교사와 학생 모두가 계이름은 사용하지 않고 모든 패턴을 '밤밤밤…' 을 사용하여 부른다. 다음 순서 중 3, 4, 5번은 나누어서 각기 다른 시간에 실시할 수도 있다. 예를 들면 1, 2, 3, 4번을 이번 시간에 했으면 1, 2, 3, 6번은 그다음 시간에 할 수도 있다. 학생들의 수준과 시간의 여유에 따라 교사가 결정한다. 음악적성이 높은 학생은 어려운 개인패턴까지 부를 수 있으며 음악적성이 낮은 학생은 쉬운 개인패턴만 부르게 된다. 듣기/부르기 단계이기 때문에 반드시 악보를 보지 않고 듣고 배운다.

〈악보 4-21〉은 앞의 활동을 악보로 표시한 것이다.

악보 4-21 **듣기/부르기 단계 학습순차활동의 예에 따른 악보**

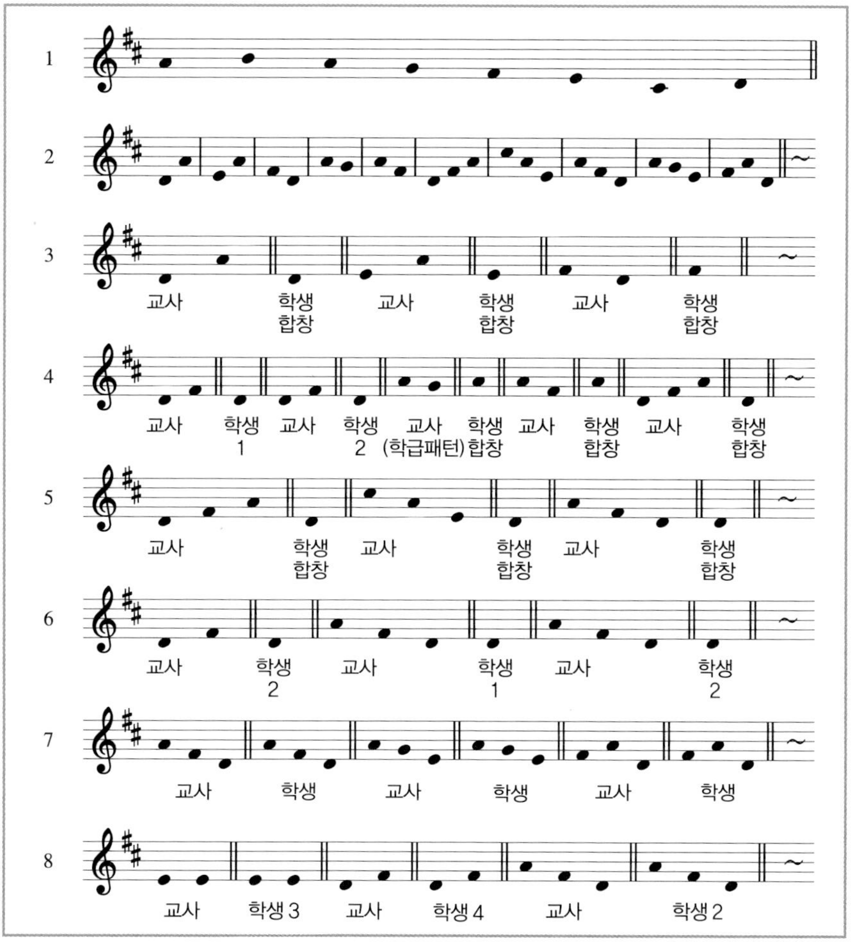

(2) 일반수업활동(30분간)

일반수업활동에서는 본격적으로 제재곡을 배우게 된다. 다음은 제재곡 〈잠자리〉를 배우는 활동이다.

⏮ 제재곡: 〈잠자리〉(라장조, $\frac{4}{4}$박자, 현경실 편곡)

악보 4-22 제재곡 악보 – 〈잠자리〉

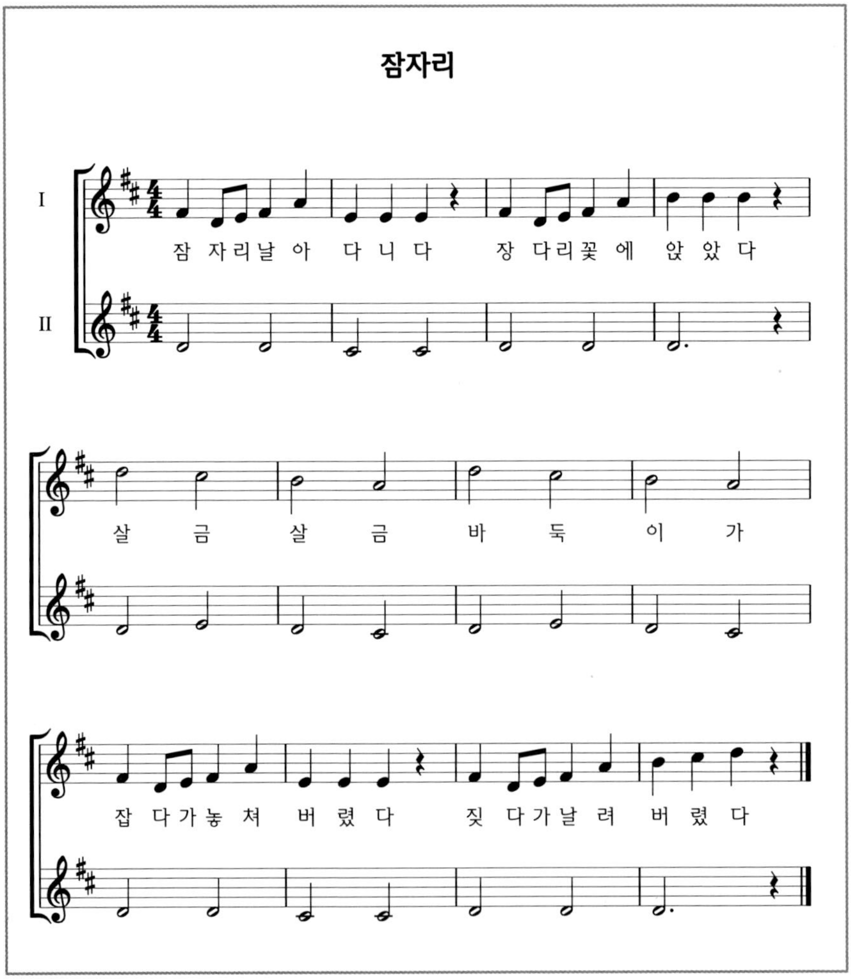

변별학습의 듣기/부르기 가창수업의 모든 과정은 교사의 결정에 따라 필요하면 여러 번 반복할 수 있다. 듣기/부르기 단계이기 때문에 반드시 악보를 보지 않고 들어서 따라하는 방법으로 배운다. 일반적으로 고든의 가창수업에서는 교사의 노래를 듣는 동안이나 학생들이 따라부르는 동안에 끊임없이 리듬의 박(기본박, 분할박)을 신체로 표현하도록 되어 있다. 주선율은 물론 다른 파트를 배울 때에도 다 적용된다.

⏮ 노래 배우기 · 리듬활동

표 4-11 노래 배우기 · 리듬활동안[4)]

영역		순서	교사	학생	비고
일반수업활동	노래 배우기 · 리듬활동	1	2박자 계열의 음 준비패턴을 3, 4회 부른다(〈악보 4-14〉 참조). 배울 곡을 부르는 동안 학생들에게는 기본박(4분음표)을 오디에이트하도록 하고, 그 기본박을 두 발로 바닥치기, 몸 좌우로 흔들기, 손뼉 치기 등 몸동작으로 표현하도록 시범을 보인다.	기본박을 오디에이트하면서, 그 기본박을 두 발로 바닥치기, 몸 좌우로 흔들기, 손뼉치기 등 교사를 따라 몸동작으로 표현한다.	신체활동은 다양하게 할수록 좋다.
		2	곡을 다시 부르는 동안 학생들에게는 분할박(8분 음표)을 오디에이트하도록 하고, 그 분할박을 두 손으로 무릎치기, 몸 좌우로 흔들기, 손뼉 치기 등 몸동작으로 시범을 보인다.	분할박을 오디에이트하면서, 그 분할박을 두 손으로 무릎치기, 몸 좌우로 흔들기, 손뼉 치기 등 교사를 따라 몸동작으로 표현한다.	
		3	곡을 다시 부르는 동안 학생들에게는 기본박을 두 발로 바닥을 치면서, 동시에 분할박은 두 손으로 무릎을 쳐 학생들에게 시범을 보인다.[5)]	곡을 듣는 동안 기본박은 두 발로 바닥을 치고, 분할박은 두 손으로 무릎을 친다.	학생들은 교사가 부르는 노래를 듣거나 자신이 노래를 부를 때 언제나 신체로 박을 나타내야 한다.

4) 리듬활동과 음활동은 어느 것을 먼저 해도 상관없다. 리듬과 음활동을 통해 멜로디를 완벽하게 배우게 된다.

5) 기본박을 발뒤꿈치로 치면서 분할박을 두 손으로 무릎을 치는 것은 고든이 권장하는 기본적인 리듬신체활동이다.

이 리듬활동안은 제재곡을 배울 때 사용되는 것이다. 멜로디 외의 다른 파트가 있을 때는 일반적으로 간단한 파트부터 배우게 된다. 보통 가장 쉬운 파트부터 가르치고 멜로디를 맨 나중에 가르친다. 다음의 가창곡을 가르칠 때는 교사의 판단에 따라 달라질 수 있으나 쉬운 파트인 '파트 II' 를 먼저 가르치고, 다음에 '주선율' 의 순서로 가르치는 것이 보편적인 방법이다. 교사가 곡을 부를 때마다 준비패턴을 부르고 시작하여야 학생들의 조성감과 리듬감 형성에 도움을 줄 수 있다. 교사는 곡 중간 중간에 학생들에게 첫 음과 으뜸음을 부르도록 한다. 교사는 첫 음과 으뜸음을 학생들에게 단체 또는 개인으로 부르게 한다.

⏮ 파트 II 배우기

악보 4-23 **파트 II의 준비패턴**

악보 4-24 **파트 II의 패턴**

표 4-12 파트 II 배우기 활동안

영역		순서	교사	학생	비고
일반수업활동	파트 II 배우기	1	파트 II의 준비패턴(〈악보 4-23〉)을 부른 후 파트 II를 '밤'[6]으로 부른다.	조용히 오디에이트하며 듣는다. (오디에이트하는 동안 신체로 박을 나타낸다)	파트 II가 길더라도 끊어서 부르면 안 된다. 왜냐하면 학생들이 오디에이트하는 능력을 잘 기르기 위해서는 긴 멜로디도 한 번에 부를 수 있어야 하기 때문이다. 교사가 멜로디를 짧은 단위로 잘라 학생들에게 따라부르게 하면 학생들이 오디에이트를 하지 않고 생각 없이 그냥 따라 하기 쉽다.
		2	파트 II의 준비패턴을 부른 후 학생들에게 곡의 첫 음을 부르게 한다.	첫 음을 부른다.	교사는 학생들에게 단체로 혹은 개인으로 첫 음을 부르게 한다.
		3	파트 II를 부르는 중간 중간 끊어서 학생들에게 곡의 첫 음을 부르게 한다.	첫 음을 부른다.	교사는 학생들에게 단체로 혹은 개인으로 첫 음을 부르게 한다.
		4	준비패턴을 부른 후 학생들에게 곡의 으뜸음을 부르게 한다.	으뜸음을 부른다.	교사는 학생들에게 단체로 혹은 개인으로 으뜸음을 부르게 한다.
		5	파트 II를 부르는 중간 중간 끊어서 학생들에게 곡의 으뜸음을 부르게 한다.	으뜸음을 부른다.	교사는 학생들에게 단체로 혹은 개인으로 으뜸음을 부르게 한다.
		6	파트 II를 계속 부르며 학생들에게 함께 부르도록 유도한다.	교사가 부르는 동안 함께 할 수 있는 만큼 파트 II를 따라부른다.	학생들의 수준에 따라 횟수를 가감할 수 있다.
		7	안 되는 부분을 패턴으로 뽑아 '밤'으로 부른다(〈악보 4-24〉).	따라부른다(echoing).	학생들이 잘 안 되는 부분을 뽑아 패턴으로 따라부르게 한다.
		8	파트 II의 준비패턴(〈악보 4-23〉)을 불러 학생들이 다같이 파트 II를 부를 수 있도록 유도한다.	교사의 파트 II 준비패턴을 듣고 교사의 사인에 맞추어 파트 II를 부른다.	학생들이 파트 II를 부를 수 있다고 판단되면 시작된다.
		9	주선율을 부른다.	(교사가 주선율을 부르는 동안) 파트 II를 부른다.	여기서 교사(주선율)와 학생(파트 II)의 합창이 된다.

6) 듣기/부르기의 단계이므로 '밤' '라' '루' 등 의미가 없는 한 가지 음절로 노래를 부르게 된다. 처음에 계이름이나 가사로 노래를 부르면 안 된다.

⏮ 주선율 배우기

악보 4-25 주선율의 준비패턴

표 4-13 주선율 배우기 활동안

영역		순서	교사	학생	비고
일반수업활동	주선율 배우기(음활동)	1	주선율의 준비패턴(〈악보 4-25〉)를 부른 후 제재곡을 '밤밤밤…' 을 사용하여 부른다.	조용히 제재곡을 들으며 오디에이트한다.	제재곡을 가사로 부르면 학생들은 곡의 음악 자체보다도 가사에 관심을 가지므로 가사 없이 멜로디를 처음부터 끝까지 '밤밤밤…' 만을 사용하여 부른다.
		2	제재곡의 준비패턴을 부른 후 학생들에게 으뜸음 혹은 첫 음만 부르도록 한다.	준비패턴을 듣고 으뜸음 혹은 첫 음을 부른다.	
		3	제재곡을 다시 한 번 부르면서 곡 중간이나 끝에 학생들에게 으뜸음 혹은 첫 음만을 부르도록 한다.	제재곡을 다 듣고 곡 끝에 으뜸음 혹은 첫 음을 부른다.	학생들은 곡 처음부터 끝까지 으뜸음과 첫 음을 오디에이트하고 있어야 한다.
		4	제재곡을 다시 여러 번 부른다.	할 수 있는 만큼 교사를 따라 제재곡을 부른다.	교사들은 학생들의 수준에 따라 그 횟수는 조절할 수 있다.
		5	제재곡 중 어려운 패턴을 뽑아 하나씩 부른다.	교사의 패턴을 듣고 그대로 따라한다.	학생들은 패턴을 단체로 혹은 개인으로 부를 수 있어야 한다.
		6	(학생들이 제재곡을 익히게 되면) 교사는 파트 II를 부른다.	(교사가 파트 II를 부르는 동안) 주선율을 부른다.	여기서 교사와 학생의 합창이 시작된다.

⏮ 제재곡 합창하기와 악기 연주하기

다음 활동안은 배운 제재곡의 합창하는 방법과 악기 연주하는 방법의 예이다. 교사와 학생은 여러 형태로 합창과 악기 합주를 할 수 있다.

표 4-14 제재곡 합창하기와 악기 연주하기 활동안

영역		순서	교사	학생	비고
일반수업활동	제재곡 합창하기·악기 연주하기	1	주선율을 교사 혼자 부른다.	학생들은 파트 II를 부른다.	교사와 학생들의 합창이 앙상블이 된다.
		2		주선율, 파트 II 등을 두 그룹으로 나누어서 부른다.	학생들만의 합창이다.
		3	주선율을 교사 혼자서 리코더나 실로폰으로 연주한다.	파트 II를 부른다.	교사의 악기 독주와 학생들의 합창이 함께 연주된다.
		4	교사는 파트 II를 오르프 악기나 피아노로 연주한다.	학생들을 여러 그룹으로 나누어 주선율을 합창하고 과 악기 연주를 한다. (예: 1분단-주선율 합창, 2분단-첫째단 셋째단 주선율을 실포폰으로 연주, 3분단-둘째 단을 리코더로 연주)	학생들의 악기 연주가 쉽지 않을 때는 곡을 두 부분으로 나누어 연주를 시키면 효과적이다. 이 예의 경우 3분단은 주선율의 두 번째 단만 연주해도 되기 때문이다.
		5	학생이 원하면 가사로 부르게 한다.	제재곡의 악보를 보며 가사로 부른다. 제재곡을 분단별로 합창한다.	학생들이 제재곡을 듣고 배운 후에는 악보를 보며 불러도 좋다. 그러나 실제 악보를 읽는 것이 아니라 가사만 읽게 한다.

2) 중등학교의 음악수업안: 〈어머니〉

다음은 중학교 3학년 수준의 음악수업안이다. 학생들이 변별학습 단계의 언어 연합 단계에 있다고 가정한다. 개인차를 감안한다고 해도 우리나라 학생들의 수준을 고려하면 대부분 중학생들이 변별학습의 언어 연합 단계에 머물러 있는 것으로 추측해 볼 수 있다.

(1) 학습순차활동(10분간)

초등학생과 마찬가지로 수업의 처음 10분간 LSA 활동을 한다. 교사는 순서에 따라 음패턴이나 리듬패턴 카드를 가지고 수업을 하게 된다. 〈악보 4-26〉은 교사용 리듬패턴 카드의 예이다. 리듬패턴을 공부할 때 가장 주의할 점은 교사나 학생 모두가 리듬감을 가지고 부르는 것이다. 그렇기 때문에 중간에 학생이 실수하거나 따라하지 못하더라도 끊거나 시간을 지체하지 말고, 리듬감을 가지고 계속하는 것이 중요하다. 교사가 패턴을 부르는 방법이나 횟수 등에 관한 것은 활동안에 나타내었다. 음악적성이 높은 학생은 어려운 개인패턴까지 부르게 되며 음악적성이 낮은 학생은 쉬운 개인패턴만 부르게 된다. 이 단계는 언어 연합 단계이기 때문에 앞에서 교사와 학생 모두 배운 패턴을 모두 리듬음절로 부르게 된다. 이 단계도 아직 악보를 보지 않고 듣고 배운다.

⏮ 리듬패턴(Rhythm Unit 3, Section A)[7]

– 변별학습 언어 연합 단계

악보 4-26 **교사용 리듬패턴 카드의 예**(Mark, 1986: 170)

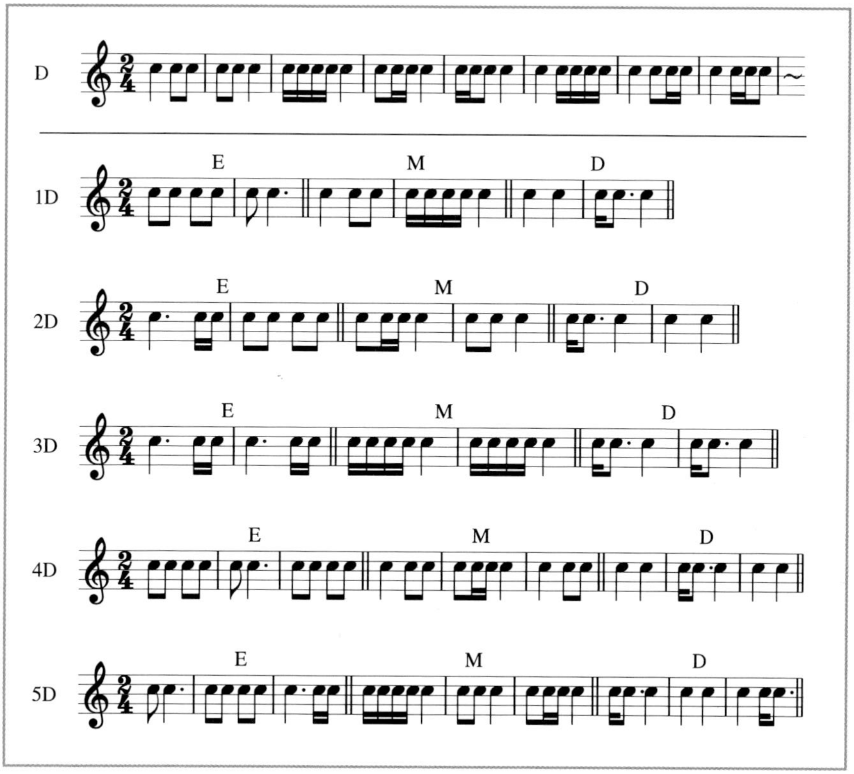

7) 첫째줄 악보 밑의 줄을 중심으로 해서 그 위는 학급패턴이고 그 아래는 개인패턴이다.

- D: Duple(2박자계)
- 1D, 2D, 3D, 4D, 5D: 개인 2박자계(Duple)패턴 1, 2, 3, 4, 5.
- E: Easy Pattern(쉬운 패턴)
- M: Moderate Pattern(보통 패턴)
- D: Difficult Pattern(어려운 패턴)

⏮ 듣기/부르기

표 4-15 듣기/부르기 단계의 학습순차활동안

영역	순서	교사	학생	비고
학습순차활동	1	2박자계 준비패턴을 리듬음절로 3, 4회 부른다(〈악보 4-14〉 참조).	준비패턴을 잘 들으면서 오디에이트한다.	
	2	학급패턴을 리듬음절로 약 1분간 계속하여 부른다.	조용히 학급패턴을 들으며 오디에이트한다.	
	3	교사는 이 패턴들이 2박자 계통의 패턴들임을 알려 준다. 기본박과 분할박의 이름도 알려 준다. 계속 학급패턴을 부른다. 학생들의 수준에 따라 다른 패턴들로 혹은 반복해서 1, 2분 정도 반복한다.	교사의 학급패턴을 듣고, 학급패턴을 리듬음절로 따라 부른다.	'듀(Du)'는 기본박의 이름이고 '듀데이(Du De)'는 분할박의 이름임을 알려 준다. 여기서부터는 교사와 학생이 번갈아 한 패턴씩 부른다.
	4	개인패턴을 부르면서 한 학생을 지적한다(D1).	지적받은 학생은 혼자 개인패턴을 리듬음절로 부른다.	개인패턴을 부를 때는 개인패턴만을 너무 여러 번하면 학생들이 긴장하므로 교사는 개인패턴과 학급패턴을 적당히 섞어서 진행한다.
	5	학급패턴과 개인패턴을 번갈아 한다.	교사의 지시에 따라 학급패턴과 개인패턴을 번갈아 가며 부른다.	여기서부터는 교사가 적당히 학급패턴과 개인패턴을 번갈아 하되 학생 개인도 배려하여 골고루 기회가 가도록 한다.

(2) 일반수업활동(35분간)

다음은 가창곡을 가르치는 예이다. 모든 과정은 교사의 결정에 따라 필요하면 여러 번 반복할 수 있다. 변별학습의 언어 연합 단계이므로 계이름으로 노래를 배우게 된다. 언어 연합 단계이지만 여전히 악보를 보지 않고 듣고 배운다. 악보는 상징적 연합 단계에 가서 읽게 된다.

⏮ 제재곡: 〈어머니〉 (라단조, $\frac{3}{4}$박자)

악보 4-27 〈어머니〉

⏮ 알토 배우기

이 곡의 알토를 세 영역으로 나누어 가르칠 수 있다. 학생들의 수준에 따라 ❶, ❷, ❸ 영역 모두 가르칠 수도 있고, 한 영역만 가르칠 수도 있다. 예를 들어, 학생들의 수준이나 시간 면에서 곡 전부를 2부로 부르는 것이 부담스럽다면 ❸ 영역만 2부로 부르는 것도 한 방법이다. 그리고 다 가르치더라도 이 곡의 특성을 반영하여 알토를 곡의 처음 부분부터 가르치는 것보다는 ❸영역, ❷영역, ❶ 영역의 순으로 가르치는 것도 좋다. 한 영역을 배울 때마다 학생은 알토를 부르고 교사가 멜로디를 불러 2부로 여러 번 부른다. 주선율이나 알토 선율을 배울 때 학생들은 곡의 박(기본박, 분할박)을 반드시 신체로 나타내면서 노래를 듣고 불러야 한다. 〈악보 4-28〉은 이 곡을 가르치는 활동안의 예이다.

악보 4-28 **알토의 준비패턴**

표 4-16 알토 배우기 활동안

영역		순서	교사	학생	비고
일반 수업 활동	알토 배우기	1	제재곡의 준비패턴(라단조) 〈악보 4-28〉을 부른 후 **3**영역의 알토 파트를 학생들이 따라할 수 있을 때까지 계이름으로 여러 번 부른다.	조용히 오디에이트하며 듣는다(기본박과 분할박을 신체로 표시하며 오디에이트한다.).	좀 길더라도 끊어서 부르지 않는다. 교사가 멜로디를 짧게 잘라 학생들에게 따라 부르게 하면 학생들이 오디에이트를 하지 않고 생각 없이 그냥 따라할 우려가 있기 때문이다.
		2	알토 파트를 계속 부르며 학생들에게 같이 부르도록 유도한다.	교사가 부르는 동안 할 수 있는 만큼만 함께 알토 파트를 계이름으로 부른다.	학생들에게 알토 파트를 부르게 해 보고 아직 학생들이 잘 못 부를 경우는 더 여러 번 그 멜로디를 들려주어 익히도록 한다.
		3	알토 파트 중 어려운 패턴을 뽑아 학생들에게 따라부르게 한다.	교사의 지시에 따라 패턴을 계이름으로 함께 또는 개인으로 따라부른다.	교사는 단체는 물론 개인으로도 패턴을 불러 볼 수 있는 기회를 준다.
		4	(학생들이 알토 파트를 할 수 있게 되면) 교사는 소프라노 파트를 부른다.	(교사의 소프라노 파트를 들으면서) 학생은 알토 파트를 계속 부른다.	학생들에게 알토 파트를 계속 부르게 하면서 교사는 멜로디를 불러 화음감도 경험하게 하고 멜로디를 배우는 데도 도움을 주도록 한다.

⏮ 주선율 배우기

악보 4-29 주선율의 준비패턴

표 4-17 주선율 배우기 활동안

영역		순서	교사	학생	비고
일반수업활동	주선율 배우기(음 활동)	1	제재곡의 준비패턴을 부른 후 제재곡을 '계이름' 을 사용하여 부른다	조용히 제재곡을 들으며 오디에이트한다.	이 단계에서는 모든 노래를 계이름으로 부르게 된다.
		2	제재곡의 준비패턴을 부른 후 학생들에게 으뜸음 혹은 첫 음만을 계이름으로 부르도록 한다.	준비패턴을 듣고 으뜸음 혹은 첫 음을 계이름으로 부른다.	
		3	제재곡을 다시 한 번 다 부른 후 곡 끝에 학생들에게 으뜸음 혹은 첫 음만을 계이름으로 부르도록 한다.	제재곡을 다 듣고 곡 끝에 으뜸음 혹은 첫 음을 계이름으로 부른다.	학생들은 곡 처음부터 끝까지 으뜸음 혹은 첫 음을 오디에이트하고 있어야 한다.
		4	제재곡을 부르면서 중간 중간 끊어 그때마다 학생들에게 그 곡의 으뜸음 혹은 첫 음을 계이름으로 부르도록 한다.	제재곡 중간중간 교사가 원하는 곳마다 으뜸음 혹은 첫 음을 계이름으로 부른다.	교사는 상황에 따라 학생에게 곡 중간 중간에 첫 음 또는 으뜸음을 부르도록 한다.
		5	제재곡을 다시 여러 번 부른다.	학생들은 계이름으로 따라부를 수 있는 만큼 부른다.	
		6	학생들이 계이름으로 잘 부를 수 있다고 판단되면 교사는 알토를 부른다.	학생들은 제재곡을 계이름으로 계속 부른다.	여기서 교사와 학생의 이중창이 시작된다.
		7		두 파트로 나누어 계이름으로 합창한다.	여기서부터는 학생들만의 합창이 이루어진다.
		8	합창이 잘 이루어진다고 판단되면 가사로 노래를 부르게 한다.	두 파트로 나누어 가사로 합창한다.	

참고문헌

현경실(2004). 한국 음악적성 검사. 서울: 학지사.

Anastasi, A. (1982). *Psychological Testing.* New York: Macmillan Publishing Co.

Bentley, A. (1966). *Musical Ability in Children and its Measurement.* London: Harrap.

Boyle, D. (1992). Evaluation of music ability. In R. Colwell (Ed.), *Handbook of Research on Teaching and Learning.* Reston, VA: Music Educators National Conference, 594-601.

Boyle, D., & Radocy, R. (1987). *Measurement and Evaluation of Musical Experience.* New York: Schirmer Books.

Buros, O. K. (1972). *The Seventh Mental Measurements Yearbook, Vol. 1-2,* Highland Park, New Jersey: The Gryphon Press.

Chomsky, N. (1965). *Aspects of the Theory of Syntax.* Cambridge, Mass: MIT Press.

Colwell, R. (1970). *The evaluation of music teaching and learning.* Englewood Cliffs: Prentice-Hall.

Cuddy, L., & Upitis, R. (1992). Aural Perception. In R. Colwell (Ed.), *Handbook of Research on Teaching and Learning.* Reston, VA: Music Educators National Conference, 333-343.

Gordon, E. (1967). *Three-Year Longitudinal Predictive Validity Study of the Musical Aptitude Profile.* Iowa City: The University of Iowa Press.

Gordon, E. (1982). *Intermediate Measures of Music Audiation.* Chicago: G. I. A. Publications, Inc.

Gordon, E. (1986). *Primary Measures of Music Audiation.* Chicago: G. I. A. Publications, Inc.

Gordon, E. (1987). *The nature, description, measurement, and evaluation of Music Aptitudes.* Chicago: G. I. A. Publications.

Gordon, E. (1988/1965). *The Musical Aptitude Profile.* Chicago: The Riverside

Publications.

Gordon, E. (1989). *The Advanced Measures of Music Audiation.* Chicago: G. I. A. Publications, Inc.

Gordon, E. (1991). *Guiding Your Child's Musical Development.* Chicago: G. I. A. Publications, Inc.,

Gordon, E. (1993). *Learning sequences in music.* Chicago: G. I. A. Pub.

Gordon, E., & Woods, D. (1986). *Jump Right In: The Music Curriculum, Activity Book.* Chicago: G. I. A: Publications, Inc.,

Gordon, E., & Woods, D. (1990a). *Jump Right In: The Music Curriculum, Tonal Register Book I.* Chicago: G. I. A: Publications, Inc.,

Gordon, E., & Woods, D. (1990b). *Jump Right In: The Music Curriculum, Rhythm Register Book I.* Chicago: G. I. A: Publications, Inc.,

Gordon, E., & Woods, D. (1990c). *Jump Right In: The Music Curriculum, Reference Hand Book for Using Learning Sequence Activities.* Chicago: G. I. A: Publications, Inc.

Mark, M., (1986). *Contemporary Music Education.* New York, N.Y.: Schirmer Books.

Shuter-Dyson, R., & Gabriel, C. (1981). *The psychology of musical ability* (2nd ed.). London: Methuen.

제5장
포괄적 음악성

제5장
포괄적 음악성

포괄적 음악성(Comprehensive Musicianship: CM)은 1970년대에 소개된 이후 우리 음악교육에 친근해진 개념이다. 그러나 포괄적 음악성이 정확하게 무엇을 의미하는지에 대해서는 아직까지도 많은 혼돈이 존재하는 듯싶다. 또한 종합적 음악성, 포괄적 음악교육, 통합이론교육 등 여러 용어가 혼재되어 사용되고 있다. 여기에서는 영어의 'comprehensive musicianship' 을 직역한 용어인 '포괄적 음악성' 이라는 용어를 사용하기로 하겠다.

포괄적 음악성은 한두 사람의 학자에 의하여 개발된 교수법이 아니라, 오랜 기간에 걸쳐 여러 사람의 중지(衆智)를 모아 점차적으로 만들어진 것이다. 다시 말해서 개념이 먼저 정립된 후 세상에 발표된 것이 아니라 시간을 지나면서 점차 발전되고, 변경되고, 첨가된 개념이다. 또한 포괄적 음악성은 교수법이라기보다는 음악에 대한 '태도' 라고 보는 것이 더 적절하다. 포괄적 음악성은 음악의 특정기술이나 지식에 집중하는 것이 아니라 더 넓은 의미의 음악을 보고자 하는 노력, 또 시대의 흐름에 맞추어 항상 열린 마음을 가지고 음악을 바라보는 태도라고 할 수 있다.

포괄적 음악성을 개발하기 위해 학생들은 가장 '음악적' 인 혹은 가장 '음악가다운' 활동들에 참여한다. 그것은 분석적 감상과 창작과 연주이다. 포괄적 음악성은 특정 시대나 문화의 음악만을 음악의 고전이나 전형으로 간주하는 편협한 태도에 경고한다. 포괄적 음악성은 모든 시대와 문화의 음악을 동등하게 취급하고, 학생들이 그것에 대하여 열린 마음을 가질 것을 강조한다. 포괄적 음악성은 한 가지 교수법으로 고정되어 있는 것이 아니라 변화하는 사회에 맞추어 끊임없이 변화된다. 그러므로 이는 교수법이 아니라 하나의 태도이다.

1. 포괄적 음악성의 배경

포괄적 음악성이라는 개념은 '현대음악 프로젝트(CMP)' 라는 음악교육사상 최대의 프로젝트에서 발생하였다. 그러므로 포괄적 음악성의 개념을 살피기에 앞서 현대음악 프로젝트부터 살펴보기로 한다.

현대음악 프로젝트의 공식적 명칭은 '음악교육의 창의성을 위한 현대음악 프로젝트(The Contemporary Music Project for Creativity in Music Education)' 이다. 이를 약칭하여 '현대음악 프로젝트' 라 부른다. 이 프로젝트는 1959~1973년[1]까지 14년 동안 당시로는 천문학적인 액수인 300만 달러 이상의 비용이 투자되고 미국의 저명 음악가, 음악학자 및 음악교육가들이 참여하여 이루어졌다. 프로젝트 명칭에서 볼 수 있듯이 학생들의 창의성 계발이 이 프로젝트의 중요한 목표였으며, 프로젝트 자체도 매우 창의적으로 진행되었다. 현대음악 프로젝트는 다른 프로젝트들처럼 처음부터 명확한 연구 계획과 진행 과정 계획하에 실시된 프로젝트가 아니었다. 처음에는 프로젝트의 대략적 방향과 목표만 정하고 진행 과정에서 유연성과 융통성을 가지고 참여자들의 새로운 아이디어를 과감하게 실험하며 진행되었다. 현대음악 프로젝트는 당시의 음악교육에 많은 중요한 질문들을 던졌고, 음악을 가르치는 방법에 관한 새로운 사고를 불러일으키는 계기를 마련하였다.

1) 청년작곡가 프로젝트가 포함된 것이다.

1) 청년작곡가 프로젝트

'청년작곡가 프로젝트(Young Composers Project, 1959~1962)'는 현대음악 프로젝트와 많은 면에서 공통점을 가지며, 현대음악 프로젝트의 전신(前身) 혹은 전조(前兆)로 간주된다. 차이점이 있다면 청년작곡가 프로젝트가 현대음악의 보급 및 전파에 강조점을 두었던 반면에, 현대음악 프로젝트는 현대음악뿐 아니라 포괄적 음악성의 보급 및 전파를 강조하였다는 것이다.

청년작곡가 프로젝트는 1957년 스푸트니크 충격(Sputnik shock) 이후 미국에 불어 닥친 교육 개혁 운동과 관련이 있다. 스푸트니크 충격은 냉전체제 시절에 소련이 미국보다 먼저 우주선인 스푸트니크호를 발사하여 미국인들이 큰 충격을 받고 자존심에 상처를 입은 사건을 가리킨다. 미국인들은 그 원인을 교육의 실패에 돌렸다. 그 결과 전 교과에 걸쳐 교육 개혁 운동이 벌어졌고, 음악도 예외는 아니었다.

포드 자동차 그룹의 헨리 포드 재단(Henry Ford Foundation)은 교육 개혁에 적극 동참하였다. 재단은 작곡가 델로 조이오(N. Dello Joio, 당시 줄리어드음악대학 학장)에게 미국 사회 내에서 예술이 차지하는 위치에 대한 현황 조사를 의뢰하였다. 작곡가였던 델로 조이오는 미국사회에 현대음악이 제대로 수용되고 있지 못한 사실에 주목하였다. 델로 조이오는 미국 중등학교의 다양한 연주 그룹(밴드, 합창단, 오케스트라 등)을 이용하여 현대음악을 수용하는 방안을 생각하였다.[2)]

해결 방안으로 델로 조이오는 작곡가들을 초·중등학교 현장에 배치하여 이 연주그룹들을 위한 현대음악을 작곡하게 하는 방안을 생각하였다. "만일 작곡가들이 학생들을 위하여 작품을 쓰게 된다면, 학생들은 현대음악을 접하고, 교사들은 새로운 레퍼토리에 관심을 갖게 될 것이다."(Mark, 1978: 78)라는 것이 델로 조이오의 생각이었다. 포드 재단은 델로 조이오의 아이디어를 받아들여 20만 달러의 기금을 출연하였다. 이로 인해 1959년 '청년작곡가 프로젝트'가 탄생하였다.

2) 미국의 중등음악교육은 대부분 밴드, 합창단, 오케스트라 등을 중심으로 이루어진다.

청년작곡가 프로젝트의 회장을 맡은 델로 조이오는 음악적 재능이 뛰어나다고 판단된 31명의 젊은 작곡가들을 선정하였다.[3] 이 프로젝트를 통하여 작곡가들은 단기간이나마 작품 창작 활동에만 몰두할 수 있고, 학생들은 작곡가의 창작 과정을 눈으로 직접 봄으로써 작곡이 옛날 사람들에 의해서만 이루어지는 것이 아니라 현대에도 이루어지고 있다는 것을 깨달을 수 있으리라고 델로 조이오는 생각하였다. 더 나아가서 학교에서 현대음악을 배울 수 있고, 결과적으로 연주 레퍼토리를 확장할 수 있다고 생각하였다(D' Arms, Klotman, Werner, & Willoughby, 1973).

31명의 작곡가들이 미국 전역의 공립학교에 파견되어 2년 기간 동안 현대음악을 작곡하였다. 이 프로젝트를 통해 아동들과 교사들, 학부모들은 현대음악이 창작되는 과정을 목격하고 연주하고 감상하였다. 시간이 흐르면서 청년작곡가 프로젝트는 예상 외의 결과를 나타내었다. 그것은 어린 학생들이 거부감 없이 현대음악을 받아들이게 된 반면, 교사들은 현대음악에 대하여 심한 거부감을 보이는 것이었다. 교사들이 학창 시절에 고전음악 혹은 '예술' 음악만을 배웠기 때문이었다. 현대음악을 학습해 본 적이 없었던 그들에게 현대음악은 괴상한 소음에 불과하였다. 프로젝트에 참여했던 작곡가 베글라리언(E. Beglarian)은 다음과 같이 말하였다(Beglarian, 1963: 11-12; CMP5[4] 재인용).

> 불행한 사실은, 약간의 예외가 있기도 했지만, 거의 모든 교사들은 음악적 모험을 할 마음의 자세가 되어 있지 않았다는 거예요. 이런 마음의 자세는 우리의 대학이나 음악원(conservatory)에서 키워지지 않는 것이 보통이지요.

교사들의 이러한 태도는 음악대학 혹은 사범대학 음악교육에 대한 의구심을 발생시켰다. 프로젝트 참여 작곡가 중의 한 사람인 페나(J. Penna)는 다음과 같이 질문하였다(Penna, 1963: 17; CMP5 재인용).

---

3) 이들은 모두 35세 미만이어야 한다는 조건을 가지고 있었다.

4) 현대음악 프로젝트 본부에서는 총 6개의 보고서를 출판하였는데, 차례대로 CMP1, CMP2 등으로 지칭되었다. CMP5는 다섯 번째 보고서이다.

교육대학(사범대학)이 현대음악에 관한 교육을 실질적으로 제공하는가? …… 이것은 (음악적 그리고 교육적) 진보를 방해하는 주요 장애물이다.

학생들은 음악대학 혹은 사범대학에서 단지 고전음악에 관한 이론과 실기를 교육받을 뿐, 현대음악에 대해서는 무지한 상태로 교육 현장에 투입된다. 그리고 같은 방식으로 자신의 제자들을 재생산한다. 이와 같은 인식은 대학의 음악 교육과정, 교수법, 교육 내용을 재검토하지 않고서는 현대음악을 활성화할 수 없다는 결론을 이끌어냈다. 이에 따라 청년작곡가 프로젝트는 대학 음악교육의 재검토를 포함하는 방식으로 확대되었으며, 명칭도 현대음악 프로젝트로 변경되었다.

2) 제1차 현대음악 프로젝트[5)]

미국음악교육자협회(the Music Educators National Conference: MENC)는 1962년 청년작곡가 프로젝트가 종결된 후, 이 프로젝트를 연장하고자 하는 새로운 제안서를 포드 재단에 제출하였다. 제안서에는 청년작곡가 프로젝트를 확대하여 교사 교육을 포함시키자는 내용과 음악대학 및 교육대학 음악과 교육과정을 개편하자는 내용이 들어 있었다. 음악과 교육과정의 개편이 시급하다고 판단한 이유는 음악대학 졸업자는 교사가 되는 것 외에 연주자, 음악학자, 작곡가 등 다른 어떤 직업에 종사하든지 그것이 '가르치는 일' 이라고 인식하였기 때문이다.

MENC가 현대음악 프로젝트를 제안할 당시 이 프로젝트의 목적은 다음과 같았다(CMP, 1962: 2; Willoughby, 1970: 12 재인용).

---

5) 여기서는 편의상 1963~1968년의 현대음악 프로젝트를 제1차 현대음악 프로젝트, 1969~1973년의 현대음악 프로젝트를 제2차 현대음악 프로젝트라 부르기도 한다. 이렇게 구분하는 이유는 현대음악 프로젝트의 예산 집행 및 집행위원회 임원들, 그리고 무엇보다도 현대음악 프로젝트의 지향에 있어 이 두 시기 사이에 차이가 있기 때문이다.

1. 공립학교 음악에서 창의적인 면을 강조하는 것
2. 현대음악의 언어가 수용되는 토양과 환경을 창조하는 것
3. 음악교육과 음악작곡 사이에 존재하는 분열을 줄이는 것
4. 음악교사와 학생들 사이에 현대음악의 질을 판단하고 선호할 수 있는 능력을 양성하는 것
5. 가능하다면, 음악에 재능이 뛰어난 학생을 발굴하는 것

포드 재단은 이 제안서를 승낙하였고 이에 따라 1963～1968년 제1차 현대음악 프로젝트가 수행되었다. 제1차 현대음악 프로젝트는 3개의 중점 사업(공립학교의 작곡가들, 세미나 및 워크숍, 시범 프로젝트)을 강조하였다(〈표 5-1〉 참조).

표 5-1 제1차 현대음악 프로젝트의 주요 사업들

공립학교의 작곡가들	• 청년작곡가 프로젝트의 후속 사업 • 작곡가들이 특정 학교에 거주하면서 일하는 것
세미나 및 워크숍	• 대학생들과 교사들에게 현대음악을 소개하는 다양한 활동들
시범 프로젝트	• 초·중등학교의 학생들에게 현대음악을 체계적으로 지도하고, 즉흥연주와 작곡을 통하여 그들의 창의적 재능을 계발하는 것

'공립학교의 작곡가들' 사업은 청년작곡가 프로젝트를 그대로 계승한 것이었다. 작곡가들은 5천 5백～8천 달러의 연봉을 받고 공립학교에 배치되어 학생들을 위한 현대음악 작곡에 전념하였다. 이 사업의 결과물은 『현대음악 프로젝트 총서(*Contemporary Music Project Library*)』라는 책으로 출판되었는데, 73명의 작곡가들이 작곡한 작품들이 수록되어 있다.

'세미나 및 워크숍'은 아직 현장에 나가지 않은 예비교사와 현장에 재직 중인 현직 교사들에게 현대음악을 소개하는 활동이었다. 주로 분석과 연주를 통하여 예비교사와 현직교사들이 현대음악을 이해하고, 음악 수업에서 창의성이 핵심 역할을 하도록 하였다.[6]

6) 물론 예외는 있지만, 현대음악 프로젝트에서 창의성은 거의 창작활동과 관련되어 언급된다.

'시범 프로젝트' 는 모든 아동을 대상으로 이루어졌다. 이 프로젝트에서 아동들에게 현대음악을 가르치고 이를 통하여 음악적 개념 및 기술을 지도하는 동시에 창의적 영재아를 발굴하였다. 이 프로젝트를 통하여 아동들은 음악창작이 작곡가들만 하는 것이 아니라는 것, 상상력을 사용하고, 의사결정하고, 수정하고, 해석하는 행위라는 것, 아동들도 할 수 있다는 것, 현대음악도 쉽게 배울 수 있다는 것을 학습하였다(CMP5, 1971).

3) 노스웨스턴 세미나

1965년 4월 22일부터 25일 사이에 현대음악 프로젝트는 일리노이(Illinois) 주 에반스턴(Evanston)에 있는 노스웨스턴대학교에서 세미나를 개최하였으며 이를 노스웨스턴 세미나(Northwestern Seminar)라고 부른다. '포괄적 음악성' 의 개념은 여기서 본격적으로 제안되었다. 이 세미나에서는 음악대학에서 이루어지는 공통필수 교과교육[7]의 상태를 재검토하고, 대학 음악교육의 바람직한 교수 내용 및 방법을 토론하였다. 리머(B. Reimer), 마이어(Meyer), 그라우트(Grout), 팔리스카(Palisca) 등 43명의 유명 교수들이 한자리에 모여서 세미나를 진행하였다.

노스웨스턴 세미나 참석자들은 대학 음악교육에서 학생들의 창의성 개발이 충분히 이루어지지 않고 있으며, 한정된 범위의 레퍼토리만이 사용되고 있다고 주장하였다. 당시까지만 해도 미국 대학에서 사용하는 음악 문헌은 바로크 말기에서 낭만주의 중반, 즉 17세기 말에서 19세기 중반까지의 음악을 중심으로 하고 있었다. 노스웨스턴 세미나 참석자들은 학생들이 3B(Bach, Beethoven, Brahms)의 음악을 넘어서서, 현대음악, 종족음악 등 '모든' 음악을 접할 수 있어야 한다는 점에 동의하였다.

노스웨스턴 세미나의 참석자들은 음악대학 1~2학년 시절에 제공되는 공통필수 교과들에도 문제가 있다고 느꼈다. 이 교과들의 목적은 대학교 저학년에

---

7) 공통필수 교과란 대부분의 음악대 학생들이 필수적으로 이수하는 시창청음, 화성법, 대위법, 음악사, 음악문헌, 음악분석 등의 교과를 말한다.

서 음악 전반에 대한 폭넓은 기반을 제공하여 3학년 이후부터 본격화되는 전공 훈련의 기초를 마련하기 위한 것이다. 그러나 학생들이 공통필수 교과들을 자신의 전공(대부분 연주)과 연관시키지 못하는 경우가 빈번하였고, 이 교과들이 실제로 풍부한 음악성으로 연결되는 경우도 의문시되었다(CMP2, 1965). 그리고 이 교과들은 서로 밀접한 연관을 가지고 있어서, 예를 들면 고전주의 음악사와 화성법은 서로 관련되어 있지만, 학생들은 교과를 따로따로 배우다 보니 화성법과 음악분석, 화성법과 대위법 등 사이의 연관성을 보지 못하는 경우가 대부분이었다.

이와 같은 문제들을 해결하기 위하여 노스웨스턴 세미나에서 제안된 개념이 '포괄적 음악성' 이었다. 포괄적 음악성은 학생들의 창의성을 개발하고 18, 19세기의 서양음악뿐 아니라 폭넓은 레퍼토리를 사용하고 학생들의 실질적 음악성 개발에 기여하며, 다양한 음악교과들 사이의 상호 관련성을 볼 수 있도록 하고자 하는 음악학습 개념이다. 또한 학생들의 자기주도적 능력과 독립적 학습능력, 상상력과 비평력, 심미적 체험을 강조한다.

세미나 참석자들은 포괄적 음악성의 개발을 위하여 다음과 같은 과정이 필요하다고 주장하였다(CMP, 1968; Willougby, 1970: 16-18 재인용).

1. 포괄적 음악성을 발달시키기 위해서는 작곡기술을 훈련해야 한다.
2. 청각적 훈련과 분석적 훈련의 목표는 음악구조에 관한 예리한 통찰력을 키우는 것이며, 그것은 최고의 심미적 반응을 위한 필수 조건이다.
3. 포괄적 음악성은 세 단계의 점차적인 경험을 요구한다: 개념의 도입, 기술 지도, 예술 작품의 직접적 경험
4. 음악사와 이론적 연구, 연구와 연주 사이에 존재하는 내재적 연관을 보는 것에 중점을 둔다.
5. 전공에 상관없이, 모든 학위과정의 학생들에게 적용되어야 한다.
6. 모든 음악학습의 지식들을 통합시켜야 한다.
7. 현대적 사고와 실천을 과거의 그것들과 연관시켜야 한다.

8. 음악은 열린 교과로 간주되어야 한다. 학생들에게 공식적 음악교육 안팎에서 자료를 찾고 다룰 수 있는 도구를 주어야 한다.
9. 학생들은 자기감독력을 개발하고, 상상력을 발휘하고, 비평적 판단력을 연마하도록 양성되어야 한다.

그러나 나흘간의 세미나는 포괄적 음악성이 무엇인가에 대하여 충분히 정의하고 설명하기에는 너무 짧은 기간이었다. 세미나 참석자들은 여기서 제안된 개념을 현장에서 적용하고 실험한 후, 이 개념을 완성시켜 나가기로 결정하였다.

4) 포괄적 음악성의 실험

노스웨스턴 세미나에서 제안된 포괄적 음악성 개념은 이후 '현대교육에서의 음악학교들(Institutes for Music in Contemporary Education: IMCE)' 이라는 프로그램과 버지니아(Virginia) 주의 에얼리 하우스(Airlie House)에서 이루어진 심포지엄에 의하여 계속적으로 발전되었다. IMCE는 1966년에서 1969년 사이 미국 내 36개의 학교(32개 대학교 포함)에서 이루어진 포괄적 음악성에 대한 구체화 작업으로서, 이들 학교에서 개발된 36개 프로그램을 의미한다. IMCE 실험은 각 학교의 자율성과 창의성을 중시하여 획일적인 프로그램을 개발하는 것을 지양하고, 각 학교에 따른 다양한 모습의 프로그램을 개발하는 것을 독려하였다.

IMCE의 목표는 다음과 같았다(Procedures for Evaluation for Music in Contemporary Education, 1967).

1. 개별적 음악학습의 기본 요소들을 상호 연관시키는 것
2. 음악 교과들을 위하여 모든 시대의 교재와 기교를 사용하는 것
3. 포괄적 음악성의 이론과 실제가 유치원에서 전문 기관에 이르기까지 적용되게 하는 것
4. 학생들의 자기주도적 능력을 개발하고, 상상력을 발휘하고, 음악의 광범위한

관점에 대하여 예리하게 비평하게 하는 것

IMCE의 결과는 다양한 모습으로 나타났다. 예를 들어, 남가주대학교(University of Southern California)에서는 청음, 음악분석, 건반화성 등 다양한 교과목을 하나의 악곡 중심으로 연관시키는 교육과정을 개발하였다.[8] 위치타 주립대학교(Wichita State University)는 '음악이론 → 시창 · 청음 및 음악사 → 연주 및 작곡' 으로 연결되는 15주 프로그램을 개발하였다(1971: 30-33). 위치타 주립대학교의 교육과정은 이후 많은 대학의 포괄적 음악성 교육과정에 참조되었다.

에얼리 하우스 심포지엄(1967)은 IMCE 프로그램에 참여한 모든 학생들의 평가 기준을 마련하기 위하여 소집된 것으로서, 포괄적 음악성을 학생들이 어떻게 적용할 수 있는가에 초점을 맞추었다. 이것은 학생들의 학습을 검열하는 기존의 성취검사나 적성검사와는 차별화하였다.

학생들의 포괄적 음악성 평가는 두 가지로 이루어졌다는데, 검사 및 개인 프로젝트 검사는 외부에서 주어지는 기준을 학생들이 수행할 수 있는가를 강조하는 준거지향 검사를 실시하였다(예: 처음 본 악곡을 연주하기, 곡의 구조 및 양식에 대하여 설명하기 등).[9] 개인 프로젝트는 자신이 설정한 음악적 과제를 장기간에 걸쳐서 이루어나가는 것이었다(Contemporary Music Project, 1973: 66).

평가의 일반 원칙은 다음과 같았다(Contemporary Music Project, 1973: 67).

A. 서술 능력

1. 구조와 관련된 음악적 요소들

8) 만일 모차르트의 피아노 소나타 K. 284 제3악장(주제와 변주 형식)이 중심 주제라면, 청음 수업에서는 3악장의 화음 구조를 청음하고, 음악분석 시간에는 3악장을 분석하고, 건반화성에서는 3악장의 베이스를 토대로 위 삼성부를 즉흥연주하거나, 3악장과 같은 화성구조를 가진 작품을 창작하는 방식이었다(Willoughby, 1971: 42-51).

9) 검사에는 학생들을 비교하기 위한 규준지향 검사와 어떤 기준성취 여부를 보는 준거지향 검사가 있다.

2. 예시된 작품과 관련된 형식적 요소들
3. 예시된 작품의 표현적 성격들과 음악적, 형식적 요소들의 관계 및 비음악적 요소들의 역할
4. 예시된 작품의 음악적, 형식적, 표현적 요소와 양식적 요인의 관계

B. 연주 능력

1. 전통적 기보법과 용어, 다른 기보 체계에 대한 이해력
2. 독주곡과 합주곡을 공부하고 연주할 수 있는 능력
3. 기교적 정확성 및 해석에 의하여 자신과 타인의 연주를 평가할 수 있는 능력
4. 다양한 상황에서 가르치고 지도할 수 있는 능력
5. 일반적인 음악문헌의 지식 및 자기 전공 분야의 프로그램 구성

C. 창조 능력

1. 다양한 선율 및 리듬 구조, 화성 및 대위 과정을 보여 주는 예를 쓰기
2. 다양한 양식의 성격을 보여 주는 예를 쓰기
3. 어떤 매체의 음악을 채택하여 다른 매체로 편곡하기
4. 주어진 양식이나 자신의 양식으로 즉흥연주하기
5. 가능한 연주 자원을 위한 독창적 작품 작곡하기

D. 태도

음악에 대한 학생의 참여

5) 제2차 현대음악 프로젝트

1968년 포드 재단 및 MENC의 지원(각각 134만 달러, 25만 달러) 결정에 따라 현대음악 프로젝트가 5년간 연장되었다. 여기서는 이 기간의 현대음악 프로젝트를 제2차 현대음악 프로젝트라고 부르기로 한다. 후기의 프로젝트는 1965년 노스웨스턴 세미나의 결정 사항을 반영하여 포괄적 음악성 개념의 전파와 수용에 전력을 다하였다.

제2차 현대음악 프로젝트의 중점 프로그램들은 '지역사회의 전문가들' '포괄적 음악성의 전파' '부수적 활동과 포럼들' 로 분류된다. '지역사회의 전문가들'은 제1차 프로젝트의 '공립학교의 작곡가들' 프로그램에 연주가들까지 포함시켜 확장한 것이었다. 이를 위하여 13명의 전문 음악가들이 각 지역사회에 배치되어 음악문화 개발을 위하여 노력하였다. '포괄적 음악성의 전파' 를 위하여 현장 실천을 위한 다양한 방법들을 개발하고, 초등학교에서 대학원에 이르는 다양한 수준의 교수요목, 강의계획서, 교재들을 개발하였다.[10] '부수적 활동들과 포럼들' 은 전국 포럼 2회, 다양한 지역 포럼, 학교상담 75가지, 워크숍 및 연수 15회, 학회발표 184회, 출판물 3개, 뉴스레터 12회, 영화 제작, 전국대회 2회 등 포괄적 음악성을 널리 알리기 위한 다양한 활동들이 이루어졌다(Contemporary Music Project, 1973: 36-38).

표 5-2 제2차 현대음악 프로젝트 중점 사항

지역사회의 전문가들	'공립학교의 작곡가들' 프로그램을 연주가들도 포함시켜 확장한 것
포괄적 음악성의 전파	포괄적 음악성의 현장 실천을 위한 구체적 방법들의 개발
부수적 활동들과 포럼들	전국 포럼, 지역 포럼, 상담 서비스, 워크숍과 연수, 학회 발표, 출판물, 뉴스레터, 영화, 전국적 학회(1970년과 1971년) 등

제2차 현대음악 프로젝트를 제1차와 비교해 보면, 현대음악의 보급에 관한 부분이 축소된 느낌을 주며, 포괄적 음악성의 전파가 그 중점이 됨을 볼 수 있다. 이러한 방향의 전환은 처음부터 "전혀 예상되거나 계획된 것이 아니었으며, 음악 분야에 종사하는 많은 사람들의 끊임없는 관심" 을 따르는 과정에서 자연

10) 제2차 현대음악 프로젝트를 통하여 21명의 교사들이 포괄적 음악성의 현장 적용을 위한 방법들을 개발하였다. 뱀버거(Bamberger)와 하이싱어(Heisinger), 웨버(Webber)가 초등 음악프로그램을, 제이콥슨(Jacobson), 페이트너(Paytner), 리더(reeder), 스탠디퍼(standifer), 톨(Tolle), 와그너(Wagner), 우즈(Woods)가 중등 음악프로그램을 개발하였다.

스럽게 발생한 일이었다(CMP5, 1973: vii). 현대음악 프로젝트의 융통성과 창의적인 성격을 잘 드러내는 부분이었다.

6) 현대음악 프로젝트의 종료

1973년 제2차 현대음악 프로젝트는 종료되었다. 아쉬운 마음을 뒤로 한 채, 현대음악 프로젝트의 정책위원장이었던 담스(D' Arms, 1973)는 프로젝트의 업적 및 성격을 세 가지(참신성, 유연성, 협동성)로 요약하였다.

(1) 참신성

현대음악 프로젝트는 지금까지 시도되지 않은 새로운 많은 프로젝트와 세미나들을 실시하였다는 점에서 참신하였다. 청년작곡가 프로젝트, 노스웨스턴 세미나, IMCE 등은 지금까지 누구도 생각해 보지 않은 새로운 종류의 것들이었다.

(2) 유연성

현대음악 프로젝트는 그 범위나 유형에서 엄청난 유연성을 보여 주었다. 프로젝트의 구체적 내용이나 프로젝트 산하의 하부 프로젝트들의 내용은 처음부터 명시되고 시작된 것이 없었다. 프로젝트를 추구하는 과정에서 계속적으로 변화하고 발전해 나갔다.

(3) 협동성

현대음악 프로젝트를 통하여 다양한 음악계 인사들과 기관들이 하나가 되었다. 이 프로젝트에는 아들러(Adler), 베글라리언, 델로 조이오, 레온하드(C. Leonhard), 미첼(W. Mitchell) 등 수십 명의 인물과 수십 개의 학교가 참여하였다. 또 현대음악 프로젝트를 통하여 작곡가들과 음악교육가들이 하나가 되었고, 교사와 학자들이 하나가 되었으며, 미국음악가협회, 국제음악가협회(ISME) 등 다양한 기관이 하나가 되었다.

그러나 무엇보다도 현대음악 프로젝트의 가장 큰 수확은 다음과 같은 것이었다(D' Arms, 1973: 5).

> 이것은 아주 드문 종류의 음악가를 양성했어요. 이것은 자기 분야에 전문가일뿐 아니라, 음악 전반에 걸쳐 두루 능력 있는 사람들이지요. 그리고 광범위한 영역에서 음악의 장래에 관하여 관심 있는 음악가지요.

다시 말하면 포괄적으로 음악을 다룰 수 있고, 더 나아가 인접 영역의 학문까지 다룰 수 있는 포괄적 음악인(comprehensive musician)이 양성된 것이다.

2. 포괄적 음악성의 영향

최초 노스웨스턴 세미나에서 제안된 포괄적 음악성의 개념은 대학 음악교육의 교육과정, 교수방법, 내용들의 개선에 있었으며, 때로는 모든 음악성(음악이론) 교과를 포괄하는 거대 음악교과를 지칭하는 용어이기도 하였다. 그러나 점차적으로 이 개념은 하나의 '태도' 로서 유치원부터 대학원까지의 폭넓은 음악교과, 또 일반 음악뿐 아니라 연주, 개인레슨 등 모든 음악교육에 적용되는 개념으로 확대되었다. 이후에 나타난 포괄적 음악성의 영향으로 나타난 결과 몇 가지를 소개하면 다음과 같다.

1) 탱글우드 심포지엄

1967년의 탱글우드 심포지엄(Tanglewood Symposium)[11]은 현대음악 프로젝트와 직접적으로 연관을 가지지는 않았지만, 탱글우드 심포지엄의 선언문들은

11) 이 심포지엄의 주제는 '우리 시대의 음악' 이었다.

포괄적 음악성의 영향을 강하게 보여 주었다. 탱글우드 심포지엄의 선언문들 중 포괄적 음악성의 영향을 받은 부분을 소개하면 다음과 같다. "모든 시대, 양식, 형식, 문화의 음악이 교육과정에 속한다" "교사는 음악의 다양성을 이해할 수 있도록 훈련받아야 한다—아방가르드, 예술음악, 다양한 재즈와 종족음악" "개개인의 학생들이 자신의 요구와 목표와 잠재력을 실현할 수 있게 하는 것을 더욱 강조하여야 한다." "우리는 예비교사와 현직교사들이 학생들의 개별적 학습 차이를 수용할 수 있는 유연한 방법들을 채택할 것을 권장한다." "초등학교 음악의 새로운 교육과정은 다음과 같은 네 가지 광역의 음악학습을 강조한다. 첫째, 안내된 감상 혹은 연주를 통한 많은 양식의 음악을 이해하기, 둘째, 가창, 악기 연주, 율동 혹은 이들의 결합을 통하여 음악을 학습하기, 셋째, 악기와 성부들을 위하여 음악을 편곡하거나 작곡하기, 넷째, 음악 기보법을 이해하고 사용하기(Rieger, 1973: 43-44).

2) 목적 및 목표 프로젝트

1970년 미국음악교육자협회가 학생들의 심미적 경험 도달을 목표로 제시한 '목적 및 목표 프로젝트(Goals and Objectives Project: GO Project)' 는 35개의 목표들 중 23개에서 포괄적 음악성, 혹은 현대음악 프로젝트의 영향을 보여 주었다. 그중 몇 개의 예를 제시하면, 목표 2("음악의 연주, 창작, 감상을 연관하며 다양한 음악행위를 포괄하는 학습 프로그램을 개발하도록 한다."), 목표 4("모든 시대, 양식, 형식 및 문화의 음악에 대한 교수를 발전시킨다."), 목표 5("심미적 교육을 위한 지도 프로그램을 개발한다."), 목표 13("학생 구성원이 더 많이 참여하고 헌신하도록 프로그램을 확장한다."), 목표 17("음악지도의 모든 영역과 학령에서 교육과정, 교사-학습기법 및 테크놀로지 등에 관한 중요한 새로운 발전을 적용한다.") 등이 있다(Rieger, 1973: 44-45).

3) 맨해튼빌 음악교육과정 프로젝트

1965~1970년에 실행된 맨해튼빌 음악교육과정 프로젝트(Manhattanville Music Curriculum Project: MMCP)는 기술과 연주 중심의 음악교육을 벗어나 포괄적 음악성을 계발할 것을 목적으로 하였으며, 그 전 과정이 포괄적 음악성의 원리를 충실히 반영하였다. MMCP의 가장 큰 특징은 현대음악 어법의 적극적 수용, 아동의 창조성 강조, 다양한 음악활동들의 결합, 음악적 지각 능력의 양성, 심미적 경험, 개념학습과 나선형 교육과정 등으로 요약된다. 이 모든 것은 포괄적 음악성의 원리를 그대로 적용한 것으로 한동안 우리나라에서는 포괄적 음악성과 MMCP가 동의어로 사용될 정도였다.

MMCP에서 사용된 주요 교육과정은 다음과 같다. ① 작곡, 연주, 지휘, 평가, ② 감상, ③ 가창, ④ 연구 및 구술적 보고, ⑤ 기교 발달, ⑥ 학생 연주, ⑦ 전문가 연주. MMCP의 교육과정은 고등학교 3학년까지의 전 과정이 음악의 기본 개념(음고, 리듬, 형식, 셈여림, 음색)에 근거한 나선형 교육과정이었다. 또한 슈와던(Schwardon)과 리머의 심미적 음악교육철학을 받아들여 학생들의 사전 음악경험 토대 위에 이후 학습이 이루어지도록 하였으며, 이 과정에서 학생들이 음악적 문제해결을 하도록 하였다. MMCP는 학생들의 발견 학습 및 자기주도학습이 최대화되도록 하여 학생들의 개성을 존중하고 북돋워 주었다(김명신, 1992; Hackett, & Lindeman, 2004; Pogonowski, 2001; Thomas, 1979).

4) 피아노 교재 및 음악 교과서들

이전까지의 피아노 교재가 주로 기교의 발달과 독보에 초점을 두어 왔다면, 1970년대 이후 미국에서 개발된 많은 피아노 교재들은 포괄적 음악성의 영향을 보여 준다. 예를 들면, 페이스(Pace) 교수법 시리즈는 포괄적 음악성을 피아노 학습에 적용하였다고 밝히고 있다(http://www.renoweb.net/LSMS/pace.html). 이 시리즈는 주교재와 이론교재, 손가락 연습용 교재와 창의성 교재가 한 체제를 이룬다. 페이스 교수법은 실기를 배우면서 동시에 음악개념을 학습하도록 하였고, 연주의 기교 · 독보 · 청음 · 이론 · 즉흥연주가 통합적으로 이루어질 수 있도록 하였으며, 레퍼토리도 민요, 동요, 예술 음악 등 다양한 장르의 음악을 사용하였다. 베스틴(Bastien) 시리즈도 피아노, 이론, 연주, 기교, 시창 교재가 한 체제를 이루고 있으며, 실기와 개념학습을 연결시킨다. 알프레드(Alfred) 시리즈는 레슨, 이론, 리사이틀, 기교, 청음, 문헌(고전적 악곡들)이 한 체제를 이루며, 개념학습을 더욱 강화하였다(http://www.you-can-play-piano.com).

현재 미국에서 사용되는 일반 음악(general music) 교과서도 포괄적 음악성의 영향을 보여 준다. 예를 들면, 실버-버뎃(Silver-Burdett)에서 출판된 교과서 *Making Music*은 개념에 근거해서 각 단원을 구성하고 있다. 그리고 개념과 기술을 통합하는 학습을 유도하고, 음악과 다른 예술의 연결, 이론, 감상, 연주, 창작, 지휘 등 다양한 활동의 상호 연결을 지향하며, 다양한 시대와 문화를 배경으로 하는 제재곡을 사용하고 있다(Making Music, 2005).

5) 우리나라의 음악과 교육과정

우리나라의 음악과 교육과정은 제4차 교육과정(1981～1987) 시기부터 포괄적 음악성의 개념을 도입하였다.[12] 여기서 포괄적 음악성이라는 용어를 사용하지는 않았지만 이를 MMCP와 CMP 이론, 개념학습, 종합적 음악성 등으로 소개하였다. 이후의 교육과정들은 개념적 접근, 교과 내 통합적 학습, 창의성 계발 등을 강조하였다.

음악과 제4차 교육과정 해설서는 첫머리부터 현대음악 프로젝트에 대하여 자세히 언급한 뒤, 이것이 미국의 음악교육 전 분야의 개혁에 주도적인 역할을 담당하고 있다고 소개하였다. 그리고 포괄적 음악성의 요소로 첫째, 개념적 접근,

12) 제4차 교육과정 해설서에는 MMCP(Mantattanville Music Curriculum Project)와 CMP(Contemporary Music Project)의 개혁안이라고 설명되어 있다(정세문, 1982: 320).

둘째, 아동중심의 발견학습, 셋째, 창조성의 개발, 넷째, 현대음악의 이해에 관하여 고찰하였다. 특히 개념적 접근법은 어느 시대, 어느 지역의 음악에나 공통적인 요소인 리듬, 가락, 화음, 형식, 강약, 속도, 음색을 일컫는 것으로서, 모든 음악을 포괄해서 가르칠 수 있는 방법이라고 설명하였다. 또한 음악 내 영역 간의 장벽을 제거하고 통합적으로 체험할 것을 역설하였다(정세문, 1982: 320-327).

제5차 음악과 교육과정 해설서는 포괄적 음악성만 강조하였던 제4차 음악과 교육과정 해설서에 비하여 달크로즈, 코다이, 오르프 교수법과 함께 포괄적 음악성을 소개하고 있어 포괄적 음악성에 대한 강조는 조금 줄어든 듯 보인다. 그러나 심미적 감수성, 통합적 접근, 창조성의 계발을 여전히 강조함으로써 포괄적 음악성의 원리는 계속 주장되었다. 그리고 이번에는 포괄적 음악성을 '개념적 접근법' 이라고 소개함으로써 이 원리를 유독 강조하는 모습을 보여 주었다(정세문, 1987: 302-310).

제6차 음악과 교육과정은 심미적 음악체험과 창의적 음악능력, 통합적 접근방법을 사용하는 음악교육을 주장함으로써 포괄적 음악성의 영향을 보여 주었다. 제6차 교육과정은 포괄적 음악성의 여러 원리 중에서도 특히 심미적 체험을 강조하여, 포괄적 음악성뿐 아니라 리머의 심미적 음악교육철학을 강하게 반영하였다. 제6차 교육과정에서는 포괄적 음악성을 '종합적 음악성' 이라는 용어로 소개하였다(이홍수, 1992: 439-443).

제7차 음악과 교육과정은 포괄적 음악성이라는 용어는 사용하지 않았으나 '포괄적이고 연계성 있는 음악과 교육과정' 을 표방하고, 초등학교 1학년부터 고등학교 1학년(1~10학년)까지의 학생들이 음악의 일곱 가지 기본 개념(리듬, 가락, 화성, 형식, 셈여림, 빠르기, 음색)에 근거한 나선형 교육과정에 의거하여 수업을 받도록 구성하였다. 또한 활동을 통하여 개념을 습득하도록 하고, 다양한 시대와 문화의 음악을 강조하고 학생의 창의성을 강조한다는 점에서 이전의 음악교육과정에서 강조하던 포괄적 음악성의 원리를 계승하였다(이순영, 1999: 613-618).

3. 포괄적 음악성의 원리와 실제

미첼은 포괄적 음악성의 가장 큰 특징은 이것이 교수법이 아니라 태도 혹은 개념이라고 강조하였다. 그는 "포괄적 음악성이란 방법론이 아니라 …… 끊임없이 변화하는 상황 안에서 풍부한 자원과 혁신 정신을 추구하는 것이다." 라고 말하였다(Willougby, 1970: 7). 우리가 포괄적 음악성이 정확히 무엇을 의미하는지 명백히 알기 어려운 이유가 여기에 있다. 그것은 구체적 교수법이 아니라, 시대와 문화, 현장에 따른 다양한 모습과 융통성을 허용하기 때문이다. 포괄적 음악성은 평생에 걸쳐 추구해야 할 원칙이며, 몇 년 동안 학습이 이루어지는 하나의 교과목이 아니다. 포괄적 음악성의 개발을 위하여는 음악 교수자 자신의 창의적 시각, 음악성의 본질에 대한 검토, 다양한 관점의 수용 및 도전 정신이 필요하다. 교수자는 스스로 자신의 목표를 끊임없이 재검토하고 낡은 방식에 머물지 말아야 한다. 포괄적 음악성이 혁신을 거부하고 하나의 방법론이나 도그마로 머물 때, 그것의 존재 이유는 사라지게 된다(Willougby, 1970).

포괄적 음악성은 몇 가지 특징적 원칙을 갖는다. 이것들이 포괄적 음악성이 무엇인가라는 질문에 대한 답을 제공해 줄 것이다. 다음에 포괄적 음악성의 원칙들과 함께 그 원칙에 해당하는 예들을 제시할 것이다. 여러 저자들에 의해 작성된 예들은 포괄적 음악성이 얼마나 다양한 모습으로 나타날 수 있는지 보여줄 것이다. 그리고 포괄적 음악성의 수업안을 구안할 때에는 이 원칙들을 두루 포괄하는 수업을 계획하여야 한다.

1) 개념 학습

포괄적 음악성은 머셀(J. Mursell)과 브루너(J. Bruner)의 인지학습 이론을 수용한다. 머셀과 브루너는 행동주의적 학습이론이 세세한 사실과 기술의 암기와 반복을 강조하는 것에 반대하여 전체적이고 포괄적인 개념의 이해를 강조한다.

개념이란 개개 사실 혹은 사물의 공통적 속성이다. 개념을 안다는 것은 단지 일련의 정보를 아는 것이 아니다. 개념은 학생들의 머릿속에 '사고의 틀(frame of reference)' 을 형성한다. 그리하여 학생들이 듣는 무한한 음악적 정보들 속에서도 자신만의 의미를 발견할 수 있게 하는 것이다(Thomas, 1979).

수업과 교육과정은 개념을 중심으로 구성된다. 개념은 처음에는 학생들에게 모호하게 이해될 뿐이지만, 교육의 과정을 통하여 점진적으로 명확하게 이해된다. 개념의 이해는 결과적으로 학생들의 사고의 범위를 확장하기 위해서 필수적이다. 머셀은 "모든 학령 음악교육의 정책과 실천은 음악적 패턴들을 점진적으로 명확하게 하는 방향으로 인도되어야 한다" (Willoughby, 1970: 35)고 주장하였다. 그리고 이러한 개념들은 단지 이론으로서가 아니라 음악적 활동을 통하여 습득되어야 한다.

⏮ 수업 실례 1: '동형진행' 과 '종지' 개념학습(김용희, 2003: 98-99)

동형진행(sequence)은 동일한 가락이 다른 음높이에서 반복되는 것을 말한다. 동형진행은 바로크 시대, 특히 비발디(A. Vivaldi)의 음악에 많이 사용되었으나, 이 외에도 전 시대에 걸친 서양 음악에서 볼 수 있다. 초등학교 교과서에는 〈구슬비〉〈이 몸이 새라면〉 등의 동요에서 동형진행이 사용되었다. 종지(cadence)는 악구나 부분이나 한 악곡 전체를 결론짓는 2개 이상의 화음을 말한다. 초등학교 교과서에 종지라는 용어가 등장하지는 않지만, "계속되는 느낌의 가락" 과 "끝나는 느낌의 가락" 이 나온다. 이것은 종지에 관한 기초적 학습을 가능하게 해 준다.

〈동형진행〉

다음은 학생들이 어떻게 '동형진행' 의 개념을 활동을 통하여 습득할 수 있는지를 보여 주는 실례이다.

① 학생들은 가락의 모양을 손가락으로 그리면서 〈이 몸이 새라면〉을 노래

한다.

② 교사는 “이 몸이 새라면” 부분과 “저 멀리 보이는” 부분의 가락에 주목하게 한다. 이 두 가락 사이에서 어떤 모습을 발견할 수 있는지 질문한다. 학생들은 가락의 모양은 같지만 음의 높이가 다르다고 대답한다. 교사는 학생들에게 이와 같은 것을 “동형진행”이라고 함을 설명한다.

③ 교사는 학생들에게 〈구슬비〉 악보를 제시한다. 학생들은 첫째 단과 둘째 단에 나타난 동형진행 가락을 찾는다.

악보 5-1 〈이 몸이 새라면〉

④ 학생들은 동형진행 가락을 창작한다. 학생들은 한 명씩 돌아가면서 도, 레, 미 세 음으로 이루어진 4음 가락을 창작한다. 다른 학생들은 각 학생이 창작한 가락의 계명을 알아맞힌다.

⑤ 학생들이 창작한 가락 가운데서 교사가 첫 번째 마디를 제시한다. 학생들은 이것을 4마디 가락으로 발전시킨다. 두 번째 마디는 첫 번째 마디의 동

형진행을 사용해야 한다. 세 번째 마디는 자유롭게 창작한다. 마지막 마디에는 '도' 만을 사용한다.

악보 5-2 가락 창작의 틀 제시

⑥ 교사는 학생들이 창작한 4마디 가락들을 칠판에 기록한다.

〈종지〉

앞에서 '동형진행' 의 개념을 습득한 학생들은 다음의 활동을 통하여 '종지' 의 개념을 학습한다. 교사는 학생들이 창작한 가락 2개를 연결하여 8마디 가락으로 발전시킨다. 그러나 학생들이 창작한 가락이 모두 '도' 로 마치기 때문에 2개의 가락이 서로 연결된다는 느낌을 가질 수 없을 것이다. 이를 통하여 교사는 종지의 개념(여기서는 계속되는 느낌과 끝나는 느낌)으로 수업을 연장시킨다.

⑦ 학생들은 창작한 가락들 중 2개를 연결하여 8마디 가락으로 발전시킨다. 학생들은 연결시킨 가락을 연주한다.

악보 5-3 가락 2개를 연결시킨 8마디 가락 예시

⑧ 교사는 이 8마디 가락이 어떤지 질문한다. 학생들은 첫 가락이 뒤의 가락과 연결되는 느낌이 들지 않음을 발견한다.

⑨ 교사는 첫 가락의 마지막 마디를 뒤의 가락과 연결되는 느낌이 들도록 바꾸라고 학생들에게 말한다. 학생들은 이 가락의 끝부분이 계속 되는 느낌이 들도록 다른 음으로 바꾸려고 시도한다.

⑩ 학생들은 작은악절의 끝에 오는 '도(I의 근음)' 가 끝나는 느낌을, '솔(I의 제5음 혹은 V의 근음)' 이나 '미(I의 제3음)' '레(V의 제5음)' 등이 계속되는 느낌을 준다는 것을 발견한다.

악보 5-4 **제4마디를 바꾼 8마디 가락 예시**

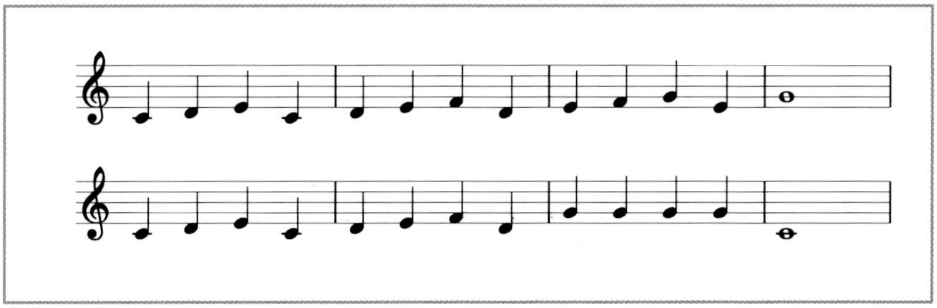

⑪ 교사는 작은악절의 '끝나는 느낌' 과 '계속되는 느낌' 에 대하여 설명한다.

2) 연관(통합) 학습

앞에서 이미 동형진행과 종지 개념이 학생들의 창작 활동, 그리고 자신이 창작한 작품을 연주하는 활동과 연관되는 것을 보았다. 포괄적 음악성에서는 단편적인 음악기술이나 지식을 학습하는 것을 반대한다. 포괄적 음악성에서는 음악의 개념과 실기적 기술이 통합적, 혹은 연관적으로 학습될 것을 강조한다. 또한 연주와 음악이론, 연주와 음악사, 연주와 음악 분석, 그리고 악곡과 다른 악곡, 음악과 다른 맥락들 사이의 관계를 중요시한다. 예를 들어, 연주에서 어떤 주제를 다룬다면, 그것은 음악의 다른 하위 교과들, 혹은 음악이 아닌 다른 교과들에 의해서 보충될 필요가 있다는 뜻이다. 요약하면, 포괄적 음악성은 "모든 음악 학습에서 습득된 지식을 종합한다" (CMP2, 1965: 12)는 의미이다.

포괄적 음악성에서는 음악 내 다양한 활동들 및 다양한 교과들 사이의 연관성을 강조할 뿐 아니라 음악과 다른 교과들 사이의 연관성, 특히 예술 영역들 상호 간의 연관도 강조한다. 음악은 진공 속에서 탄생하는 것이 아니라 다양한 사회적 배경과 역사적 맥락, 정치적 환경 등 안에서 탄생하는 것이기 때문이다.

⏮ 수업 실례 2: 연관(통합) 학습

〈개념 학습과 실기 활동의 연관〉

수업 실례 1의 개념 학습은 이하의 활동들에 의해 좀 더 실기와 연관되어 수업될 수 있다. 학생들이 창작한 8마디 가락은 다음과 같이 확대될 수 있다.

① 학급을 4~5명씩의 소그룹으로 나눈다. 각 소그룹은 각각 다른 신체 악기 혹은 리듬 악기를 사용하여 $\frac{4}{4}$박자 한 마디에 해당하는 오스티나토를 만든다.

악보 5-5 **한 소그룹이 만든 오스티나토 예시**

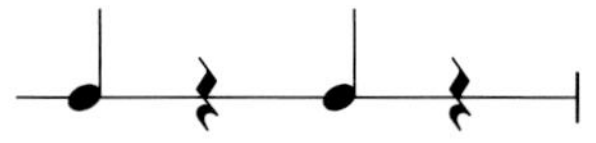

② 각 소그룹은 자신이 만든 오스티나토를 발표한다.

③ 4개 정도의 소그룹이 만든 오스티나토 반주를 앞에서 창작한 8마디 가락에 붙인다.

악보 5-6 반주 붙은 8마디 가락 예시

④ 교사는 각 학생이 또 다른 16박 즉흥연주를 하도록 인도한다. 학생들은 G, A, C, E, D의 5음만 사용하여 4분 음표와 8분 음표를 사용하여 16마디 즉흥연주를 한다. 단, 제8박은 D음이, 제16박은 G음이 오도록 한다. 가락은 순차진행(차례가기)을 주로 사용한다.

⑤ 반주가 붙은 8마디 가락과 즉흥연주를 사용하여 전체 ABA 형식을 곡을 만든다.

A(반주 붙은 8마디 가락)—B(16박 즉흥연주)—A(반주 붙은 8마디 가락)

〈음악 학습과 미술 학습의 연관〉

비발디의 '봄' 협주곡 1악장은 전형적인 리토르넬로 형식[13]을 보여 준다. 다음의 수업 실례는 '리토르넬로'의 개념이 실기뿐만 아니라 미술과도 연관되어 학습될 수 있음을 보여 준다.

① 학생들은 비발디와 바로크 시대에 대하여 학습한다. 학생들은 비발디의 〈사계〉 중 '봄' 협주곡의 리토르넬로(ritornello, 오케스트라로 연주되는 반복 부분) 앞부분을 처음에는 노래로, 다음에는 악기로 연주한다. 다음에 이무지치(I Mugici) 현악 합주단이 연주한 곡을 레코드를 통하여 감상한다. 교사는 이 악곡에서 리토르넬로가 6회 반복되나, 처음에만 완전한 형태로 제시되고, 이후에는 축소되거나, 혹은 변형[14]되어 제시된다고 설명한다. 학생들은 리토르넬로가 나오는 부분에서 일정박을 손뼉을 치거나 무릎을 치면서 감상한다.

악보 5-7 **비발디 〈사계〉 중 '봄' 협주곡 리토르넬로[15]**

② 학생들은 열주(列柱)들이 지탱하고 있는 그리스 신전인 〈그림 5-1〉을 감상한다.

학생들은 비발디의 '봄' 협주곡에서 이 신전의 기둥과 같이 리토르넬로들이

13) 리토르넬로 형식은 18세기 협주곡에서 주로 사용되었으며, 계속 반복되는 리토르넬로를 중심으로 악곡이 구성된다.

14) 다섯 번째 리토르넬로.

15) 이 곡은 본래 내림마장조의 악곡이나 여기서는 학생들이 노래하고 연주하기 용이하도록 사장조로 제시하였다.

그림 5-1 열주들이 지탱하는 그리스 신전

반복적으로 나오는 것을 학습한다. 물론, 곡의 길이와 흥미를 위해서, 리토르넬로는 처음에만 완전한 형태로 제시될 뿐 이후에는 부분적으로만 제시된다.

R—독주1—R—독주2—R-독주3—R—독주4—R—독주5—R

③ 학생들은 제1~제4 독주 부분을 위해 비발디가 써 놓은 소네트(sonnet)[16) 구절을 감상한다. 학생들이 소네트 구절이 각 독주 부분에서 어떻게 나타나고 있는지 유의하여 듣는다.

> 제1독주: 봄이 왔다. 즐겁게 새들이 노래하며 맞는다.
> 제2독주: 산들바람이 불자 시냇물과 개울물이 부드럽게 속삭이며 흘러간다.
> 제3독주: 대기를 검은 외투로 가리며, 천둥과 번개를 알린다.
> 제4독주: 이들이 멈추면, 작은 새들이 선율의 주문으로 돌아온다.

16) 소네트는 유럽 서정시의 형식으로서 보통 14개의 연을 기본으로 하여 엄격한 운율과 약-강의 강세 구조를 갖는다.

3) 악곡 범위 확장

포괄적 음악성에서는 학습하는 음악의 범위가 확대될 것, 즉 모든 시대와 장소의 음악을 음악학습에 사용할 것을 강조한다(Willoughby, 1971). 현재의 미국은 좀 더 다양한 음악을 사용하고 있기는 하지만 3, 40년 전에는 미국도 조성음악만을 교재로 음악 수업을 진행하였다. 조성음악이란 고전주의와 낭만주의 작곡가들이 사용하던 음악의 어법이다. 이것은 인류가 가진 폭넓은 음악 유산에 비추어 볼 때, 서유럽이라는 한정된 지역에서 약 300년(1600-1900) 동안 사용된 양식에 해당되는 좁은 범위이다. 포괄적 음악성은 이와 같은 좁은 범위의 음악 학습에서 벗어나 폭넓은 음악유산, 전 세계의 민속, 예술 및 대중음악, 고대의 구전 음악부터 현대음악까지 모두 포함하는 음악을 학습할 것을 주장하였다.

⏮ 수업 실례 3: 중세 음악(김용희, 2001: 16-18)

중세 음악의 특징 중에는 교회 선법의 사용 및 선율 패턴의 반복적 사용이 있다. 이하의 수업에서 학생들은 도리아 선법에 근거하여 중세 양식의 음악을 배운다. 학생들은 중세 양식의 악곡을 창작하고 연주할 뿐 아니라 감상하고 분석한다.

① 교사는 학생에게 중세의 춤곡 〈에스탕피 로얄(Estampie Royale)〉[17] 중 제6곡을 들려준다. 학생들이 이 곡이 $\frac{6}{8}$ 박자의 단순한 리듬으로 이루어져 있으며, 단순한 가락이 계속적으로 반복된다는 것을 발견한다. 교사는 학생들이 다음과 같은 선율들에 주의하여 감상하도록 지도한다.

17) 에스탕피는 중세의 기악 음악 중 가장 많이 남아 있는 장르이다.

악보 5-8 **〈에스탕피 로얄〉 주요 선율**

② 학생들은 이 선율들을 노래하고, 악기로 연주한다. 또 도리아 선법을 노래한다.

③ 학생들은 이 선율들을 재료로 사용하여 발전시키는 즉흥연주를 탐구한다. 먼저 집단적으로 탐구하는데, 교사는 학생들이 이 재료들을 익숙하게 사용할 때까지 지도하고 지휘한다. 교사는 학생들이 탐구한 즉흥연주를 발표하게 한다.

④ 학급을 4~5명씩의 소그룹으로 나누고 20분의 시간을 허용하여 앞에서 탐구한 음악적 재료들(도리아 선법의 가락, 반복적 사용)과 그 밖에 리듬 오스티나토나 화음 오스티나토를 사용하여 그룹 작품을 창작한다.

⑤ 각 소그룹이 창작한 작품을 발표한다.

이 활동은 중세의 전형적 음악적 재료를 사용하여 중세 양식의 악곡을 창작하는 것으로서 중등 이상의 학생에게 적절하다. 학생들은 중세 선법을 사용하여 즉흥연주와 집단창작 그리고 집단 연주 및 감상에 참여한다.

4) 공통 요소 접근

포괄적 음악성은 공통 요소(common element) 접근 방식을 사용한다. 공통 요소 접근은 모든 시대와 모든 문화의 음악에 공통되는 요소를 찾고 그것에 의해 음악을 학습하자는 것이다. 모든 시대와 모든 문화의 다양한 음악들에 공통적인 점은 그것들이 '소리' 라는 점이다. 그러므로 공통 요소 접근법은 단순히 두 가지 음악 사이의 공통점을 찾는다기보다는 소리의 속성에 근거하여 다양한 양식과 시대의 음악에 접근한다는 의미를 지닌다.

소리는 공기가 진동되어 생성되는 것으로서, 공기가 진동되어 만들어지는 음파(sound wave)는 네 가지의 기본적인 속성을 가진다. 그것은 주파수, 지속기간, 진폭, 파형이다.

소리가 진동하는 빠르기의 차이는 주파수의 차이를 만든다. 즉 빨리 진동하는 소리는 단위시간(예를 들어, 1초) 동안에 더 많이 진동할 것이고 이러한 경우 주파수가 높다고 말한다. 느리게 진동하는 소리는 단위시간 동안 더 적게 진동하는데 이럴 때는 주파수가 낮다고 말한다. 예를 들어, 가온다 위의 가(A)음은 440Hz인데, 이는 1초 동안 소리가 440회 진동하였다는 말이다. 때로 음높이들이 연결되면 가락(멜로디)을 만들어 낸다. 그러므로 모든 음악은 음높이 혹은 가락의 관점에서 접근할 수 있다.

종종 2개 이상의 음높이 혹은 가락이 수평적으로 겹쳐질 수 있다. 가락의 수평적 겹침은 음조직(texture) 혹은 화성(harmony)이라는 또 하나의 속성을 만들어 낸다.

소리의 두 번째 속성인 지속기간(duration)은 소리의 길이와 연관된다. 길거나 짧은 소리들이 상호 연결되면 이것은 음악의 리듬을 만든다. 그러므로 모든 음악은 리듬의 관점에서도 고찰될 수 있다.

소리의 세 번째 속성인 진폭의 크기는 소리의 셈여림을 결정한다. 진폭이 크면 소리가 세지고 진폭이 작아지면 소리가 여려진다. 그러므로 모든 음악은 셈여림이라는 공통적 속성을 지닌다.

마지막으로 파형 즉 파장의 모양은 음색을 결정한다. 즉, 파형에 따라 현악기의 음색이 생성되기도 하고 관악기의 음색이 생성되기도 한다. 그러므로 모든 음악은 파형 곧 음색이라는 공통점을 가지고 있기도 하다.

각 나라의 악곡들은 이와 같은 속성을 가진 소리들을 작곡자의 의도에 따라

체계적으로 배열한 것이다. 그러므로 모든 악곡은 형식이라는 또 하나의 공통적인 요소를 가지고 있다.

이와 같은 소리 혹은 음악의 속성들은 우리가 모든 시대와 문화의 악곡을 접함에 있어서 다음과 같이 질문할 수 있다는 사실을 의미한다. 즉, "이 음악의 음 구조 혹은 음 사용에 있어서의 특색은 어떠한가?" "음 조직은 어떠한가?" "이 음악의 리듬 구조 및 특색은 어떠한가?" "셈여림은 어떠한가?" "음색은 어떠한가?" "형식은 무엇인가?"

⏮ 수업 실례 4: 다문화 음악(김용희, 2009: 437-456)

다문화 음악 수업은 학생들이 처음으로 접하는 종류의 음악을 제시하는 경우가 많다. 이때 공통 요소 접근 방식이 효과적으로 사용될 수 있다.

① 교사는 학생들에게 하와이(Hawaii) 민요 〈아이아 라 오 펠레 이 하바이(Aia o Pele i Hawaii: 펠레가 온다 하와이로)〉를 한 소절씩 제시한다. 학생들은 듣고 노래를 익힌 후, 악보를 보고 노래를 부른다.

② 교사는 다음과 같은 질문을 제시한다. "이 곡은 어떤 음으로 이루어져 있는가?" "모두 몇 개의 음이 사용되나?" "이 곡은 어떤 리듬으로 이루어져 있는가?" "이 곡의 음색은 어떠한가?" "이 곡은 어떤 형식을 가지는가?" "다른 음악적 특징은 무엇인가?"

악보 5-9 〈Aia o Pele i Hawaii〉(Hausmann, 1968: 14)

1절	아이아 라 오 펠레 이 하바이 에-아	펠레가 온다 하와이로
	케 하아 마이 라이 마우켈레 에-아	그리고 춤을 춘다 마우켈레, 오-
2절	우히우하 마이 아나, 에-아	이 길, 저 길 연기를 내뿜네, 오-
	케 노메 아엘라 이아 푸나 에-아	용암이 푸나 위로 넘치네, 오-
3절	카 메아 나니 카이 팔리울리 에-아	저기저기 아름다운 팔리울리, 오-
	케 풀레로 아엘라 이 나 팔리 에-아	절벽이 불꽃 속에 뒤덮이네, 오-
4절	아이아 카 팔레나 오 마우이 에-아	미친 펠레 광기가 마우이에 날뛴다, 오-
	아이나 오 카울룰라아우 에-아	그곳은 카울룰라아우 땅이다, 오-
5절	이 헤아 카우아 에 라이 아이 에-아	평화는 어디서 찾을까, 오-
	이 케 아라누이 아에 리아 네이 에-아	우리의 백성 위해 행복찾네, 오-
6절	하이나 이아 마이 카 푸아나 에-아	이제 나의 얘기를 마치네, 오-
	노 히이아카 노 헤 이노아 에-아	이것은 히이아카 위한 노래, 오!

③ 학생들은 이 악곡을 통해 하와이 전통 훌라(hula)의 특징을 본다. 하와이 전통 훌라는 3~4개, 많아야 5개 이하의 음으로 구성되고, 2박자나 4박자 계통의 단순한 리듬은 훌라 춤을 추기에 적합하며, 4분 음표와 8분 음표가 주로 사용된다. 훌라는 여러 개의 짧은 절로 이루어져 있으며, 각 절이 2회씩 반복되어 연주된다. 한 절에서 다음 절로 넘어가기 전에 무용수 중 한 사람이 다음 절 가사의 첫 부분을 낭송하여 알려 준다. 노래의 마지막에는 이것이 누구에게 헌정된 노래인지 설명된다.

5) 음악가적 기능

음악가적 기능이란 이 세상의 다양한 음악 행위들 중 가장 핵심적인 요소로서 윌러비(D. Willoughby, 1971)를 비롯한 현대음악 프로젝트 관계자들은 첫째, 분석과 비평을 동반하는 음악 감상, 둘째, 음악 연주, 셋째, 음악 창작을 이야기한다. 또 많은 관계자들은 음악에 관하여 서술하는 능력을 여기에 포함시키기도

하였다. 여기서 분석 혹은 감상이란 좀 더 구체적으로 청각적 음악 감상을 말한다. 즉, 음악을 들으면서 음악의 구성 요소들을 지각하고 그것을 설명하는 것이다. 연주란 독보를 포함하는 기술로서 악보를 보고 악곡을 재창조하는 것이다. 창작이란 작곡 및 즉흥연주를 할 수 있는 것이다.

이 기능들은 특정 전공자나 특정 교과에서만 강조되는 것이 아니라 모든 학생들에게 모든 음악 수업에서 강조되어야 한다. 트로터(R. Trotter)는 음악전문가를 위한 수업이든 아마추어를 위한 수업이든 분석과 연주와 창작 중 하나라도 결여된 포괄적 음악성 수업은 의미가 없다고 주장한다. 물론 구체적 수업이나 학생들의 특성에 따라 강조의 초점이 달라질 수는 있다. 그러나 모든 포괄적 음악성 수업은 앞의 서너 가지 기능들을 모두 어느 정도 이상 포함하여야 한다.

⏮ 수업 실례 5: 연주-분석-창작을 연관시킨 수업(Choksy et al., 1986: 287-288)

① 연주: 학생들에게 차이코프스키(P. Tchaikovsky)의 〈거리에서〉의 악보를 배부한다. 학생들은 피아노 반주에 맞추어 노래한다.

악보 5-10 **차이코프스키의 〈거리에서〉**

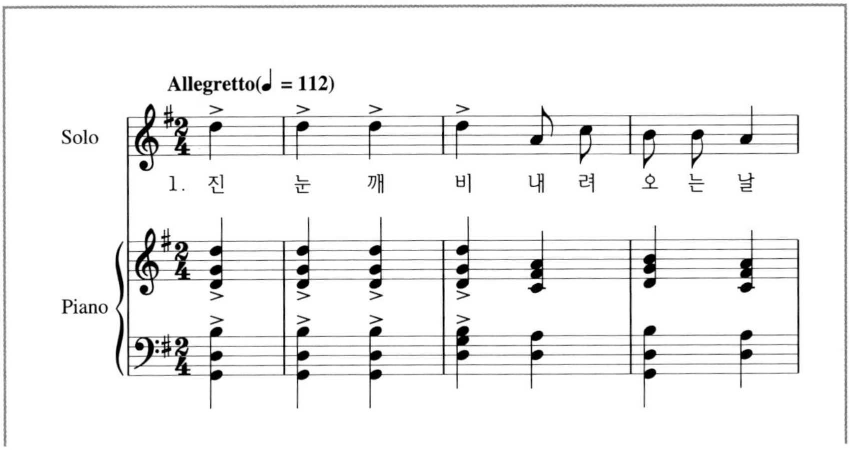

2절 비 오는 날 갈대들의 소리 아버지가 좋아해 고기 잡으러 가

3절 나의 사랑 우리들의 엄마 부엌으로 가세요 수프 만들어요

4절 야채 고기 밀가루를 넣고 생선 수프 만들어 함께 즐깁시다

5절 식사 후에 함께 산책해요 젊은 날은 짧지요 금방 지나지요

② 분석: 차이코프스키는 전 악곡에 단지 1개의 셈여림 기호만을 사용하였다. 학생들은 왜 차이코프스키가 악곡 첫 네 박에 강세를 주었는지에 대하여 토론한다. 특별히 각 절의 첫 네 음절의 가사에 유의한다.

③ 분석: 학생들은 악곡 전체에 새로운 셈여림 기호를 붙인다. 학생들은 각각 다른 셈여림 기호를 사용하여 악곡을 몇 번 노래한다. 학생들은 가사와 음악적 양식으로 미루어볼 때 어떤 셈여림 기호를 사용하는 것이 가장 좋은

지 결정한다.

④ 분석: 학생들은 〈거리에서〉의 조성이 무엇인지 구분한 다음 악곡의 각각의 화음 밑에 화음기호를 적는다. 학생들은 자신의 화음 분석을 다른 학생들과 비교한다.

⑤ 창작: 차이코프스키는 가사의 재료와 음악적 요소들을 사용하여 사건과 느낌을 표현하는 악곡인 〈거리에서〉를 작곡하였다. 학생들은 자신의 환경에서 느낌과 사건을 표현하는 소리들을 찾는다. 학생들은 녹음기를 사용하여 집, 거리, 학교에서 소리들을 녹음한다.

⑥ 창작: 학생들을 소그룹으로 나누고 각 소그룹의 학생들이 서로 녹음한 소리를 발표하도록 한다. 학생들은 5개의 소리를 선택하여 론도 형식을 만든다. 학생들은 A부분의 소리가 반복하여 제시되도록 한다. 학생들은 A-B-A-C-A-D-A-E-A의 론도 형식을 창작한다.

⑦ 연주: 각 소그룹은 자신들을 작품을 연주한다.

6) 창의성

포괄적 음악성에서의 창의성이란 주로 학생들의 창작 활동과 연관되어 강조된다. 1965년 노스웨스턴 세미나의 참가자들은 창작이란 전공에 상관없이 모든 분야의 음악교육을 위하여 장려되어야 하며, 반드시 작곡 전공 학생들만 하는 활동이 아님을 강조하였다(CMP2, 1965). 포괄적 음악성의 창작은 소재와 구애받지 않으며, 창작 결과보다는 과정을 중시하고, 학생들의 자유로운 사고와 표현을 중요시한다.

⏮ **수업 실례** 6: **창의성 증진을 위한 창작 활동(방금주 · 김용희**, 2000: 29-32; **김용희**, 2006: 63-64)

① 교사는 학생에게 아침 시간에 들을 수 있는 소리를 질문한다. 학생들은 아침에 들리는 소리를 발표하고, 교사는 학생들의 발표 내용을 칠판에 적는

다(자명종, 새소리, 음식 하는 소리 등).

② 교사는 학생에게 시간을 허용하여, 학생들이 발표한 소리를 학급악기로 모방하여 소리 내도록 한다. 교사가 "자명종 소리!" 하고 말하면 자명종 소리를 탐구한 모든 학생이 자신들이 탐구한 소리를 연주한다. 이런 식으로 학생들이 탐구한 모든 소리를 집단적으로 발표하게 한다.

표 5-3 소리와 표현

소리	표현
자명종 소리	트라이앵글
물소리	실로폰/피아노
도마에 칼질하는 소리	리듬 스틱/실로폰 채

③ 유명 작곡가들의 악곡들 중 실제에 존재하는 소리를 모방한 작품들을 학생들이 감상한다. 교사는 작곡가들의 새로운 음향 창조의 노력을 학생들에게 설명한다.

표 5-4 작곡가가 사용한 소리 표현

작곡가, 악곡	소리	표현
비발디, 〈사계〉	새	바이올린 독주
메시앙, 〈새의 카탈로그〉	새	피아노
베토벤, 〈전원〉	폭풍우	타악기
차이코프스키, 〈1812 서곡〉	대포 소리	타악기

④ 학생들은 케이지(J. Cage)의 〈춤〉에 사용된 조작된 피아노의 소리를 감상한다. 교사는 어떻게 악기 소리를 변형할 수 있을지 질문한다. 교사는 학생들이 발표한 아이디어를 실험할 수 있도록 한다.

⑤ 학생들은 케이지처럼 기존의 악기 소리를 변형시키는 방법을 탐구한다. 학생들은 악기의 형태나 연주법을 바꾸어 사용할 수 있다. 혹은 학생들은 새로운 악기를 만들 수도 있다. 학생들은 자신이 만든 변형 악기나 창작 악기를 발표한다.

⑥ 교사는 학생들에게 몇 개의 기호를 보여 준다. 교사가 하나의 기호를 지적하면, 학생들이 그것을 소리로 표현하도록 한다. 여기에는 정답이 없으므로, 학생들은 자유롭게 자신의 느낌을 소리로 표현한다.

표 5-5 소리 표현을 위한 기호들(김용희, 2006)

기 호	소리 표현	기 호	소리 표현
↗	점점 가락이 올라감	↘	점점 가락이 내려감
↔	가락이 제자리에 머뭄	∵	짧은 음들이 산발적으로 소리 남
●	한 음을 세게 연주	⇔	두 음 사이에서 왔다 갔다 함

⑦ 교사는 토끼나 고양이 등 동물의 그림을 학생들에게 제시한다. 학생들은 동물의 느낌을 소리로 표현한다.

7) 교육적 전략

포괄적 음악성은 현대의 교육심리학을 비롯한 다양한 인접학문의 발전과 발견을 수용하여 교육과정 개발에 적용하였다. 특히 포괄적 음악성은 주입식 교육에서 벗어나 보다 창의적이고 학생 중심적인 교육환경을 창조하기를 주장하였다. 학생들의 참여를 제한하는 주입식 교육과정은 학생의 내적 태도보다는 외적 태도 향상에 집중하고, 결과적으로 학생들이 현대사회의 음악을 비롯한 다양한 어려운 도전들을 감당하는 능력을 제한시킨다.

포괄적 음악성은 음악교사의 중요성을 간과하지 않는다. 바람직한 음악교사는 음악이 전하는 추상적 메시지를 이해할 수 있는 사람이며, 아이들이 다양한 소리

탐색을 통하여 그것을 스스로 창출할 수 있도록 안내하는 사람이다. 그는 학생들의 독립적 프로젝트에 간섭하지 않으며, 필요할 때만 조언과 안내를 해 준다.

다음은 포괄적 음악성에서 강조하는 교육적 전략들이다.

(1) 넓이와 깊이의 조화

포괄적 음악성은 한 가지 개념을 연주, 창작, 분석, 조사, 기술 등을 통하여 깊이 있게 탐구한다. 또 다양한 나라와 문화 및 시대의 음악 레퍼토리를 광범위하게 다룬다. 결과적으로 포괄적 음악성 수업은 시간이 많이 소모된다. 따라서 포괄적 음악성의 넓이와 깊이를 지혜롭게 조화시키는 것이 필수적이다. 즉, 핵심적인 개념을 파악하여 깊이 있게 수업하고 비핵심적인 요소는 학생의 관심에 따른 스스로의 학습에 맡기고 과감하게 생략한다.

(2) 학생 참여

포괄적 음악성 수업은 학생의 주도권을 중시한다. 포괄적 음악성 수업은 활동 중심적이고 프로젝트 중심적이다. 포괄적 음악성 수업의 전제는 학생은 자신의 수업을 즐거워할 때, 학생이 스스로 발견할 때, 따라서 어떤 사실에 대한 '유레카(Eureka) 경험'[18]을 가질 때, 그리고 자신이 학습한 내용을 실제로 응용할 수 있을 때, 가장 많이 배울 수 있다는 것이다. 따라서 포괄적 음악성 수업은 교사의 지시나 강의보다 학생 자신의 참여와 자원에 의하여 주도된다.

⏮ 수업 실례 7: 음높이의 '발견'을 위한 학습

① 교사는 학생에게 〈금도끼 은도끼〉 이야기를 요약해서 보여 주는 세 장의 그림을 제시한다. 학생들은 각 그림을 위한 대사를 한 마디씩 만든다(예: "아이쿠 이걸 어쩨." "이 도끼가 네 것이냐?" "산신령님, 감사합니다." 등). 교사

18) 유레카 경험이란 과학자들이 자신의 통찰력에 의해 새로운 발견을 하는 경험을 일컫는 것으로서, 여기서는 학생 스스로 학습 원리나 개념 및 기술을 발견하는 경험을 말한다.

는 학생들이 만든 모든 대사들을 칠판에 기록한다.

그림 5-2 〈금도끼 은도끼〉

② 교사는 학급을 세 그룹으로 나누고(높은 목소리 그룹, 중간 목소리 그룹, 낮은 목소리 그룹), 학생들은 칠판에 기록된 각 대사들을 세 그룹 중 어느 그룹이 할지 정한다(예: "산신령님, 감사합니다."-중간 소리, "아이쿠 이걸 어째."-높은 소리 등). 한 학생이 지휘자의 역할을 담당한다. 그 학생이 앞으로 나와 칠판에 기록된 대사 중 하나를 지적하면, 그 대사에 해당하는 그룹이 자신의 그룹 특성에 맞게 대사를 낭독한다. 예를 들면, 높은 목소리 그룹은 최대한 높은 소리를 내려고 노력한다.

학생들은 이와 같은 활동을 통하여 소리에 다양한 음역이 있음을 경험한다.

(3) 독립적 능력

포괄적 음악성은 교사 중심 교육이 아니라 학생 중심의 교육이다. 그러므로 자신의 학습과 판단에 대한 최종 책임은 교사에게 있지 않고 학생에게 있다. 포괄적 음악성에서 학생들의 독립적 능력을 양성하는 한 가지 방법은 학생들을 개인 프로젝트(과제)에 참여시키는 것이다. 개인 프로젝트는 연구논문, 작곡하기, 연주하기 등 다양한 형태로 나타날 수 있다. 학생들은 개인 프로젝트를 수행하는 과정에서 스스로의 학습에 대한 책임감을 인지하고, 독자적으로 판단하고, 자신의 가치를 표현한다. 또 자신과 동료의 작곡, 연주, 발표를 기교 및 심미적 관점에서 비평한다.

표 5-6 샌디에이고 주립대학교의 포괄적 음악성 교과의 학기별 프로젝트(Kim, Y., 1997: 83)

학기	과제
1-1	정선율(cantus firmus)을 사용한 악곡 혹은 창작 가락을 사용한 변주곡 작곡하기
1-2	오스티나토 원칙을 사용한 악곡 작곡하기
2-1	• 16세기 양식 2성 모텟 작곡하기 • 모방 기법을 사용한 트리오 소나타 한 악장 작곡하기
2-2	• 2성 인벤션 작곡하기 • 3성 푸가 작곡하기
3-1	• 19세기 초 소나타 분석하기 • 고전주의 양식으로 작곡하기
3-2	• 20세기 인상주의 혹은 신고전주의 작품 분석하기 • 반음계 화성, 인상주의 혹은 20세기 양식으로 작곡하기
4-1	• 20세기 인상주의 혹은 신고전주의 이후 작품 분석하기 • 12음 기법으로 작곡하기
4-2	• 분석하면서 연주하기 • 합주곡 작곡 혹은 편곡하기 • 그래픽 악보/새로운 기보법 사용하여 작곡하기

4. 교수 · 학습의 실제

1) 초등학교 저학년의 음악수업안: 〈옥수수 하모니카〉

(1) 수업 목표

학생들은

① 다장조의 음계를 안다(개념학습).
② 다장조의 으뜸화음을 안다(개념학습).
③ 다양한 음악을 노래한다(음악가적 기능-연주).
④ 제재곡을 변형한다(음악가적 기능-창작, 창의성).
⑤ 멘델스존(F. Mendelssohn)의 〈축혼행진곡〉을 감상한다(음악가적 기능-감상).
⑥ 다른 아동이 창작한 음악을 감상한다(음악가적 기능-감상).
⑦ 아프리카 노래를 부른다(모든 시대와 문화의 음악).

(2) 수업 교구 및 교재

피아노, 계단 실로폰, 멘델스존의 〈축혼행진곡〉 음반, 짐바브웨 동요 〈소리다〉 악보

악보 5-11 〈옥수수 하모니카〉

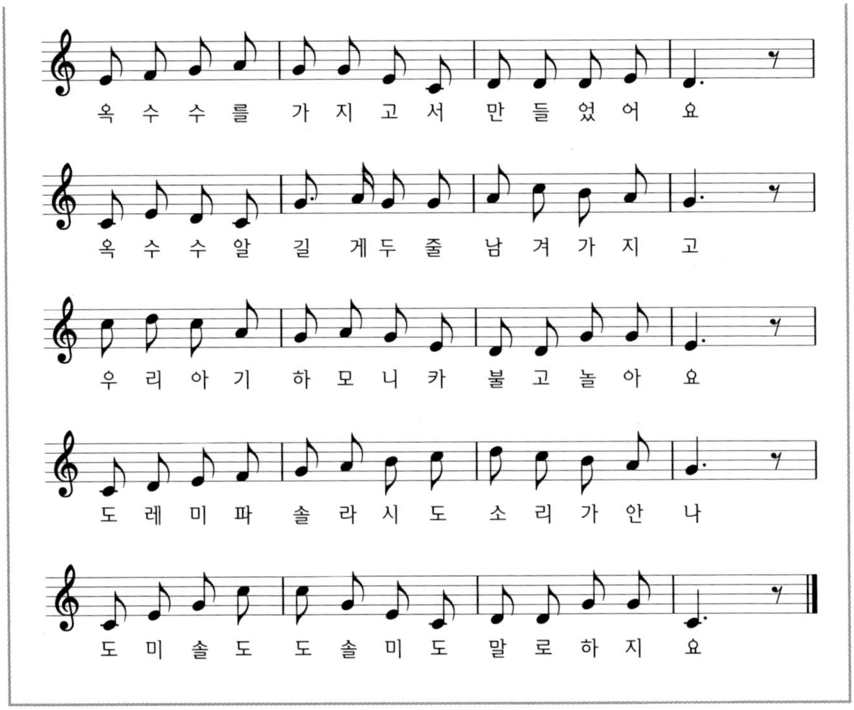

(3) 수업 과정

① 학생들은 다함께 〈옥수수 하모니카〉를 노래한다.

② 교사와 학생들은 다섯째 단의 '도레미파 솔라시도' 에 주목한다. 교사와 학생들은 '도레미파 솔라시도' 를 코다이 몸계명으로 부른다(제2장 참고, 도: 무릎, 레: 허벅지, 미: 엉덩이, 파: 허리, 솔: 가슴, 라: 어깨, 시: 머리, 높은 도: 손을 하늘 높이).

③ 교사는 이것이 다장조 음계라고 설명한다.

④ 학생들은 다장조 음계를 다시 부른다. 처음에는 계명으로, 다음에는 가사를 붙여서 노래한다.

악보 5-12 다장조 음계

⑤ 학급을 8개의 소그룹으로 나눈다. 각 그룹은 다장조 음계의 음들(도부터 높은 도까지) 중 하나를 담당한다. 교사가 지시하는 각 그룹은 그에 맞추어 몸계명을 표현하며 맡은 음을 노래한다. 교사는 다양한 음들을 지시한다. 교사는 실로폰으로 학생들이 바른 음을 노래할 수 있도록 돕는다.

⑥ 교사와 학생들은 〈도레미송〉을 부른다. 다섯째, 여섯째 단을 부를 때 각 그룹은 자신에게 해당되는 음이 나올 때 몸계명으로 표현한다.

악보 5-13 〈도레미송〉

⑦ 교사는 학생들에게 다섯째 단의 '도레미파 솔라시도' 의 계명을 바꿀 것이라고 말한다. 각 소그룹의 도부터 높은 도까지 8개의 음을 다르게 배치한다. 단, 첫째 마디(제17마디)는 '도' 로 시작하여 나머지 세 음만, 둘째 마디(제18마디)는 '솔' 로 시작하여 나머지 세 음만 바꾼다. 그다음의 두 마디(제19마디, 제20마디)는 '이렇게 바꿨어' 라는 가사로 대신 부른다. 각 소그룹은 다섯째 단만 바꾼 자신의 창작품을 몸계명과 함께 연주한다.

악보 5-14 **다섯째 단 예시**

⑧ 교사는 여섯째 단의 첫 두 마디(제21마디, 제22마디)에 학생들이 주목하게 한다. '도미솔'이 다장조의 으뜸화음이라고 설명한다. 학생들은 이 부분을 몸계명으로 표현한다.

⑨ 교사는 멘델스존의 〈축혼행진곡〉 첫 부분을 학생들이 감상하도록 한다. 여기서 '도미솔'의 으뜸화음이 나오는지 유의하여 들으라고 말한다.

⑩ 교사는 학생에게 으뜸화음으로만 이루어진 짐바브웨(Zimbabwe)의 환영 노래 〈소리다(Sorida)〉를 제시한다. 학생들이 〈소리다〉를 노래한다.

악보 5-15 〈소리다〉(Loong, 2009)

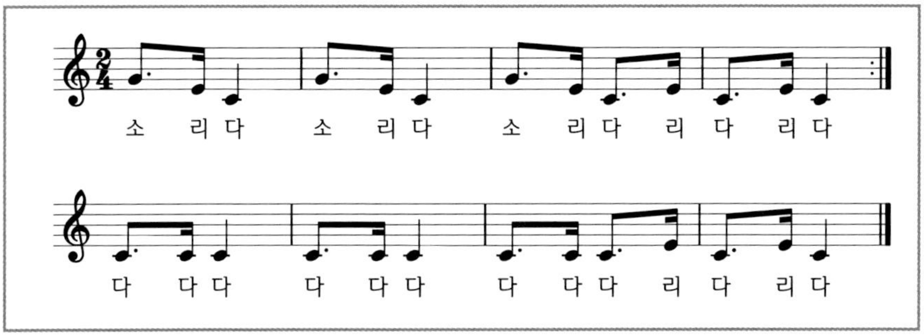

2) 초등학교 고학년의 음악수업안: 〈체체 쿨레이〉

(1) 수업 목표

학생들은

① 아프리카 음악의 속성들을 구분하면서 감상한다(공통 요소 접근법, 음악가적 기능-감상, 여러 시대와 문화의 음악).

② 〈체체 쿨레이〉를 부른다(음악가적 기능-연주, 여러 시대의 문화와 음악).

③ 악곡에 맞는 율동을 창작한다(창의성).

④ 복리듬 합주를 창작한다(음악가적 기능-창작, 여러 시대의 문화와 음악).

⑤ 복리듬 합주를 연주한다(음악가적 기능-연주, 여러 시대의 문호와 음악).

⑥ 복리듬의 개념을 안다(개념학습).

⑦ 실로폰이라는 악기의 유래를 안다(연관성).

(2) 수업 교구 및 교재

〈체체 쿨레이〉 음원, 복리듬 합주를 위한 표, 학급 악기, 〈믈리란와(Muliranwa)〉 음반,[19] 아프리카 실로폰 사진[20]

악보 5-16 〈체체 쿨레이〉

(3) 수업 과정

① 학생들은 〈체체 쿨레이〉를 감상한다. 교사는 학생들에게 다음과 같이 질문한다. "이 노래는 어떤 느낌이 드는가?" "이 노래는 어떤 방식으로 부르는가?" "빠르기는 어떠한가?"

② 학생들은 다같이 〈체체 쿨레이〉를 부른다. 두 번씩 반복되는 가사를 메기

---

19) Barz (2004), Music in East Africa, New York: Oxford University Press, CD: 5.

20) http://face-music.ch/instrum/uganda-instrumen.html.

고 받기로 부른다.

③ 학생들은 〈체체 쿨레이〉 율동을 한다.

- 제1마디 손으로 머리치기
- 제2마디 손으로 어깨치기
- 제3마디 손으로 엉덩이치기
- 제4마디 손으로 무릎치기
- 제5마디 손으로 발끝은 1박, 3박에 짚고 마지막에 두 손을 하늘로 올리기

④ 교사는 학급을 4개의 가~라 그룹으로 나눈다. 각 그룹별로 1~4까지의 숫자 중 1개나 2개를 선택하게 한다.

⑤ 교사는 다음과 같은 표를 제시한다. 표의 맨 위에는 1~4까지의 숫자가 써 있고 왼쪽에는 가~라의 그룹의 명칭이 써 있다. 교사는 표에 각 그룹이 선택한 숫자를 표시한다.

표 5-7 매트릭스 악보 예시

	1	2	3	4
가	●		●	
나		●		●
다	●			●
라		●	●	

⑥ 각 그룹은 악기를 선택한다. 예를 들어, 첫 번째 그룹은 탬버린을, 두 번째 그룹은 캐스터네츠를, 세 번째 그룹은 리듬스틱을 선택한다. 교사는 1~4까지 일정박을 천천히 센다. 학생들은 교사가 세는 일정박에 맞추어 악기를 연주하되, 자신이 선택한 숫자의 박에만 악기를 연주하고, 나머지 박에는 악기를 연주하지 않는다. 처음에는 한 그룹씩 자신의 파트만 연주하다가 익숙해지면 두 그룹이 함께, 다음에는 세 그룹이 함께, 마지막으

로 네 그룹이 함께 연주한다. 결과적으로 학생들이 연주하는 복리듬 합주는 〈악보 5-17〉과 같이 된다. 학생들은 이 복리듬 합주패턴을 반복하여 연주한다.

⑦ 학생들은 〈악보 5-17〉의 복리듬 합주를 〈체체 쿨레이〉 노래와 함께 연주한다. 학생들은 〈체체 쿨레이〉에 맞추어 〈악보 5-17〉의 패턴을 반복적으로 연주한다. 처음에는 충분히 느리게 연습하고 익숙해지면 본래의 빠르기대로 연주한다.

악보 5-17 **복리듬 합주**

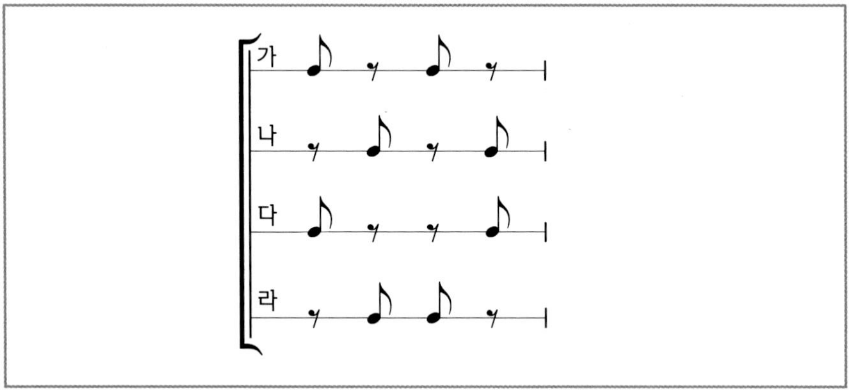

⑧ 교사는 이와 같이 여러 개의 리듬을 동시에 연주하는 것을 '복리듬' 이라고 부른다고 설명한다.

⑨ 아프리카 음악 〈믈리란와(Muliranwa)〉를 감상한다. 교사는 다음과 같이 질문한다. "이 음악은 어떤 느낌이 드는가?" "반복되는 가락이 있는가?" "어떤 소리들을 들을 수 있는가?"

⑩ 학생들은 실로폰이라는 악기가 아프리카에서 유래된 것임을 이해한다. 교사는 다양한 아프리카 실로폰들의 사진을 보여 준다.

3) 중등학교의 음악수업안: 〈놀람 교향곡〉

(1) 수업 목표

학생들은

① 〈놀람 교향곡〉을 감상한다(음악가적 기능-감상).
② 〈놀람 교향곡〉의 주제 부분을 연주한다(음악가적 기능-연주).
③ 〈놀람 교향곡〉 주제에 대한 변주곡을 작곡한다(음악가적 기능-창작).
④ 주제와 변주곡의 개념을 안다(개념학습).
⑤ 새로운 〈놀람 교향곡〉 2악장을 만든다(창의성).
⑥ 하이든(F. J. Haydn)과 고전주의에 관하여 학습한다(연관성).

(2) 수업 교구 및 교재

〈놀람 교향곡〉 제2악장 음원,[21] 가락악기, 리듬악기, 오선지, 녹음기 혹은 mp3, 하이든에 관한 인터넷 사이트,[22] 컴퓨터, 프로젝터

악보 5-18 **〈놀람 교향곡〉 주제 첫 부분**

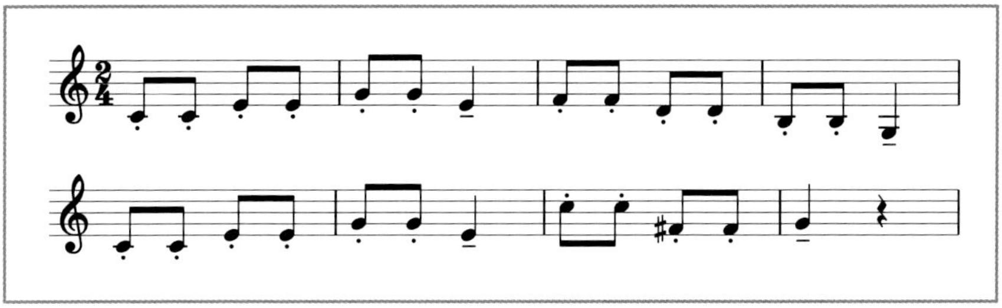

21) http://www.edunet4u.net에서 검색창에 〈놀람 교향곡〉를 입력하여 찾을 수 있다.
22) http://www.edunet4u.net에서 '하이든 음악가 학습모듈' 을 검색하여 찾을 수 있다.

(3) 수업 과정

① 학생들은 하이든의 〈놀람 교향곡〉의 주제 및 각 변주곡을 감상한다. 학생들은 각각의 변주곡에 주제의 기본 골격이 어떻게 남아 있는지, 그리고 어떤 요소들이 변화되었는지 집중하여 감상한다.

② 학급의 학생들은 〈놀람 교향곡〉의 주제 첫 8마디를 다양한 방법으로 연주한다.

- 학생들을 두 그룹으로 나눈다. 제1그룹은 주제의 선율을 허밍이나 '라'로 노래한다. 제2그룹은 각 마디별로 'C → C → G → G → C → C → D → G'의 음을 노래한다.

악보 5-19

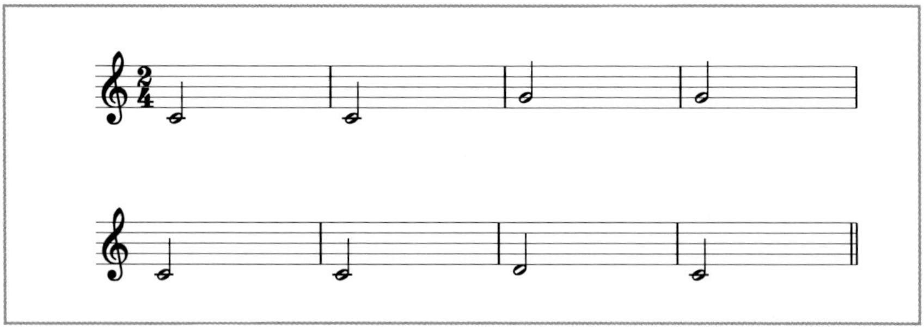

- 학생들은 주제의 선율을 연주 가능한 가락악기로 연주한다.
- 학생들은 주제선율에 리듬합주 오스티나토 반주를 붙인다.

악보 5-20 리듬 합주 오스티나토 반주

③ 학생들은 〈놀람 교향곡〉 주제 첫 8마디를 오선지에 적는다. 레코드를 다시 들으면서 주제선율을 숙지한다.

④ 학생들은 2명씩 짝을 지어 소그룹을 이룬다. 짝을 이룬 학생들은 주제선율의 셈여림을 변형시킨다. 각 소그룹은 셈여림을 변형시킨 주제선율을 가락악기를 통하여 연주하고 그것을 녹음한다.

⑤ 각 소그룹은 주제선율의 음들을 그대로 둔 채 리듬만 변형시킨다. 각 소그룹은 리듬을 변형시킨 주제선율을 가락악기를 통하여 연주하고 그것을 녹음한다.

⑥ 각 소그룹은 이제 주제선율의 음들을 바꾼다. 음들을 바꾼 주제선율을 가락 악기로 연주하고 그것을 녹음한다.

⑦ 각 소그룹은 여러 가지 음악적 요소들을 동시에 바꾼다. 악기 편성 등을 활용하여 가장 자유롭게 변주곡을 만들려고 노력한다. 학생들은 여러 음악적 요소를 바꾼 주제선율을 악기로 연주하고 그것을 녹음한다.

⑧ 교사는 각 소그룹의 레코딩을 듣고 그것들을 편집하여 〈놀람 교향곡〉의 주제에 대한 새로운 주제와 변주 형식을 만든다. 교사는 편집한 새로운 〈놀람 교향곡〉을 학생들에게 들려준다.

⑨ 세 쌍의 소그룹이 모여 6명씩의 대그룹을 만든다. 각 대그룹은 자신들의 아이디어를 동원하여 〈놀람 교향곡〉 주제에 대한 4개의 새로운 변주곡을 만든다. 첫 변주곡은 단순하게, 뒤로 갈수록 복잡한 구성을 가지도록 유의한다. 〈놀람 교향곡〉 이라는 제목에 걸맞게, 악곡의 어딘가에 '놀람' 의 요소를 포함하도록 한다.

⑩ 인터넷 사이트를 통하여 하이든과 고전주의에 관하여 학습한다.

참고문헌

김영신(1992). MMCP를 중심으로 한 포괄적 음악성 개발을 위한 음악교육과정에 관한 연구. 부산대학교 교육대학원 석사학위논문.

김용희(1998). 음악대학의 통합이론교육에 관한 연구. 음악연구, 제18집, 43-88.

김용희(2001). 창의성 계발을 위한 즉흥연주. 음악교육연구, 제21집, 1-25.

김용희(2003). 초등학생의 음악적 창의성 개발을 위한 학습 프로그램 개발 연구. 경희음악논집, 창간호, 89-124.

김용희(2006). 음악적 창의성 신장을 위한 초등 창작 학습전략들. 음악연구, 37, 59-81.

김용희(2009). 다문화음악 교수방안: 하와이음악. 교과교육학연구, 13(3), 437-455.

방금주 · 김용희(2000). 음악창작 아카데미. 서울: 학문사.

방금주 · 김용희(2007). 네 가지 학습모형을 사용한 다문화 음악 수업 지도방안 개발 -조선족 음악을 중심으로-. 음악과 민족, 305-338.

방금주 · 김용희 · 김애경 (2002). 세계 음악에 의한 다문화 교육 연구. 2005년 교과공동연구 결과보고서.

이순영(1999). 음악. 초등학교 교육과정 해설. 서울: 교육과학사.

이홍수(1992). 음악과. 국민학교 교육과정 해설. 서울: 교육과학사.

정세문(1982). 음악과. 국민학교 교육과정 해설. 서울: 교육과학사.

정세문(1987). 음악과. 국민학교 교육과정 해설. 서울: 교육과학사.

Barz, G. (2004). *Music in East Africa.* New York: Oxford University Press.

Biasini, A., & Pogonowski, L. (1979). *MMCP Interaction* (2nd ed.). Bellingham, WA: Americole.

Bruner, J. S. (1960). *The Process of Education,* Cambridge. MA: Harvard University Press.

Choksy, L., Abramson, R., Gillespie, A., & Woods, D. (1986). *Teaching Music in the Twentieth Century.* Englewood Cliffs, NJ: Prentice-Hall.

CMP1 (1966). *Contemporary Music for Schools.* Washington, D.C.: Contemporary Music Project/Music Educators National Conference.

CMP2 (1965). *Comprehensive Musicianship: The Foundation for College Education in Music*. Washington, D.C.: Contemporary Music Project/Music Educators National Conference.

CMP3 (1966). *Experiments in Musical Creativity: A Report of Pilot Projects Sponsored by the Contemporary Music Project in Baltimore, San Diego and Farmingdale*. Washington, D.C.: Contemporary Music Project/Music Educators National Conference.

CMP5 (1971). *Contemporary Musicianship: An Anthology of Evolving Thoughts*. Washington, D.C.: Contemporary Music Project/Music Educators National Conference.

Contemporary Music Project (1962). *Proposals by Music Educators National Conference for Ford Foundation Grant*.

Contemporary Music Project for Creativity in Music Education (1973). *Music Educators Journal, 54,* 41–72.

Contemporary Music Project/Music Educators National Conference (1967). *Procedures for Evaluation for Music in Contemporary Education*. Washington, D.C.: Contemporary Music Project/Music Educators National Conference.

D' Arms, E. F. (1973). CMP in Perspective. *CMP Newsletter, 4*(3), 4–5.

D' Arms, E. F., Klotman, R. H., Werner, R. J., & Willoughby, D. (1973). Contemporary Music Project: A Project of the Music Educators National Conference. *Music Educators Journal, 59*, 34–48.

Grashel, J. (1993). An Integrated Approach Comprehensive Musicianship. *Music Educators Journal, 79*(8), 38–41.

Hackett, P., & Lindeman, C. (2004). *The Musical Classroom* (6th ed.). Upper Saddle River, NJ: Person.

Juilliard Repertory Library (1970). *Cincinati*. OH: Canyon Press.

Kim, Y. H. (1997). Comprehensive Musicianship Today: A Case Study of San Diego State University. *Doctoral Dissertation, Teachers College,* Columbia University.

Loong, C. Y. (2009). Lecture note from General Music Method. University of Hawaii

Mark, M. (1978). *Contemporary Music Eudcation*. New York: Shirmer Books.

Pace, R., & Pace, H. (1971). *Music for Moppets.* New York: Lee Roberts Music Publications, Inc.

Palisca, C. V. (1964). *Music in Our Schools. A Search for Improvement.* Washington, D.C.: Office of Education Bulletin No. 28.

Pogonowski, L. (2001). A Personal Retrospective on the MMCP. *Music Educators Journal, 88*(1), 24-27.

Siver-Burdett (2005). *Making Music.* Glenview, IL: Silver-Burdett.

Thomas, R. (1979). *MMCP Synthesis: A Structure of Music Education,* Bellingham, WA: Americole.

Trotter, R. (1967). Teaching Musicianship in Today's Schools. *Music Educators Journal, 54*(1), 34-36.

Willoughby, D. (1970). Institutes for Music in Contemporary Education: Their Implications for the Improvement of Undergraduate Music Curricula. *Doctoral Dissertation, Eastman School of Music of University of Rochester.*

Willoughby, D. (1971). *Comprehensive Musicianship and Undergraduate Music Curricula(CMP6).* Washington,D.C.: Contemporary Music Project/Music Educators National Conference.

중앙교수학습센터(2008). 에듀넷. http://www.edunet4u.net.

풀잎 동요마을(2009). http://pullip.ktdom.com.

아프리카 실로폰 사진(2009). http://face-music.ch/instrum/uganda-instrumen.html.

페이스 교수법(2009). http://www.renoweb.net/LSMS/pace.html

Lacroix, S. (2008). *Silver Burdett Making Music Overview Presentation.* http://www.brainshark.com/brainshark/vu/view.asp?pi=145339778&sublocator=PSZ154

Lovison, J. (2008). *Dr. Robert Pace Method of Piano Instruction.* http://www.renoweb.net/LSMS/pace. html.

You Can Play the Piano (2008). http://www.you-can-play-piano.com/piano-methods.html.

찾아보기

《인 명》

《내 용》

저자 소개

임미경

미국 애리조나주립대학교 음악교육학 박사

현 전주교육대학교 음악교육과 교수

저서 『초등음악지도법』(공저, 수문당, 2008)

논문 「초등학교 음악전담교사 양성을 위한 교육대학교 음악교육 프로그램 개발」 외 다수

현경실

미국 템플대학교 음악교육학 박사

현 성신여자대학교 교육대학원 교수

저서 『한국 음악적성 검사』(학지사, 2004)

논문 「Understanding Music Aptitude: Teachers' Interpretations」 외 다수

조순이

독일 뮌헨 루드비히-막시밀리안대학교 음악교육학 박사

현 춘천교육대학교 음악교육과 교수

역서 『오르프 음악교육의 원리와 적용』(도서출판 태성, 2002)

논문 「음악과 신체표현 교육에서의 즉흥연주」 외 다수

김용희

미국 컬럼비아대학교 음악교육학 박사

현 경인교육대학교 음악교육과 교수

저서 『동요로 만나는 세계의 어린이』(공저, 대교출판, 2010)

논문 「창의성 계발을 위한 즉흥연주」 외 다수

이에스더

미국 켄트주립대학교 음악교육학 박사

현 계명대학교 뮤직프로덕션과 교수

역서 『내면의 리듬』(상지원, 2008)

논문 「ADHD 아동대상 음악치료 관련 국내 연구동향 분석」 외 다수

달크로즈, 코다이, 오르프, 고든, 포괄적 음악성
음악교수법

Flash on
KOMCA
한국음악저작권협회
출판
005640390

2010년 2월 26일 1판 1쇄 발행
2021년 8월 20일 1판 6쇄 발행

지은이 • 임미경 · 현경실 · 조순이 · 김용희 · 이에스더
펴낸이 • 김 진 환
펴낸곳 • (주) 학지사
04031 서울특별시 마포구 양화로 15길 20 마인드월드빌딩 5층
대표전화 • 02) 330-5114 팩스 • 02) 324-2345
등록번호 • 제313-2006-000265호
홈페이지 • http://www.hakjisa.co.kr
페이스북 • https://www.facebook.com/hakjisabook

ISBN 978-89-6330-058-0 93370

정가 **18,000**원

저자와의 협약으로 인지는 생략합니다.
파본은 구입처에서 교환하여 드립니다.